ŒUVRES COMPLÈTES
D'EDGAR QUINET

MARNIX
DE SAINTE-ALDEGONDE

PHILOSOPHIE DE L'HISTOIRE DE FRANCE

SIXIÈME ÉDITION

PARIS
LIBRAIRIE HACHETTE ET Cie
79, BOULEVARD SAINT-GERMAIN, 79

ŒUVRES COMPLÈTES

D'EDGAR QUINET

LIBRAIRIE HACHETTE ET Cie

ŒUVRES COMPLÈTES D'EDGAR QUINET

en 30 volumes

Tomes.

- I. . . . Le Génie des Religions.
- II. . . . Les Jésuites. — L'Ultramontanisme.
- III. . . . Le Christianisme et la Révolution française.
- IV. . . . \} Les Révolutions d'Italie (2 volumes).
- V. . . . /
- VI. . . . Marnix de Sainte-Aldegonde. — Philosophie de l'Histoire de France.
- VII. . . . Les Roumains. — Allemagne et Italie.
- VIII. . . . Premiers travaux. — Introduction à la Philosophie de l'Histoire. — Essai sur Herder. — Examen de la vie de Jésus.
- IX. . . La Grèce moderne. — Histoire de la Poésie.
- X. . . . Mes vacances en Espagne.
- XI. . . . Ahasvérus.
- XII. . . Prométhée. — Les Esclaves.
- XIII. . . Napoléon. Poème (Épuisé).
- XIV. . . L'Enseignement du peuple. — Œuvres politiques. Avant l'Exil.
- XV. . . Histoire de mes Idées (Autobiographie).
- XVI. . . \}
- XVII. . . / Merlin l'Enchanteur.
- XVIII. . .\
- XIX. . . } La Révolution (3 volumes).
- XX. . . /
- XXI. . . La Campagne de 1815.
- XXII. . .\} La Création (2 volumes).
- XXIII. . ./
- XXIV. . Le livre de l'Exilé. — La Révolution religieuse au XIXe siècle. — Œuvres politiques pendant l'Exil.
- XXV. . . Le Siège de Paris. — Œuvres politiques après l'Exil.
- XXVI. . La République. — Conditions de régénération de la France.
- XXVII. . L'Esprit nouveau.
- XXVIII . Vie et mort du Génie grec. — Appendice. Discours du 29 mars 1875.
- XXIX. . .\} Correspondance. Lettres à sa mère (2 volumes).
- XXX. . ./

Lettres d'Exil d'EDGAR QUINET (4 volumes), Calmann Lévy, éditeur, 1885.

OUVRAGES DE Mme EDGAR QUINET

Mémoires d'Exil (2 volumes), éditeur Lacroix, 1868 (Épuisés).
Paris, journal du Siège (1 volume), éditeur Dentu, 1873.
Sentiers de France (1 volume), éditeur Dentu, 1875.
Edgar Quinet avant l'Exil (1 volume), éditeur Calmann Lévy, 1888.
Edgar Quinet depuis l'Exil (1 volume), éditeur Calmann Lévy, 1889.
Le Vrai dans l'Éducation (1 volume), éditeur Calmann Lévy, 1891.
Ce que dit la Musique (1 volume), éditeur Calmann Lévy, 1893.
La France Idéale (1 volume), éditeur Calmann Lévy, 1895.

ŒUVRES COMPLÈTES

D'EDGAR QUINET

MARNIX

DE SAINTE-ALDEGONDE

PHILOSOPHIE DE L'HISTOIRE DE FRANCE

SIXIÈME ÉDITION

PARIS
LIBRAIRIE HACHETTE ET Cⁱᵉ
79, BOULEVARD SAINT-GERMAIN, 79

A LA MÉMOIRE

DE

ÉMILE SOUVESTRE

FONDATION

DE LA RÉPUBLIQUE DES PROVINCES-UNIES

MARNIX

DE

SAINTE-ALDEGONDE

AVERTISSEMENT

La vie que j'ai publiée de Marnix appelait pour complément nécessaire la réimpression de ses ouvrages, presque aussi ensevelis que ses actions. C'était là le monument que je désirais le plus élever à sa mémoire. Ses œuvres manquaient au grand travail de restitution que notre temps accomplit sur le seizième siècle.

J'ai placé en tête de l'édition (1) de l'œuvre exhumée de Marnix une introduction à laquelle je suis forcé de renvoyer le lecteur. Car j'y ai examiné quelle signification les travaux de Marnix ont gardée pour les hommes de nos jours, en quoi son esprit peut agir encore sur les choses de

(1) Voyez *Œuvres de Philippe de Marnix*, *précédées d'une Introduction par Edgar Quinet.* Bruxelles, 1857.

notre temps ; quel serait le caractère d'une révolution religieuse au dix-neuvième siècle ; quels obstacles s'opposent à cette révolution, tant du côté des amis que des ennemis de la liberté de penser; les moyens de vaincre ces obstacles ; si, pour sortir du passé, il faut un dogme nouveau, et dans ce cas, quel est ce dogme; si l'unité catholique sera remplacée par une autre unité; si le progrès matériel de l'industrie peut tenir lieu d'un mouvement nouveau de l'esprit ; ce que le monde a à craindre ou à espérer dans l'ordre moral.

Tout homme oublié qui reparaît à la lumière apporte avec lui quelque vérité perdue, quelque enseignement oublié dont le monde a besoin.

C'est peu de raconter les actions d'un homme immortel. L'important, est de lui rendre la part d'influence et de vie à laquelle il a droit dans le développement continu des choses humaines.

Edgar Quinet.

Schweizerhalle, 30 juin 1857.

MARNIX
DE
SAINTE-ALDEGONDE

I

MARNIX DE SAINTE-ALDEGONDE ET LES GUEUX DES PAYS-BAS.

Nos révolutions éclairent chaque jour d'une lumière nouvelle les révolutions passées, et à ce titre il appartient à notre temps de refaire l'histoire des troubles des Pays-Bas, chaos sanglant d'où surgit à la fin la république néerlandaise. Les vastes récits contemporains ont gardé leurs beautés classiques; nous les admirons encore, ils ne nous suffisent plus. Sous la pompe de Strada, sous le coloris éclatant de Bentivoglio, sous la gravité antique de Grotius, nous cherchons l'enchaînement, l'esprit de suite, ou, pour mieux dire, l'âme des choses. La vraie manière de compléter ces écrivains serait de montrer ce que nos expériences ont ajouté à leur science, et ce ne serait point là non plus une trop grande ambition, car il n'est aucun temps de l'histoire où les idées des hommes aient été plus ouvertement et plus bravement affichées, où il soit plus aisé de lire la destinée des peuples dans les croyances qu'ils embrassent. Ce ne sont pas seulement des armées, ce sont des esprits qui s'entre-choquent des extrémités opposées de l'horizon moral. Malgré l'horrible mêlée, rien de plus lumineux ni de mieux réglé que cette bataille de quatre-vingts années, à peine interrompue par une trêve que repousse également la conscience des deux partis. Dans cet intervalle, chaque individu fait tout ce qu'il doit faire, chaque peuple reçoit la destinée qu'il se donne. Immédiatement récompensés selon leurs œuvres, une justice implacable pèse sur tous, en sorte que cette histoire est belle, comme certaines parties de l'antiquité, par la persistance des caractères et la fatalité qu'ils entraînent. On y voit aussi mieux qu'en aucune autre ce qu'il faut faire pour ôter la liberté aux hommes ou pour la leur rendre.

A cette considération joignez la foule des documents inédits que chaque jour révèle (1). Aucun siècle n'a écrit plus que le seizième, et dans ce

(1) *Archives de la maison d'Orange-Nassau,* par M. Groën van Prinsterer. — *Correspondance de Guillaume le Taciturne,* par M. Gachard. — *Correspondance de Philippe II,* par le

siècle aucun homme plus que Philippe II. Assurément il croyait avoir enveloppé son gouvernement de mystères impénétrables. Retiré dans sa cellule de l'Escurial comme dans sa Caprée, personne ne surprenait jamais un mouvement de sa physionomie ni un accent de sa parole. Lorsqu'il recevait des députations, il gardait encore un silence de pierre; il se contentait de se pencher vers l'épaule de son ministre, qui balbutiait quelques mots insignifiants à sa place. Ses secrétaires avaient devant eux l'exemple de la proscription d'Antonio Perez, de l'assassinat d'Escovedo. Voilà donc un homme parfaitement garanti contre la renommée ou l'indiscrétion des murailles. Il a enseveli plus profondément qu'aucun prince ses secrets d'État dans les entrailles de la terre. De vagues rumeurs pourront, il est vrai, circuler parmi la foule tremblante; mais ces bruits sourds, qui garantira qu'ils sont vrais? Où seront les témoins de ce règne? Parmi tant de meurtres projetés, accomplis et niés, quelle trace restera? Qui jamais a entendu le roi donner un ordre? Pour les plus petits détails, il s'est contenté d'écrire furtivement à son secrétaire assis à quelques pas de lui. Il a enfoui son règne comme un crime.

Singulière justice de l'histoire! Ce même homme qui a tout fait pour se dérober à la postérité est aujourd'hui plus démasqué que ne l'a été aucun prince. Ce roi casanier est surpris au grand jour. Grâce à la manie de tout écrire pour tout cacher, ces secrets d'État si bien gardés, ces projets de meurtre si bien conduits, ces complots éternels, ces échafauds dressés, ces agonies étouffées dans le fond des forteresses, ces bourreaux masqués, ces mensonges monstrueux, ces pièges tendus à la bonne foi de l'univers, tout cet arsenal de tortures, d'embûches, que l'on croyait si savamment enfoui, apparaît aujourd'hui en pleine lumière. Avec l'immense correspondance de Philippe II (1), un témoin terrible sort de la forteresse de Simancas, où les papiers d'État étaient restés ensevelis jusqu'à nos jours. Ce qui n'était qu'une ombre, une rumeur populaire, éclate dans ces pages chargées de l'écriture du roi. L'histoire avait eu le pressentiment de ces œuvres ténébreuses : elle avait, comme Cassandre, reconnu le meurtre à l'odeur du sang ; mais ces révélations posthumes ne laissent pas de vous frapper quand vous tenez dans vos mains le sceau officiel.

J'ai vu l'Escurial désert ; il n'y restait pas un moine pour faire la garde autour du spectre de

(1) *Correspondance de Philippe II*, recueillie et publiée par M. Gachard, directeur des archives de Belgique. Cette publication de documents officiels est certainement une des plus importantes qui aient été faites de notre temps. On objecte qu'elle n'apprend rien qui soit absolument nouveau ; mais qu'y a-t-il de plus nouveau en histoire que la certitude mise à la place des présomptions ?

Philippe II. C'est à ce moment que les murs ont parlé.

Avant que l'on possédât cette correspondance, on n'avait jamais touché du doigt la grande embûche qui enveloppe les peuples des Pays-Bas pendant plus d'un demi-siècle. L'histoire manquait de base. Heureusement Philippe II a pris soin de révéler lui-même le côté secret des choses et de montrer le nœud de l'affaire. Il confie très nettement sa pensée au seul homme qui ait mission de l'entendre et de la juger, au pape. Quand, par-dessus la tête de toutes les nations courbées et muettes, on entend ce dialogue du roi catholique et du pontife romain, l'un déclarant dans quel piège sanglant il veut faire tomber ses peuples, l'autre acceptant et consacrant le piège, quand on voit ces deux hommes qui tiennent à cette heure presque toute la terre sous leur main tramer l'immense conjuration en des dépêches officielles que chacun peut lire aujourd'hui, il est impossible de ne pas reconnaître que l'histoire a fait un pas.

Quelle est cette pensée secrète, nœud de tout le seizième siècle, dans l'esprit de Philippe II et de Pie V? La voici telle que le roi l'expose sous le sceau du secret. Le roi promet un pardon à ses peuples suspects d'hérésie, cela est vrai; mais que Sa Sainteté ne se scandalise pas : ce pardon publié, annoncé, juré, n'a aucune valeur, n'étant pas autorisé par l'Église. D'ailleurs, le roi pardonne volontiers l'injure qui le touche ; il n'a pas le droit de pardonner l'injure faite à Dieu : la vengeance que l'on doit au ciel reste sous-entendue, pleine, entière, malgré le serment de mansuétude. Philippe II sera clément ainsi qu'il l'a juré ; Dieu, par la main du duc d'Albe, sera inexorable. Le roi enverra dans ses dépêches de bonnes paroles de réconciliation qui désarmeront les âmes ; Dieu, par la main de l'armée espagnole, mettra, s'il le faut, tout un peuple au gibet. Le bourreau tombera à l'improviste sur les dix-sept provinces ; il les châtiera par le feu, par le fer, par la fosse, au besoin jusqu'à leur *totale destruction*. Ainsi seront conciliés la parole royale, le serment juré, ce que l'on doit aux hommes et ce que l'on doit à Dieu. La conscience tranquillisée par ce pacte, Philippe II se prépare à exterminer, s'il le faut, tous ses peuples. Il a la paix antique du prêtre qui accomplit un sacrifice humain :

« Vous assurerez Sa Sainteté (écrit-il à l'ambassadeur d'Espagne) que je tâcherai d'arranger les choses de la religion aux Pays-Bas, si c'est possible, sans recourir à la force, parce que ce moyen entraînera la totale destruction du pays, mais que je suis déterminé à l'employer cependant, si je ne puis d'une autre manière régler le tout comme je le désire, et en ce cas je veux être moi-même l'exécuteur de mes intentions, sans que ni le péril que je puis courir, ni la ruine de ces provinces, ni celle des autres États qui me restent, puissent m'empêcher d'accomplir ce qu'un prince chrétien et craignant Dieu est tenu de faire pour son saint service et le maintien de la foi catholique (1). »

Le fils de Charles-Quint n'est pas seulement un monarque, c'est un système, c'est l'idéal du roi tel que l'institue le concile de Trente ; voilà pourquoi je dirais volontiers avec un écrivain : J'aime Philippe II ; j'aime cette longue, froide figure de marbre, inexorable comme un appareil de logique, qui ne laisse rien à désirer ni à inventer. Si le concile de Trente pouvait être représenté la couronne sur la tête, je ne pourrais me le figurer autrement que sous les traits de Philippe II, et ce qui montre bien que chez lui le système est tout l'homme, c'est que l'homme disparaît dès que le système n'est pas en jeu. Irrésolution, incertitude, confusion : voilà le plus souvent, dans ses conseils, le roi de l'Escurial ; empruntant ses décisions à ses créatures, muet, invisible, il ne redevient lui-même, il n'existe que si la question religieuse est posée. Alors le roseau qui se pliait à tous les vents se redresse, il devient la verge de fer, le monde se courbe devant lui.

(1) *Correspondance de Philippe II.*

C'est au nom de la religion que l'Espagne engage la lutte contre les Pays-Bas : pour que la lutte soit égale, c'est au nom de la religion que les Pays-Bas doivent se défendre; mais qui pèsera dans la balance en face de Philippe II ? il s'arme de toutes les forces morales du catholicisme. Où sera, de l'autre côté, le point moral pour appuyer la résistance ? Quel sera entre tous les hommes levés pour la défense de la Belgique celui qui représentera d'une manière particulière l'amour de la foi nouvelle et l'horreur de l'ancienne? Qui rendra à Philippe II anathème pour anathème ? Qui parlera, qui combattra au nom de la Réforme ? Je cherche ce point moral que les historiens ne m'ont pas montré, et qui pourtant doit exister.

Cet homme ne peut être aucun de ceux qu'ils ont coutume de mettre au premier rang. Ce ne peut être Guillaume le Taciturne : il est la tête et le bras de l'entreprise; mais j'en cherche l'âme, l'idée. Sur le terrain religieux, Guillaume chancelle; il touche à l'indifférence ; bien plus, il commence par haïr la révolution nouvelle. Où sera donc l'orateur, le poète, le docteur et le prêtre de cette cause? Il faut dans une entreprise si complexe un homme qui tienne par ses origines aux deux races, aux deux nationalités jetées dans la révolution ; il faut qu'il ait à la fois l'ardeur iconoclaste des premiers réformés et le génie patient de la diplomatie inaugurée par Charles-Quint ; qu'apôtre, théologien d'une Église nouvelle, on puisse au besoin lui confier une armée ; exécrable d'ailleurs au catholicisme autant que Philippe II à l'hérésie. Je veux de plus que cet homme soit un des écrivains les plus considérables de son temps, et, comme il s'agit de la destinée de deux peuples, qu'il crée la langue hollandaise et qu'il fasse honneur à la langue française ; que je retrouve dans ses écrits la vigueur de son siècle avec la raison du nôtre. Je veux encore que le même homme ait dirigé les plus vastes affaires d'État, qu'ambassadeur dans toutes les grandes négociations, il soit le premier orateur de la république, qu'il ne cède qu'à Guillaume en autorité auprès de la noblesse et du peuple, qu'il soit uni à ce grand homme par une amitié, une familiarité de chaque instant, que tous deux semblent être la tête et le cœur de la révolution et ne former qu'une même intelligence.

Or cet homme n'est pas un personnage de fantaisie ; grâce à mon exil en Belgique, j'ai pu à loisir recueillir les traces de son influence et de ses ouvrages. C'est sa vie à moitié retombée dans l'oubli par je ne sais quelle ingratitude de l'histoire que je me propose de raconter. Cette figure nous appartient d'ailleurs à moitié par l'origine ; nul génie ne fut plus français par le cœur, par l'accent, par la langue ; ses œuvres comblent une lacune singulière dans l'histoire de notre idiome, dans celle de notre littérature religieuse et politique. Il s'agit ici d'un frère d'armes de Duplessis-Mornay et de d'Aubigné, d'un précurseur de Pascal et du vicaire savoyard.

I

Philippe de Marnix de Sainte-Aldegonde naquit à Bruxelles en 1538; il descendait par son père d'un gentilhomme savoyard, qui, de la Tarantaise, avait suivi dans les Pays-Bas Marguerite d'Autriche en qualité de trésorier. Par sa mère, Marie d'Emméricourt, il tenait à la Haute-Bourgogne (1) et à la Hollande. Quant à la seigneurie du Mont-de-Saint-Aldegonde, dont il portait le titre et qui sert souvent à le désigner, elle était située en Hainaut, à quelques milles de Charleroi. On retrouve ainsi dans ses origines le Savoyard, le Wallon, le Français, le Hollandais. Il semble avoir gardé de la Savoie la forte sève morale; du pays de Froissard et de Commines, la finesse jointe à l'imagination pittoresque; de la Hollande, le grand sens, la persévérance imperturbable. Sa vie même

(1) Prins, *Lofrede van Marnix* (Éloge de Marnix). — Wilhelm Broes, *Filip van Marnix aan de hand van Willem I* (Marnix ans ses rapports avec Guillaume I*er*); Amsterdam, 1840, 3 vol. e premier de ces ouvrages a été couronné, vers la fin du dix-uitième siècle, par une société littéraire de Hollande qui avait is au concours l'éloge de Marnix. — Te Water, *Historie van et Verbond* (Histoire de la confédération et des requêtes des obles dans les Pays-Bas), 1756.

ne sera qu'un long effort pour unir et réconcilier ces races.

Soit que ses parents inclinassent en secret vers l'Église réformée, soit qu'ils eussent simplement suivi l'exemple d'une partie de la noblesse, le jeune Marnix fut envoyé à Genève avec son frère aîné Jean pour y terminer son éducation, qui s'acheva sous l'œil de Calvin et de Théodore de Bèze. Il puisa à la source même l'énergie de conviction qui devait faire jusqu'au bout sa force invincible. En même temps qu'il s'initiait à la vie nouvelle dans la théologie, il subissait l'influence littéraire de la Renaissance. Philippe de Marnix se préparait au grand combat de l'esprit en s'appropriant toute l'antiquité, renouvelée par le seizième siècle. Il devait compter un jour parmi les hellénistes, et il commentait la Bible dans l'hébreu. Calvin lui enseignait le secret de cette langue française émancipée qu'il devait appliquer avec tant de puissance aux affaires d'État. A cela se mêlait surtout l'impression ineffaçable d'une république naissant au souffle de la Réforme ; Genève, en 1558, était déjà remplie de l'esprit de Rousseau.

Revenu en Belgique à vingt et un ans, protestant et républicain, le premier spectacle qui s'offre à Marnix dans son pays est celui des échafauds ; mais les supplices ne s'achevaient plus sans protestations ; il sortait de la foule une sourde rumeur.

Quelquefois le peuple dispersait le bûcher avant qu'il fût allumé ; d'autres fois le geôlier lui-même ou ses enfants rendaient la liberté aux prisonniers. Le jeune Marnix épiait ces symptômes de délivrance. Il entretenait (1) en Angleterre et en Suisse une correspondance secrète dans laquelle il exhalait son ardeur de prosélytisme, et ce n'étaient pas seulement les persécutions qui lui arrachaient des cris de colère ; il trouvait une cause non moins grande de douleur dans l'audace inattendue de quelques réformés de Belgique qui, du premier bond, sortaient du christianisme et touchaient aux doctrines panthéistes. Le jeune croyant, effrayé du nouvel horizon qu'il entrevoyait, se retournait vers Théodore de Bèze, qu'il appelait son *père dans le Christ*. Il lui demandait des armes pour combattre ces nouveaux adversaires, peut-être aussi pour se raffermir lui-même contre les tentations de l'esprit et le désir de tout connaître. Théodore de Bèze apaisait les angoisses de Marnix, il le renvoyait au dernier traité de théologie qu'il venait de publier, surtout il lui enseignait le mépris superbe qui est demeuré un des traits les plus frappants de l'école de Genève. Toutefois ces correspondances, ce zèle emporté, ne pouvaient rester

---

(1) Gerdes, *Scrinium Antiquarium*, t. III, p. 135, 1752, recueil important de pièces originales concernant l'histoire de la réforme.

longtemps sans péril. Obligé de se dérober par la fuite aux inquisiteurs, Marnix imagine que le moyen le plus sûr pour lui est de se cacher au foyer de l'inquisition elle-même. Il se retire en Italie, peut-être à Rome ; il voulait effacer ses traces ; l'histoire n'a pu les retrouver.

Bientôt Marnix pressent qu'une révolution profonde se prépare et qu'il doit y avoir sa place (1). On le voit reparaître soudainement au milieu des jeunes nobles de Bruxelles et parmi les riches marchands d'Anvers. Les choses avaient grandi depuis son absence. Ce n'était plus par des paroles furtives qu'il devait répandre sa foi. La révolution qu'il avait apportée de Genève, il la trouvait ou croyait la trouver partout. D'un côté, un peuple irrité contre la domination étrangère n'attendait que des chefs pour se déclarer ; de l'autre, une noblesse ambitieuse, jalouse de ces mêmes étrangers, épiait l'occasion de ressaisir son autorité perdue. Les uns et les autres comprirent avec la rapidité de l'instinct que le concile de Trente (2), en changeant l'organisation de l'Église, changeait

---

(1) Joannes Meursius, *in Athenis Batavis*. « Philippus Marnixius, nomen ejus per Europam totam clarissimum et in viro, genus, ingenium, eruditio, virtus atque industria certabant. » — Melchior Adamus, *in Vitis Theologorum*, 1653. — Verheiden, *Elogia Theologorum*, p. 141.

(2) « Le concile de Trente qui fut, comme vous savez, le commencement de vos ruines. » (Duplessis-Mornay, *Mémoires*, t. I, p. 194.)

l'organisation politique de l'État, et que cet idéal nouveau de despotisme devait ruiner du même coup les petits et les grands. Ce sera l'honneur des Pays-Bas d'avoir compris mieux qu'aucun autre peuple la logique de la tyrannie.

En vain Philippe II répétait qu'en imposant l'inquisition et les *placards* (1) il ne changeait rien à ce qu'avait établi son père Charles-Quint ; l'instinct public avait clairement discerné que l'introduction du concile de Trente, c'était l'entrée dans le chemin de la servitude politique consacrée par la servitude ecclésiastique. Là était la cause la plus élevée de cette subite horreur qui avait saisi les Pays-Bas : plus elle était vague, plus elle était puissante. On se sentait entraîné par les détours des théologiens vers un seuil lugubre, sans savoir ce qu'il y avait au delà, et, comme ces troupeaux aveugles qu'un sourd pressentiment avertit du péril suspendu dans l'abattoir, les peuples, sans pouvoir expliquer le motif de leur aversion soudaine, refusaient d'entrer par la porte nouvelle où le roi catholique avait juré de les engager. Ils étaient pleins d'épouvante, leur chair se hérissait, ils respiraient d'avance l'odeur du sang qui n'était pas encore versé, ils cherchaient partout en mugissant quelque issue pour se dérober à leur divin pasteur.

(1) Ordonnances contre les hérétiques.

Si l'on ajoute que tous ces sujets de colère, de crainte, d'aversion, se confondaient avec l'idée de la domination étrangère, que le concile de Trente, les *placards*, l'inquisition c'était l'Espagne, on comprend de reste quels ferments s'agitaient dans les esprits sous les formes encore impassibles du gouvernement de Marguerite. Chose terrible pour le peuple ! il venait de faire cette découverte ; sa religion, c'était son ennemi.

A l'approche de la crise chaque jour plus menaçante, l'impuissance du ministre Granvelle devenait évidente pour tous, excepté pour lui-même : non pas qu'il manquât de l'art nécessaire pour régir un État dans les temps ordinaires, mais il voulut appliquer à des circonstances toutes nouvelles des remèdes surannés, et régir une révolution comme un État paisible. Par cette disproportion entre le but poursuivi et les moyens employés, il lui arriva ce qu'il y a de pire au monde : il rendit le gouvernement ridicule. Granvelle voulait des choses énormes, odieuses à la nation, et, soit excès de finesse, soit défaut d'énergie, il s'était follement persuadé que les ruses, les petits calculs, les habiletés accoutumées, suffiraient à envelopper des peuples encore rudes et aveugles. Par trop d'esprit, il s'éblouit lui-même, ne voyant pas que la passion éveillée dans les masses était devenue plus clairvoyante que sa diplomatie souterraine. Chaque jour son patelinage doucereux échouait contre les colères de la conscience publique.

Les hommes accoutumés à caresser de petits pièges, quand viennent les moments décisifs, sont presque toujours dupes. Ils sont si occupés de leurs subtiles trames, qu'ils ne s'aperçoivent pas que le monde entier a les yeux ouverts sur eux, et assiste en spectateur à leurs préparatifs de fraude. C'est l'histoire de Granvelle. On le voyait tendre sur la société ses menus fils d'araignée, et lui seul n'en savait rien. Le moment vint où, lorsqu'il eut achevé d'ourdir son filet, il se trouva lui-même enveloppé d'un immense éclat de rire. Ce n'étaient que pasquilles et brocards contre l'odieux cardinal. Le peuple le poursuivait de ses chansons dans la rue. La noblesse donna à ses laquais une livrée chargée des emblèmes et de la barrette de Son Éminence. Cet homme de tant d'esprit poussa le ridicule jusqu'à se plaindre à Madrid. C'était s'avouer vaincu. Il ne restait à l'Espagne qu'à le sacrifier. Granvelle reçut l'ordre de se retirer des Pays-Bas : premier triomphe de l'opinion nouvelle ; mais en même temps la monarchie espagnole se trouva nécessairement par ce début poussée à gouverner par le sang. Quand les gouvernements ont été ridicules, il est presque inévitable qu'ils soient atroces, car ils se persuadent bientôt qu'il n'y a plus que le sang versé qui puisse leur rendre l'ancien respect. Le duc d'Albe devait rendre au gouvernement espagnol le sérieux que lui avait ôté Granvelle.

Entre l'un et l'autre, il y eut encore un intervalle de près de deux ans qui fut abandonné à la révolution pour qu'elle pût s'enraciner et se préparer au combat. Comment en profita-t-elle? La gouvernante des Pays-Bas, Marguerite de Parme, livrée à elle-même par la retraite de Granvelle, comprit sans tarder que toute la question était de gagner du temps ; politique faite plus que toute autre pour son esprit, nourri dans les ruses italiennes. On peut dire, d'après cela, qu'elle fit tout ce qu'elle devait faire dans la situation des choses : témoigner le plus de confiance à ceux dont elle avait tout à craindre ; promettre à Bruxelles ce qu'elle était sûre de faire refuser par Madrid ; compromettre les chefs naturels de la révolution par les liens officiels et les dignités dont elle les accablait ; se joindre à l'opinion pour achever de ruiner Granvelle, tout en l'imitant le plus souvent ; céder toujours sans jamais rien accorder. C'est un spectacle peut-être unique de voir cette main souple de femme tantôt lâcher, tantôt retenir la bride à cette révolution grondante qu'elle amuse et caresse jusqu'au moment où elle la livre garrottée et endormie à la hache de son successeur.

Les Pays-Bas étaient dans la main de trois hommes, — le comte d'Egmont, le comte de Hornes, le prince d'Orange. Ils avaient les commandements militaires et l'amour du peuple. Plus d'une fois ils tinrent en leur pouvoir la gouvernante et le système espagnol ; ils refusèrent de profiter du premier moment que la fortune leur accordait. La vérité est que l'affranchissement politique dépassait de beaucoup le pensée des deux premiers, s'il devait entraîner après soi la chute du catholicisme. De telles idées n'avaient jamais approché ni de l'un ni de l'autre. Le hasard les avait placés au premier rang d'une révolution qu'ils ne désiraient pas. Tous deux appartenaient si bien de cœur au système espagnol, que, même la tête sur l'échafaud, ils doutaient encore si le roi voulait vraiment les tuer.

Nul n'était plus populaire que le comte d'Egmont à ce premier moment des troubles, et nul aussi n'a plus perdu que lui par la publication récente des correspondances. Il en coûte de rabaisser une figure qui, après tout, conservera pour piédestal son échafaud. La mort, même involontaire, pour une grande cause est une puissance si bienfaisante, qu'elle couvre à jamais le visage des siens contre la curiosité jalouse et les reproches de la postérité. Et pourtant, devant les témoignages signés de la main du comte d'Egmont, comment fermer aujourd'hui les yeux à l'évidence? Tant de contradictions poussées si loin ressemblent à la trahison envers les deux partis. Toujours prêt à donner pour garantie suprême dans les moments de crise les crédulités de son amour-propre, Egmont remplaçait les sombres lueurs que d'autres puisaient dans la foi par on ne sait quelle trompeuse satisfaction qu'il trouvait en lui-même. Quand il avait mis sa personne quelque part dans la balance, il ne s'inquiétait plus de ce que pesait le monde. Sans convictions dans un temps de fanatisme, ni catholique ni protestant, il crut la conciliation facile entre des camps ennemis que l'enfer divisait, et il réputa cette conciliation accomplie parce qu'il l'avait conseillée. Au reste, comme il ne fut pas martyr, son sang ne lui engendra pas de vengeur. Onze ans après, on vit son fils courtiser ses bourreaux.

La popularité du comte d'Egmont chez les Wallons s'explique non seulement par l'échafaud, mais encore parce qu'il représente très fidèlement la destinée de ces populations dans la révolution du seizième siècle. Comme lui, elles flottent d'abord incertaines entre la vieille Église et la nouvelle ; comme lui, elles restent catholiques ; comme lui, elles se retournent contre leurs alliés de la veille ; on peut même ajouter qu'elles eurent aussi leur échafaud. Pendant deux siècles et demi, il ne resta sur l'estrade qu'un cadavre de peuple.

Quant au prince d'Orange, il temporise au profit de la révolution, comme Marguerite de Parme au profit du despotisme espagnol (1). Il ne sait encore si c'est l'émotion passagère d'un peuple ou le signal d'une époque nouvelle. Il veut que la révolution grandisse avant de s'y jeter à corps perdu. D'un côté, il autorise son frère à lever en Allemagne des troupes auxiliaires des insurgés ; de l'autre, il arrête à Anvers, à Bruxelles, la foule triomphante, et empêche la révolution de franchir le palais. Il protège en même temps la révolte et la répression, Bréderode et Marguerite ; surtout il laisse passer l'occasion de vaincre.

Que signifient ces contradictions, si ce n'est que le jour ne s'est pas fait encore dans l'esprit du prince d'Orange ? Il doute, il délibère ; comment à ce premier moment gouvernerait-il la révolution qui l'a surpris ? Il faut que la lumière se fasse dans son intelligence, et ce temps employé à s'éclairer, il le perd pour le combat. Il est encore catholique de fait, c'est-à-dire que, sans aucune foi, il a conservé tous les préjugés des croyances qui ne sont plus les siennes ; hostile au calvinisme comme tous les princes allemands, cela seul le rendrait incapable d'être le chef d'un mouvement calviniste.

(1) Voyez les lettres si sensées de Robert Languet, le célèbre auteur des *Vindiciæ contra tyrannos*. **Epistolæ politicæ et historicæ**. 1646, p. 215.

On a voulu expliquer par des calculs d'une profondeur infinie ce qui était alors en grande partie chez lui l'effet de sa situation d'esprit. Ce n'est pas tout d'être un grand homme ; il faut encore que le moment soit venu pour le héros de voir et de comprendre sa mission. Les hésitations, les incertitudes d'opinions, se joignant en ce moment chez Guillaume d'Orange à la circonspection naturelle de son caractère, font de cette époque de sa vie une contradiction perpétuelle où son génie d'action reste paralysé ; mais c'est sa gloire qu'après avoir été surpassé au début par l'instinct populaire, il ait si bien pris sa revanche et entraîné ceux qui l'avaient précédé.

Les chefs naturels de la révolution s'étaient démentis dès le premier jour ; il s'ensuivit qu'elle fut conduite à l'origine par des hommes inconnus ou privés de l'autorité nécessaire pour assurer la victoire (1). Les jeunes gens sortis de l'école de Genève forment dans la noblesse le premier groupe qui remplit alors la scène. Neuf d'entre eux se réunissent à Bréda, dans le château du prince d'Orange. Aucun d'eux n'était célèbre ; mais ils possédaient ce grand avantage de savoir mieux que personne ce qu'il fallait pour donner un corps à la révolution et la faire irrévocable. L'un d'eux

---

(1) « Belgium esse planè eversum stultitiâ procerum et ignaviâ non ignoras. » (Languet, *Epist.* IV.)

surtout, l'air pensif et résolu, c'était Philippe de Marnix, voulait que le premier acte enchaînât la noblesse par un engagement réciproque qui lierait les timides à la fortune des audacieux. Il s'agissait de marquer les conditions qu'on imposerait à la monarchie espagnole, déclaration des droits qui devait précéder une guerre de près d'un siècle. Pour cet acte solennel, il faut un langage où l'on sente en même temps l'enthousiasme de la foi nouvelle et la fermeté mesurée de l'homme d'État. Marnix, au milieu du groupe des conjurés, lit la déclaration qu'il a rédigée ; elle se termine ainsi :

« Ayant toutes choses bien et dûment considéré, nous estimons qu'il est de notre devoir d'y obvier, afin de n'être exposés en proie à ceux qui sous couleur de religion ou d'inquisition se voudraient enrichir aux dépens de notre sang et de nos biens. En conséquence, nous avons avisé de faire une bonne, ferme et stable alliance et confédération, nous obligeant et promettant l'un à l'autre, par serment solennel, d'empêcher de tout notre pouvoir que ladite inquisition soit maintenue ou reçue sous quelque couleur que ce puisse être. Nous promettons et jurons d'entretenir cette alliance saintement et inviolablement à toujours, tant que nous vivrons ; nous en prenons Dieu à témoin, sur le salut de nos âmes ; nous nous promettons réciproquement toute assistance de corps et de biens, comme frères et fidèles compagnons, tenant la main l'un à l'autre. Et, si quelqu'un de nos confrères était recherché par ladite inquisition, ou bien encore comme ayant adhéré à notre confédération, nous promettons et jurons devant Dieu de l'assister, sans nous épargner sous aucun prétexte quelconque. Et, pour annuler les obligations contractées par les présentes, il ne suffirait point que les poursuites intentées contre quelques-uns de nos confédérés fussent fondées sur un soi-disant crime de rébellion ; car nous déclarons qu'il ne s'agit point ici de rébellion, et que nous ne sommes mus que par un saint zèle pour la gloire de Dieu et pour la majesté du roi, pour le repos public, pour la défense de nos biens, de nos vies, de nos femmes et de nos enfants, à quoi Dieu et nature nous obligent. »

La veille, la réunion de ces jeunes gens n'était qu'une conjuration; depuis ce grand acte, connu sous le nom de *compromis des nobles*, la révolution éclate. Marnix avait donné une expression immortelle à ce qui se tramait au fond des cœurs. Quand les mouvements tumultueux des masses trouvent enfin pour s'exprimer une parole consacrée, cette parole réagit avec une force toute-puissante sur les événements; chacun voit clair au fond de sa passion. Avec l'entraînement qui saisit une société impatiente de s'affranchir, l'œuvre de Marnix est signée presque aussitôt de deux mille noms principaux de Belgique et de Hollande. L'inspiration d'un seul devient l'œuvre, l'engagement de tous : véritable serment du jeu de paume du seizième siècle ! Un grand nombre se repentiront de l'avoir prêté et bientôt le renieront. Il existera en dépit d'eux ; il dominera et réglera l'immense débat qui va s'ouvrir. Le terrain est marqué, le champ clos est tracé pour le duel qui s'engage entre la monarchie d'Espagne et les Pays-Bas. Impossible de reculer au delà des limites qu'une main ferme vient de poser. La lutte peut commencer. Quand des serments semblables sont prononcés, les individus ont beau y être infidèles, les sociétés reprennent ces serments pour leur compte et se chargent de les exécuter.

Un grave événement mit dès l'origine l'esprit de Marnix à une rude épreuve. Les églises catholiques avaient été ravagées dans une grande partie des Pays-Bas pas les briseurs d'images. Ce fut pour beaucoup d'hommes une occasion de renier sur-le-champ une révolution qui déjà les inquiétait. Les hommes qui ont préparé une révolution par leurs idées sont presque toujours les premiers à la méconnaître dès qu'elle se réalise. Comme les choses n'arrivent jamais ainsi qu'ils l'ont imaginé, ils sont bientôt blessés de la marche des affaires comme d'une désobéissance à leur génie, et dès lors ils flagellent les événements comme Xerxès flagellait l'Océan.

Marnix eût préféré que les images et les objets du culte eussent été enlevés des églises paisiblement et sans troubles, ainsi que cela était arrivé dans la réforme de Zwingle : c'est ce qu'il avait conseillé ; mais il ne jugea pas que cette infraction à ses avis fût une raison d'abandonner la partie. Il montra, au contraire, par des écrits déjà populaires, que la colère contre des objets inanimés marquait (1) l'empressement de se racheter des anciennes superstitions. Il lava la révolution du reproche de vandalisme, et rendit la confiance aux incertains. Dès le premier moment, tout part de lui dans la religion et dans la politique ; c'est lui qui compose l'acte d'union de l'Église réformée d'Anvers, première base de l'Église hollandaise, et la requête que Bréderode présente à Marguerite, défi suprême de la révolution armée.

---

(1) *Archives de la maison d'Orange-Nassau,* par M. Groën van Prinsterer, t. II, p. 221 ; t. III, p. 252. — Te Water, *Verbond,* t. I, p. 382.

II

Marnix avait prévu que le compromis, c'était la guerre. Dans toutes les réunions des confédérés, il soutient que la temporisation ne peut profiter qu'à l'Espagne, qu'il faut surprendre l'ennemi avant qu'il ait réuni ses forces, que dans les circonstances présentes l'extrême audace était l'extrême sagesse. Telles étaient aussi les dispositions d'esprit de son frère Jean de Marnix, de Louis de Nassau, de Bréderode. Par malheur il leur fut impossible d'entraîner dans cette conviction le prince d'Orange. En vain ils s'adressaient ironiquement à lui dans leurs lettres faites exprès pour tomber sous ses yeux. « Prenons la plume et eux l'épée, disaient-ils ; nous les paroles, eux le fait ; nous pleurerons, eux riront. Le Seigneur soit loué de tout ! » L'heure du Taciturne n'était pas encore venue. Élu chef militaire du parti impatient de recourir aux armes (1), Bréderode choisit Philippe de Marnix pour organisateur, ou, comme parle

(1) « La maladie de notre corps public est plus grande qu'on la puisse guérir avec ces doux breuvages. » (*Archives de la maison d'Orange-Nassau*, publiées par M Groen van Prinsterer.)

Strada, pour *questeur des Gueux* (1). Le plan de campagne auquel on s'arrêta, et qui appartient aux deux Marnix, était assurément conçu avec une vive intelligence de la situation. C'est le même qui, repris quelques années plus tard, réussit malgré des chances beaucoup plus faibles. Il s'agissait, en prenant son point d'appui sur Anvers (2), de faire un hardi coup de main sur les côtes de Flessingue et de Zélande pour s'emparer des ports et fermer le passage aux troupes espagnoles, que l'on supposait devoir arriver par la route de mer.

Aucun des biographes de Marnix ne dit un mot de cette entreprise, et pourtant il en était le chef, suivant le témoignage formel du général espagnol envoyé pour la combattre (3). Tout ce que l'on peut conclure à travers la confusion des récits, c'est que les deux frères, Philippe et Jean de Marnix, firent des levées d'hommes dans le Brabant, surtout dans Anvers, avec la demi-complicité du prince d'Orange. Les Français, dont la main est visible dans tous les premiers mouvements des Pays-Bas, ne manquent pas à ce rendez-vous. Sur trois vais-

---

(1) *Questor ærarius gheusorium.* — Strada, *de Bello Belgico*, t. I, p. 291.

(2) Strada, *de Bello Belgico*, t. I, p. 300. — Bor, *Oorsprongk* (Origines, commencements et suites des guerres des Pays-Bas), t. I, fol. 156, 1679. — Vigli, *Epistolæ politicæ et historicæ*, 1669, p. 395.

(3) Gachard, *Correspondance de Philippe II*, t. II, p. 218 ; t. I, p. 206, 402, 521, 546.

seaux dont se composait la flotte, l'un des navires était commandé par un Français. Cette petite armée de révoltés s'embarque ouvertement, enseignes déployées, sur l'Escaut; elle fait une descente à Flessingue et en Zélande; repoussée de ces deux points, Jean de Marnix la ramène à Anvers; les troupes débarquent et se fortifient dans le village le plus voisin, Austruwell. Un grand nombre d'exilés, gueux des bois, gueux de mer, grossissent cette avant-garde de la révolution. Les Marnix avaient eu soin de s'appuyer aux murs d'Anvers, où commandait le prince d'Orange; ils comptaient aveuglément sur son concours.

A la première nouvelle de ce rassemblement d'insurgés qui jusque-là n'avait trouvé aucun obstacle, la duchesse de Parme charge Beauvoir de Lannoy de le disperser ou de le noyer dans l'Escaut; elle avait donné à cet officier jusqu'à ses propres gardes. Beauvoir court au milieu de la nuit surprendre les troupes des Marnix. Celles-ci, en le voyant déboucher avec les gardes, les prirent pour les renforts que Louis de Nassau était allé chercher sur le Rhin. L'illusion fut courte. Les soldats de Beauvoir, après avoir tenu quelque temps leurs enseignes basses comme pour fraterniser, les relèvent brusquement, et tombent sur les bandes à demi formées de Jean de Marnix. Au bruit de l'attaque, Anvers s'ébranle: le parti des gueux se précipite au secours des insurgés; mais les ponts avaient été coupés secrètement la veille par Guillaume. Une défection inattendue mit le comble à la détresse des révoltés. Les luthériens, effrayés de la réforme à ce premier moment, font alliance avec les papistes; les partisans de Rome et ceux de Luther descendent en armes dans la rue; ils fraternisent et enveloppent sous la conduite d'Orange les nouveaux réformés. Ceux-ci ne purent qu'assister en frémissant du haut des remparts au combat acharné soutenu par leurs frères en rase campagne, et qui finit par l'extermination presque entière des insurgés. Quinze cents morts restèrent sur le champ de bataille; tous les prisonniers furent égorgés le soir d'après les instructions de Marguerite (1). La fin tragique de Jean de Marnix, ce jeune chef d'un si grand élan, couronna le désastre. Il s'était retiré avec quelques-uns des siens dans le hangar d'une ferme, et il résistait encore dans cette citadelle rustique. Demeuré seul vivant, il offrit deux mille écus pour sa rançon. Les Espagnols lui répondirent en mettant le feu au toit de chaume et aux meules de paille qui l'entouraient. Jean de Marnix fut brûlé vif sous les yeux de sa femme, qui du haut des remparts appelait en vain ses amis à le sauver ou à le venger. Après la victoire, le

---

(1) *Correspondance du Taciturne*, par M. Gachard, appendice, p. 500.

général Beauvoir demanda la confiscation à son profit des biens de Philippe de Marnix, l'auteur du compromis, qu'il désignait comme le chef de toute l'entreprise. Le lendemain, Guillaume écrivait une lettre où il déguisait mal son embarras envers tous les partis sous le mysticisme religieux (1); c'était alors son masque.

Vers le même temps, un autre parti de réformés était battu et écrasé à Waterloo (2), nom déjà sanglant, que l'on rencontre à la première page de cette histoire. Tel était le début de la révolution des Pays-Bas : un élan populaire soudainement comprimé par ceux qui l'avaient d'abord encouragé; l'audace manquant aux chefs naturels de la révolte et passant dans le camp ennemi; les peuples en fuite à l'approche du duc d'Albe. Dans les provinces du nord, Bréderode, qui attendait à Amsterdam, pour entraîner la Hollande, le succès de Jean de Marnix, avait dû se retirer sans essayer de réparer le désastre. Frappé de stupeur, il allait mourir désespéré en Allemagne. Le prince d'Orange lui-même, après avoir empêché ses amis de vaincre, tombait avec eux; ruiné par leur défaite, à laquelle il avait concouru, il fuyait à son tour

---

(1) Voyez la lettre de Guillaume du 17 mars 1567 : « Je vous puis bien dire que nous avons fait la plus belle échappade du monde, et que, par la grâce de Dieu, nous pouvons estimer d'être nouveau-nés. »

(2) Sur la frontière du Hainaut, dans la châtellenie de Lille.

les Pays-Bas. Que restait-il à faire à Philippe de Marnix? Pendant le combat d'Austruwell, se trouvait-il près de Bréderode en qualité de questeur? L'histoire n'en dit rien. Lui-même raconte qu'après la défaite il changea tous les jours de demeure pendant plusieurs mois. L'auteur du compromis avait engagé le premier le combat contre la monarchie d'Espagne: il suivit les cent mille émigrants que le prince d'Orange entraînait sur ses pas, et dit à son pays un adieu qui semblait éternel.

Un long cri s'éleva du milieu des réfugiés belges et hollandais pour accuser le prince d'Orange. « Le pays n'avait attendu qu'un signe de lui pour se précipiter à ses pieds (1): si seulement il avait eu la pensée de résister, on ne serait pas réduit à de telles extrémités; mais il avait tout perdu par son inertie. » C'étaient là les plaintes de cette foule d'hommes qui se proscrivaient eux-mêmes pour se dérober aux échafauds. Tout le monde aujourd'hui, ce me semble (2), reconnaît qu'au premier jour il dépendait de Guillaume de donner la victoire à son parti. A ce point de vue, son début fut une faute: il mit trop de temps à voir clair dans le fond de la

---

(1) « Cum ad ejus pedes se abjiceret universa ferè provincia. (Gerdes, *Scrinium Antiquarium*, VIII.) — Languet, *Epist.*, p. 59.

(2) Les moyens de s'opposer à la venue du duc d'Albe avec quelque chance de succès ne lui eussent pas manqué à la fin de 1566 et au commencement de 1567. ***Archives de la maison d'Orange-Nassau***, par M. Groën van Prinsterer, t. III, p. 49, 50.

révolution, et par cette incertitude lui-même il ruina sa fortune. L'homme de génie ne paraît pas encore : ses idées étaient très sûres, très profondes, mais elles marchaient lentement. Il paya cher ce retard; il lui fallut dix-huit années pour racheter cette faute, encore ne put-il la racheter qu'à moitié.

Le compromis des nobles, vraie déclaration de guerre, est du 5 avril 1566; le duc d'Albe n'entre à Bruxelles que le 22 août 1567. La révolution eut ainsi près d'un an et demi dont personne ne profita. Bien employés, ces dix-sept mois eussent pu abréger la lutte d'un demi-siècle. Marnix en eut l'instinct très vif, et ce n'est pas sa moindre gloire.

Quel moment en effet si Orange avait voulu en profiter ! Anvers occupé et servant de place d'armes, la Hollande assurée, le gouvernement aux mains d'une femme habile sans doute, mais désarmée, emprisonnée dans son propre palais, demandant déjà merci ; au dehors, nulle résistance ; l'armée, si l'on pouvait donner ce nom aux troupes indigènes, dans la main des principaux opposants, la moitié du peuple entraîné vers la réforme, le reste avide de changements, des rassemblements de deux cent mille hommes au moindre appel, toutes les villes insurgées, ou qui n'attendaient qu'un signe pour se lever ; dans les provinces du nord surtout, une population qui paraissait n'avoir qu'une âme (1); au loin l'Espagne étonnée, déconcertée, ses forces éparses à tous les bouts de la terre, son roi le plus irrésolu, le plus perplexe des hommes : quel moment pour prendre l'offensive !

Le moindre avantage d'une telle situation était de compromettre irrévocablement tous les partis avec l'Espagne, alors qu'ils étaient unis dans une espérance et dans une haine commune. Quand le duc d'Albe serait arrivé du fond de l'Italie et des côtes de Sicile, traînant après lui ses dix mille sicaires catholiques, alourdi d'un peuple entier de courtisanes, il aurait trouvé la révolution enracinée partout, les villes fermées, les digues rompues, les passages défendus, la nation tout entière debout, derrière ses remparts, ses digues, ses grèves, ses lacs marins. Sans abri, sans argent, les soldats espagnols se seraient fondus dans les campagnes désertes; la faim aurait eu raison de ces invincibles bandits.

Ce qui me confirme dans cette idée, c'est que le prince d'Orange voulut et tenta en effet tout cela; seulement il le voulut deux ans trop tard, après qu'il eut désarmé la révolution et tourné toutes les chances contre lui. Il racheta, il est vrai, sa première timidité par une entrée en cam-

---

(1) *Correspondance de Philippe II*, t. 1, p. 590.

pagne d'une merveilleuse audace ; mais il s'était ôté d'avance la possibilité de vaincre en laissant prendre l'offensive au duc d'Albe. Celui-ci marchait escorté de bourreaux ; au lieu du peuple déchaîné de 1566, il allait trouver un peuple maté d'avance, lié dans la boucherie, et qui n'attendait que le coup de grâce : d'Albe n'eut qu'à lever le bras et à tuer. Les dix-huit mille hommes qu'il égorgea sans défense sur les échafauds, et les cent mille proscrits, il les eût, dans le système opposé, trouvés debout en face de lui sur les champs de bataille. Le prince d'Orange eut la magnanimité de reconnaître la faute qu'il avait faite, car tous les avantages qui s'étaient offerts à lui, il les avait donnés à ses adversaires. En vain il appela, il chercha la population qu'auparavant il avait contenue ou repoussée ; elle était dispersée par la peur et les supplices. Réduit à parcourir les campagnes sans pouvoir s'appuyer à aucune ville, à aucune forteresse, ce fut à lui de voir ses troupes se fondre sans combat entre ses mains, faute de vivres, d'argent, d'abri, de secours ; de là la stérilité de ses premières campagnes. Après avoir inutilement tâté les dix-sept provinces, excité à la révolte ceux qu'il avait assoupis, frappé à toutes les portes sans pouvoir en ouvrir une seule, il trouve dans son pays toutes les difficultés attachées à qui fait la guerre en pays ennemi. L'unique résultat de ses premières campagnes est de faire oublier, à force de témérités, la circonspection des années précédentes.

On croit trop que les grands hommes n'ont point de noviciat, et qu'ils entrent d'emblée tout armés dans l'histoire. Rien au contraire de plus instructif que l'étude de leurs premières fautes avant qu'ils aient pris leur essor ; vous distinguez mieux ainsi par quels grands coups d'aile ils les réparent.

III

Profitant des erreurs commises, le duc d'Albe mettait sans difficulté la main sur les Pays-Bas. Le mérite du roi d'Espagne avait été de choisir l'instrument qui convenait le mieux alors à ses desseins. D'Albe avait tout ce que Philippe II possédait d'intelligence et de passion, et tout ce qui lui manquait. Dans leur correspondance, on voit deux hommes parfaitement d'accord sur le but, et c'est le serviteur qui dicte presque toujours la résolution du maître. De grands reproches leur ont été adressés de toutes parts sur le système qu'ils ont appliqué aux Pays-Bas; parmi les partisans mêmes de leurs doctrines, il s'en est peu trouvé qui ne les aient accusés d'inhabileté. Pour moi, je m'attache ici à l'opinion des plus compétents, à celle du jésuite Strada (1) et des chefs de l'Église, et, je l'avoue, si je considère quel était le but à atteindre, je vois difficilement comment on y serait parvenu par un chemin différent.

De quoi s'agissait-il? Préserver les provinces de l'esprit nouveau qui les avait infectées, y re-

(1) *De Bello Belgico*, t. I, p. 309.

fouler pour deux siècles la raison humaine, empêcher la pensée moderne d'éclore ; après le grand travail d'émancipation politique qui avait marqué l'esprit des communes de Flandre, faire avorter l'effort des temps passés ; replonger dans la servitude ceux qui les premiers avaient fait l'apprentissage de la liberté publique ; appliquer toutes les conséquences sociales de la réaction du concile de Trente aux populations qui étaient le plus près de la vie moderne ; les murer toutes vivantes, toutes avides d'avenir, dans la prison du saint-office : effacer de l'histoire les cités les plus bruyantes du moyen âge, et, à la place d'un peuple indépendant, imposer au nord le silence, la stérilité d'une *sierra* espagnole : tel était le problème. Je dis que, pour le résoudre, ni l'astuce de Marguerite de Parme, ni les calculs ingénieux de Granvelle, n'eussent suffi. Pour forcer la nature et la raison tout ensemble, il fallait la hache du duc d'Albe.

Si la liberté de conscience était alors la peste sociale, nul doute que cette liberté déjà invétérée ne pût être extirpée sans violence. Voulait-on que l'Espagne convertît par la discussion les Pays-Bas aux trois quarts hérétiques? Comment l'ignorance espagnole eût-elle tenu tête à des hommes nourris dans les fortes écoles de la réforme ? Fallait-il fermer les yeux sur les progrès des novateurs? C'était s'avouer vaincu avant que de combattre. Sous la persécution modérée de Marguerite de Parme, la plupart des villes avaient abandonné le catholicisme. Le mal croissait à vue d'œil; quel moyen d'arrêter les populations sur cette pente? Le fer, le feu, la fosse, eurent seuls cette vertu.

Remarquez que le plan fut conduit avec plus d'habileté qu'on ne suppose, et, si l'atrocité y fut manifeste, il est assurément injuste de prétendre que le sang-froid, le calcul, la ruse, y aient manqué. Après la furie du duc d'Albe viennent, lorsque la veine est épuisée, les tempéraments de Requesens, les promesses, les caresses de don Juan, le tout couronné par les corruptions élégantes et les chaînes faciles du duc de Parme. La méthode d'Ignace de Loyola, pour exténuer une âme dans les exercices spirituels, est appliquée en grand à toute une société; une fois la nation matée par la terreur, faire luire tout à coup à ses yeux les mots de magnanimité, de réconciliation; quand la masse est au moment de périr, la raviver par une espérance lointaine; ramener ainsi au piège ceux qui l'avaient évité; par cette amorce tendue à une nation mourante, faire goûter, savourer la servitude comme une grâce et un bienfait: ce fut là le plan pour asservir les Pays-Bas. Il fut suivi dans tous ses détails, si j'en excepte un seul : le rôle de la clémence après le meurtre avait été réservé à Philippe II, qui devait venir l'exercer en personne à la fin de la tragédie ; mais le cœur lui manqua, car cet excellent logicien ne chercha jamais le péril. Il envoya, les uns après les autres, ses lieutenants chargés des serments qu'il se réservait l'occasion de rompre. Toutefois ce plan se trouva dans le fond si bien conçu, que, malgré cette faute de détail, il ne laissa pas de réussir au moins pour dix provinces. Après avoir réclamé le joug, celles-ci se firent gloire de l'étendre à leurs anciens complices.

Dans l'exécution de ce plan, il est assurément fâcheux que le duc d'Albe ait eu un si grand besoin d'argent. Tant qu'il se contenta de verser le sang, il trouva peu d'obstacles (1), car on ne sait pas de quelle dureté de cœur les peuples sont capables quand la peur les a apprivoisés. Le nom de *gueux* donné indistinctement à toutes les victimes, quoique relevé par elles avec fierté, n'avait pas laissé de produire son effet. Quand on a pu trouver un mot heureux pour flétrir les opprimés, c'est une chose incroyable que la facilité que l'on trouve auprès de la conscience humaine. Combien de gens se sont dit en voyant tomber les têtes d'Egmont, de Hornes et de leurs cent mille com-

(1) Voyez les lettres de Requesens dans la *Correspondance de Philippe II.*

pagnons d'échafaud : *Après tout, ce sont des gueux* (1) !

Comme ces gens-là, en marchant au supplice, avaient l'insolence de confesser leur foi, il y avait là un scandale et un danger d'infection pour les *bons*. Le duc d'Albe y pourvut ; il ordonna qu'on commençât par brûler secrètement aux condamnés la langue avec un fer *candent*. On obtint par là ce point important : les victimes semblèrent donner par leur silence leur assentiment à l'échafaud (2). Par malheur, on eut besoin d'argent, il fallut le dixième denier, et chacun dès lors se sentit touché jusqu'à l'âme.

On a imaginé que le duc d'Albe a fini par montrer des scrupules sur les torrents de sang qu'il a versés. Cela ne me paraît guère probable, et l'histoire n'en dit rien. Il dut jusqu'à sa dernière heure se sentir dans le grand plan du catholicisme au seizième siècle, et le meilleur juge en pareille matière l'a décidé sans recours, en envoyant au lieutenant de Philippe II l'épée bénie de saint Pierre fumante encore de la Saint-Barthélemy.

Philippe II et son lieutenant retardèrent de deux

---

(1) *Gheusios contemptim appellatos.* (Strada, *de Bello Belgico*, t. I, p. 223.) « Ceux qu'ils appellent par moquerie : Povres gueux. » (Guillaume d'Orange, *Corresp.*, t. III, p. 147.)

(2) « Les peuples sont très contents, écrit un secrétaire, et croyez qu'il n'y a au monde une nation plus facile à gouverner que celle-ci quand on sait la conduire. » *Correspondance de Philippe II*, t. I, p. 79.)

siècles en Belgique le mouvement de l'esprit humain; cette blessure saigne encore. Par toute autre méthode, ils eussent peut-être conservé les dix-sept provinces unies ; mais il eût fallu en ce cas laisser une large part à la liberté de conscience, tandis que, par le plan suivi, si l'empire a été diminué de quelques membres, ceux qui ont été conservés l'ont été sans nulle concession à l'esprit novateur. Les rameaux corrompus ont été retranchés. Il est resté un tronc sain à l'abri de toute contagion. Or c'était là précisément ce qu'avaient voulu le roi et le pape au début de l'entreprise. Il ne s'agissait pas de conserver des provinces, mais de conserver la foi.

Les révélations dues aux papiers de Simancas laissent ainsi subsister dans toute leur valeur Philippe II et le duc d'Albe, le monarque et le héros du concile de Trente. Contre l'opinion de notre siècle, ils ont montré, par l'exemple de Gand, de Bruges, d'Anvers, de Bruxelles, qu'il n'est pas impossible de forcer un peuple de croire, et par là ils satisfont également le philosophe, l'homme de foi et l'artiste, — le premier à cause de la proportion qu'ils ont gardée entre le but et les moyens ; le second par le refus implacable de capituler avec la raison humaine ; le troisième par l'unité classique de caractère qu'ils ont gardée jusqu'à la dernière scène.

Le tort du duc d'Albe fut peut-être d'avoir voulu

se survivre dans la personne de son fils, qu'il avait instruit dans son système. Le dernier conseil qu'il donna en quittant les Pays-Bas fut de mettre à feu et à sang (1) tous les points qui n'étaient pas occupés en force par les Espagnols. Là était l'erreur d'esprit. Après son départ, on eût perdu tout le fruit de son système, si on n'eût semblé vouloir en changer. Au reste, ses successeurs ont profité de ses travaux en affectant de ne pas le louer. Leur clémence apparente n'eut de valeur que parce qu'elle avait été précédée du *tribunal de sang* (2). On n'imagine pas combien après cette justice les peuples se montrèrent attendris au seul mot de pardon. On verra ce qu'il fallut de génie aux chefs de la révolution pour prémunir contre cet appât le cœur de la foule. Les horreurs du duc d'Albe firent la moitié des séductions de don Juan et du duc de Parme. Quand ceux-ci arrivèrent, les villes étaient dépeuplées, les campagnes ravagées. On ne labourait plus, on ne semait plus la terre. Les loups habitaient dans les faubourgs de Gand. Il

(1) *Correspondance de Philippe II*, t. II, p. 423.
(2) *Une Succursale du Tribunal de Sang*, p. J.-J. Altmeyer. Sous ce titre, un savant écrivain belge vient de montrer par des côtés nouveaux l'administration du duc d'Albe. L'auteur a puisé dans les archives du Hainaut un grand nombre de détails inconnus qui appartiennent désormais à l'histoire et répandent une sinistre lumière sur le siège et la capitulation de Mons (1572). La partie la plus tragique du seizième siècle s'est accrue ainsi de témoignages qu'il faut rechercher dans l'ouvrage remarquable de M. Altmeyer.

devint assurément plus facile de régner sur ces déserts. Les successeurs d'Albe, voyant les choses s'apaiser autour d'eux et le silence se répandre dans les provinces du midi, s'en attribuèrent aveuglément le mérite ; mais ce désert, qui l'avait fait ?

IV

Pendant que le duc d'Albe élevait librement ses bûchers dans les Pays-Bas, Marnix cherchait un abri à Heidelberg, auprès de l'électeur palatin. Cette petite cour, au milieu d'un peuple de savants, ce château aujourd'hui en ruines, alors dans sa splendeur, offraient un asile à ceux qui voulaient respirer au milieu du grand combat du siècle ; on y trouvait à la fois l'élégance chevaleresque d'un manoir du moyen âge, la vie sérieuse d'une université retentissante de tous les bruits de la Renaissance, la solitude d'une Thébaïde, et, par-dessus tout cela, une sorte de forteresse du calvinisme. Les croyants échappés aux bûchers d'Italie, de France, d'Allemagne, venaient, sous la protection du château des électeurs, montrer leurs plaies à l'Europe religieuse et se préparer à de nouvelles luttes.

Conseiller du prince palatin, assesseur de l'Église réformée, Marnix reparaît souvent au milieu de cette retraite de Heidelberg. Il y retrouve les traces encore vivantes d'Olympia Morata, et il célèbre ce souvenir par quelques vers latins sur la *Sapho de la Réforme*. C'est dans un de ces intervalles de paix qu'il écrit sa *Lettre de consolation aux frères exilés du Brabant, des Flandres, du Hainaut, de l'Artois,* dispersés çà et là dans les pays étrangers à cause de la pure doctrine de l'Évangile. Il visite les églises naissantes des bords du Rhin, il préside les synodes clandestins ; ses lettres forment le lien de ces différentes églises, réduites à une conspiration évangélique. Dans ces manifestes de l'exil, on sent la reconnaissance du réfugié qui alors trouvait partout un seuil ouvert. Emden, Wesel, Heidelberg, sont pour lui les *villes de refuge,* les *lumières du monde,* la Sion et la Jérusalem. En même temps qu'il ranime les cœurs, il n'oublie pas son titre de *questeur des gueux.* Assisté d'un prédicateur, il va de lieux en lieux solliciter les tributs de son parti, et bientôt il refait ainsi un trésor pour la révolte, il y a en ce moment en lui un apôtre et un frère quêteur. « Après tant d'épreuves, écrit-il, nous finirons par revoir la patrie ; nous ne les trouverons pas tous vivants, mais bien ceux-là qui sont marqués du signe de *Thau.* »

Dans cette voie, Marnix ne pouvait manquer de rencontrer Guillaume d'Orange. Tous deux, aigris par leur défaite commune, devaient, ce semble, nourrir de vifs ressentiments l'un contre l'autre ; Guillaume pouvait reprocher à Marnix sa précipitation, son impatience, qui avaient tout compromis ; Marnix à Guillaume, son hésitation, ses lenteurs, qui avaient perdu la cause. Aldegonde pouvait rappeler un malheur plus personnel, la mort de son frère, la ruine de l'entreprise commencée et perdue sous Anvers. Des exilés vulgaires n'eussent pas manqué de rafraîchir ainsi leurs plaies. Pour des hommes du caractère du Taciturne et d'Aldegonde, l'exil est au contraire la meilleure et la plus salutaire des écoles; sorte de méditation dans la mort, on y voit son époque du fond de la postérité. Éclairés par cette leçon suprême, dès que ces deux hommes se furent rencontrés, ils comprirent qu'ils ne devaient plus se quitter ; au lieu de se reprocher leur passé, ils s'empruntèrent leurs qualités distinctes et se complétèrent l'un par l'autre : Marnix communiquait à Guillaume quelque chose de son élan et de son impétuosité, Guillaume tempéra la fougue de Marnix par la sagesse de l'homme d'État.

Aldegonde avait jugé que, dans la ruine de son parti, il fallait un homme pour le relever, et que Guillaume était cet homme. Dès ce moment, tous les ressentiments s'effacent, il s'attache à Orange comme au salut même. Prédicateur à la cour, conseiller dans le cabinet, aide de camp dans le combat, négociateur auprès des rois, orateur dans les États, il ne quitte plus son héros, qu'il commence par convertir. Son œuvre principale en ce moment fut en effet de conquérir Guillaume à la révolution religieuse (1). Jusque-là, le Taciturne avait séparé ces deux choses : liberté politique, liberté de l'esprit ; indifférent aux opinions, c'est dans son indifférence qu'il avait puisé son inertie. Hostile au calvinisme, il l'avait été, à son insu, à la révolution nouvelle. Marnix avait dans ces questions l'avantage de ne s'en être jamais distrait. Un point arrêta longtemps le prince d'Orange : la réputation morose du calvinisme ; il craignait l'esprit puritain de l'Église de Genève. Marnix lui montra un christianisme aimable, indulgent, celui d'un philosophe plus que d'un théologien ; il portait une sorte de netteté mathématique jusque dans les mystères. L'âme froide, enveloppée de Guillaume, ne put tenir contre ces assauts répétés ; il renonça à ses préjugés catholiques et luthériens ; il n'avait pas vu le lien indissoluble de la servitude espagnole et de la servitude catholique. Aldegonde le lui montra ; il donna un centre de gravité à cet esprit jusque-là oscillant. Le Taciturne embrassa la foi du jeune apôtre ; ce fut le nœud de leur héroïque amitié. Sully et Duplessis-Mornay ne furent jamais pour Henri IV ce que Marnix ne cessa un moment d'être pour Guillaume.

Aussi, quand le prince d'Orange, en 1568, rentre dans la lutte, vous voyez un homme tout nou-

(1) Groën van Prinsterer, *Archives*, t. III, p. 54.

veau. Ce n'est plus le grand seigneur qui transige avec les partis et attend la fortune. Converti aux opinions nouvelles, au moins dans leurs rapports avec la politique, il a désormais un principe qui l'éclaire : il sait où il va. Plus un moment de trouble ni d'hésitation. *Il a délibéré*, dit Marnix, *de mettre le tout pour le tout*. Et, en effet, c'est Guillaume qui désormais relèvera les esprits, s'ils s'abattent; il domine la mêlée, il lit à travers les perfidies, il voit clair dans la nuit ; il rapporte de l'exil une armure invincible. Heureux celui qui s'est ainsi retrempé dans la défaite, et qui après son épreuve reparaît au jour avec des pensées plus sereines et plus hautes ! La fortune se repent et s'incline devant lui.

La première action de Guillaume d'Orange répond au changement intérieur qui s'est opéré en lui. Rien de plus téméraire, ni de plus imprévu. Dans le temps même où les dix-sept provinces étaient foulées sans résistance par le duc d'Albe, on apprend que le prince d'Orange a passé la Meuse dans la nuit du 5 au 6 octobre 1568, à la tête de vingt-quatre mille hommes recrutés en Allemagne. Ses proclamations appellent aux armes le peuple des villes et des campagnes. Guillaume s'avance du pays de Liège vers les plaines du Brabant. Sans vivres, sans argent, il a compté que les peuples, en courant à la liberté, lui fourniront tout ce qui lui manque. Il traverse Tongres au milieu d'une population que la peur glace encore. Une chose prouva que le système du duc d'Albe avait réussi : c'est que personne ne bougea. Le duc s'était contenté jusque-là de prendre le sang (1) des nobles et du peuple, et n'avait pas réclamé le dixième denier; chacun se montrait patient dans le supplice d'autrui.

Isolé au milieu des Belges, que retenait la terreur, Orange ne put que tourbillonner autour des places qui lui restaient fermées. Le duc d'Albe n'eut qu'à refuser le combat pour voir l'armée des réfugiés se fondre de misère; il voulut bien à la fin l'attaquer au passage de la Janche, où il lui tua trois mille hommes. Orange revient à Liége, puis, de nouveau traqué et sa ligne de retraite perdue, il s'aventure pour la seconde fois dans le Brabant; il traîne à peine quelques restes de son armée dans la direction de Wavre, Gembloux, les Quatre-Bras, Gosselies, par où il se retire en France, marquant exactement les étapes de Waterloo. La campagne, ouverte le 5 octobre 1568, était terminée le 17 novembre; elle avait duré moins de six semaines. Le duc d'Albe se contente d'écrire à Madrid : « Ils sont sortis défaits, mourant de faim, la plus grande partie passée au fil de l'épée. » Après quoi tout re-

---

(1) Grotius, *Annales et Historiæ de rebus Belgicis*.

tombe dans la mort; on n'entend plus encore une fois que le bruit des échafauds.

Les peuples ont leurs moments de lâcheté ou de stupeur; ni les paroles ni les actions n'ont plus de prise sur eux, et tout serait perdu si le salut devait venir de l'élan de la conscience publique. Attendre que les masses se réveillent d'elles-mêmes, ce serait attendre l'impossible; mais alors il y a des individus qui veillent pour tout un peuple, et c'est pour ces temps-là que les héros sont faits; en se conservant intacts, ils parviennent à ranimer les autres. Tels étaient en 1568 Guillaume et Marnix. La vie des Pays-Bas était en eux.

Qu'avait fait Marnix pendant cette courte campagne? On a retrouvé la lettre (1) que dès le début il avait été chargé par Orange de porter, au milieu de mille dangers, à Louis de Nassau, déjà aux mains avec l'armée espagnole dans la Frise. Orange blâmait dans cette lettre son frère de s'arrêter au siège de Groningue, et prédisait le désastre qui allait s'ensuivre. Il envoyait Marnix comme un conseil, un autre lui-même, à ce bouillant Louis de Nassau, qui n'avait pour tactique militaire que sa devise écrite sur ses drapeaux : *Les reprendre ou mourir! Maintenant ou jamais* (2)!

---

(1) Groën van Prinsterer. *Archives de la maison d'Orange-Nassau*, t. III, p. 277.

(2) « Recuperare aut mori; nunc aut nunquam. »

Entraîné dans le désastre de Jemmingen, Aldegonde se réfugia en Allemagne, pendant que Guillaume se réfugiait en France. A peine sorti de la mêlée, on trouve Aldegonde dans les synodes de Wesel et d'Emden. L'armée détruite sur le champ de bataille, il va de nouveau la rallier dans l'église. L'inimitié des luthériens et des calvinistes avait été une cause de ruine ajoutée à toutes les autres; il entreprend de réconcilier les sectes, et il obtient entre elles un commencement de trêve.

L'inertie des Pays-Bas avait laissé une impression profonde dans l'esprit de Marnix. Il avait vu de près la lâcheté des masses sourdes à l'appel de leur libérateur, la défection de la noblesse, qui déjà s'empressait autour de la tyrannie du duc d'Albe, l'avarice des riches marchands prêts à trafiquer de la foi nouvelle. Son premier mot fut un cri de malédiction contre le peuple qui avait tout renié. Ce sentiment déborde dans l'ouvrage que Marnix écrit vers ce temps (1), la *Belgique affranchie de la domination espagnole*. On y sent la hauteur d'une âme indignée, obligée de chercher son appui en elle-même pour peser contre une nation tout entière qui s'abandonne et s'affaisse.

(1) En voici le titre : *Belgicæ liberandæ ab Hispanis ὑπόδειξις ad patrem patriæ Gulielmum Nassavium principem Aurantium, anno 1571, april 18, exhibita ac nunc demùm in lucem edita.* Voyez l'ouvrage de M. Bakhuisen van den Brink : *Notice sur le dixième denier*, Gand, 1848.

Il y a dans ces pages une colère trop véhémente, trop virile, pour qu'elle ressemble en rien au découragement. L'homme capable de ce vigoureux dédain exerce une sorte de magistrature biblique. Il veut d'abord que la nation parjure ait le sentiment de son infamie ; peut-être sera-ce le premier degré de sa régénération.

« Toujours les mêmes ! dit-il en s'adressant à Guillaume. En quoi sont-ils sortis de leur ancien cloaque ? Ils ne sacrifient rien de leur argent ou de leurs intérêts à ton entreprise, et, si quelqu'un le fait, ils le méprisent, ils le haïssent, ils le livrent, ils le vendent. Vaniteux, curieux, efféminés, soupçonneux, brouillant tout sans écouter personne, profanateurs des secrets, vains disputeurs de songes, tenant leurs inventions pour des oracles, effrontés usurpateurs de la patrie, toujours prêts à la déserter quand leur avarice le demande, à peine ont-ils passé la mer et colporté çà et là leurs marchandises, les voilà enflés d'orgueil et d'usure, qui mettent leur trafic au-dessus de toute gloire acquise dans le service de la république, à la guerre, au conseil ou dans les lettres, ornement des peuples. S'il faut délibérer, c'est leur affaire; ils crient, ils aboient; dès qu'ils ne comprennent pas, ils calomnient. L'entêtement et la cupidité sont pour eux la probité et la foi. Ils empêchent les résolutions salutaires, non par la discussion, mais par le tumulte. Qu'y a-t-il de commun entre de pareils hommes et la chose publique ? Avec de telles mœurs, si un Dieu ignorant l'esprit de notre peuple t'offrait d'affranchir la patrie, même par un signe de tête, le voudrais-tu ? »

L'aiguillon du mépris pouvait réveiller les classes supérieures, et Marnix s'était adressé à elles dans une langue savante : il sentit bientôt la nécessité de parler directement au peuple. Depuis la campagne de 1569, on peut remarquer qu'il n'espère plus rien de la noblesse, et il se tourne vers les hommes simples ; il cherche des formes populaires pour intéresser les masses, et dans cette voie il est récompensé par une de ces découvertes qui sont rarement accordées, même aux plus beaux génies. Frappé de la défaillance morale des Pays-Bas, si fiers, si enthousiastes peu d'années auparavant, Aldegonde cherche dans le fond intime de son cœur quel accent peut arriver à la conscience de ces masses accablées et flétries ; il trouve le chant national par excellence, le *Wilhelmus-Lied* (chant de Guillaume). C'est avec les strophes de Marnix que les flottes des Provinces-Unies abordaient et poursuivaient les vaisseaux espagnols depuis le Zuiderzée jusqu'à la mer des Indes pendant le seizième et le dix-septième siècle. Après avoir chassé Philippe II, le *Wilhelmus - Lied* menait encore la république au combat contre Louis XIV; de nos temps, en 1813 et 1814, c'est avec ce même chant populaire que la Hollande s'est réveillée, quand la nationalité néerlandaise a reparu sous les ruines de l'empire. La *Marseillaise* seule a exercé sur des masses d'hommes une puissance pareille (1).

Qu'est-ce donc que le *Wilhelmus-Lied ?* Chant du banni, du *pôvre gueux*, résignation à la défaite passée, encouragement à la victoire future, consolation dans la ruine, prière du soldat, du matelot, confiance dans un héros, surtout espoir en Dieu, ce chant explique mieux que tous les raisonnements pourquoi ces hommes ont fini par vaincre. Comment auraient-ils été détruits, ceux qui, le soir de la défaite, se ralliaient ainsi dans le Dieu des Machabées? Plus l'art est étranger à cet hymne, mieux il s'insinuait partout. Le peuple ne s'approprie que ces monuments humbles comme lui dans la forme, profonds comme lui par le sentiment : un psaume rustique, un cantique de Déborah dans la mer du Nord. C'est le prince d'Orange lui-même qui parle, car seul il est encore debout au milieu de la ruine de tous. On voit un grand homme qui soutient tout un peuple de sa force morale et le nourrit de la moelle de ses os.

(1) Broes, *Van Marnix*, t. III, p. 181.

En même temps que Marnix relève le cœur des masses au niveau du héros, il fait de Guillaume un tel idéal de désintéressement, d'abnégation chrétienne, qu'il l'enchaîne à la justice par sa louange même; il ne permet à son prince que la conquête du royaume éternel de la justice. Au récit de Guillaume, les *gueux des bois*, les *gueux de mer*, sortent de leurs retraites et répètent avec lui le chant du réfugié. De pareils poèmes sont absolument intraduisibles; à peine si l'on peut reproduire quelques accents, qui, privés du rythme populaire, restent décolorés.

« Moi, Guillaume de Nassau, né de sang allemand, je suis resté fidèle à la patrie jusqu'à la mort. J'ai résolu de vivre dans la loi de Dieu, et pour cela je suis banni loin de mon pays et des miens; mais Dieu me conduira comme un bon instrument : il me ramènera au gouvernail.

« Vous, hommes au cœur loyal, tout accablés que vous êtes, Dieu ne vous abandonnera pas; vous qui voulez vivre dans la justice, priez-le jour et nuit qu'il me donne la force de vous sauver.

« Je ne vous ai épargné ni ma vie, ni mes biens, et mes frères aussi, grands par le nom, ont fait comme moi. Le comte Adolphe est resté en Frise dans le combat; il attend dans la vie éternelle le jugement dernier.

« Soyez mon bouclier et ma force, ô Dieu ! ô mon Seigneur ! en vous je me repose ; ne me délaissez jamais. Conduisez votre serviteur fidèle ; faites que je brise la tyrannie qui m'ensanglante le cœur.

« Comme David dut se cacher devant Saül le tyran, ainsi j'ai dû m'enfuir avec mes nobles hommes ; mais Dieu a relevé David du milieu de l'abîme : dans Israël il lui a donné un grand royaume.

« Si mon Seigneur le veut, tout mon désir royal est de mourir avec honneur sur le champ de bataille et de conquérir un royaume éternel, comme un héros loyal.

« Rien ne me fait plus de pitié dans ma détresse que de vous voir, vous, Espagnols, dévaster la bonne terre du roi. Quand j'y pense, ô douce, noble Néerlande ! mon noble cœur en saigne.

« Avec mes seules forces, moi, prince de haute lignée, j'ai affronté l'orgueil et le combat du tyran. Ceux qui sont ensevelis à Maëstricht ont éprouvé ma puissance. On a vu courir mes hardis cavaliers à travers la plaine.

« Si le Seigneur l'avait voulu, j'aurais repoussé loin de vous l'effroyable tempête ; mais le Seigneur d'en haut, qui régit toutes choses, il faut le louer toujours : il ne l'a pas voulu. »

Par cette œuvre, qui n'a rien de commun avec

la littérature cultivée et écrite, Marnix toucha le cœur du peuple, devenu insensible en apparence. Sans lui reprocher sa dureté, il l'en fit rougir. Les écrivains du seizième siecle, voyant ce miracle d'une poésie populaire, nomment Marnix un *autre Tyrtée, alterum quasi Tyrtœum*. La vérité est que, dans cette messénienne biblique, il donne un rythme à la révolution, bientôt elle va se relever et s'élancer de nouveau à la cadence de ces vers incultes, moitié psaume, moitié chanson de guerre.

Toutefois ce n'était pas assez de réveiller l'enthousiasme du peuple; Marnix entreprit une chose beaucoup plus difficile, et il y réussit de même. Pour mieux dissiper la peur, il veut contraindre le peuple de rire entre les mains des Espagnols. Chose assurément remarquable dans l'histoire littéraire, c'est dans les années les plus sanglantes de la terreur catholique, au moment où le duc d'Albe *déchirait avec le plus de fureur les entrailles des Pays-Bas*, c'est en 1569 et en 1571 qu'Aldegonde compose et publie en flamand sa gigantesque satire de l'église catholique, la *Ruche romaine* (1), créant ainsi la langue hollandaise au

---

(1) *De Byenkorf.* Les principales éditions sont de 1572, 1597, 1599, 1600, 1638, 1647, 1664, 1733, 1761. Cet ouvrage a été traduit en latin, en français, en anglais et en allemand. *Apiarium sive Alvearium Romanum.*

milieu d'un rire tragique et héroïque. Cet ouvrage
fut un des plus grands triomphes de la parole au
seizième siècle sur la force déchaînée. « Il fut
reçu du peuple, dit Bayle, avec un applaudissement incroyable. » Rien de pareil ne s'était vu
depuis les colloques d'Érasme. On reconnut un
frère de Rabelais et d'Ulrich de Hutten. Le livre
de Marnix fut pour les réformés dans le nord
plus puissant même que les ouvrages de Calvin.
C'était Gargantua ou Grandgousier s'épanouis-
sant du haut des échafauds dans une kermesse
flamande. On crut entendre le ricanement de toutes
les têtes de morts qu'avait tranchées le duc d'Albe.
En même temps, l'Église du moyen âge semblait
s'abîmer sous cette huée immense, colossale,
monstrueuse, dont aucun écrivain n'égalera jamais
la témérité. Par un raffinement d'audace et d'ironie,
Marnix avait dédié son livre effroyable à l'un des
chefs de l'inquisition, l'évêque Sonnius (1) ; en
voici le début, traduit par Marnix lui-même en
français plus de vingt ans avant la *Ménippée :*

« La ruche en laquelle nos mouches se logent,
s'assemblent et font leur ouvrage, se fait de souples et fortes claies et osiers de Louvain, de Paris
ou de Cologne, bien subtilement entrelacées ; on les

---

(1) Vigli. *Epistolæ politicæ et historicæ ad Hopperum,* 1661.

nomme communément à Louvain sophismes ; on les trouve à vendre chez les corbeillers de l'Église romaine, comme chez Jean Scot, Thomas d'Aquin, Albert le Grand et autres semblables maîtres qui ont été fort subtils en cet art. Or, pour la plus grande sûreté, il faut encore lier ces claies et les joindre ensemble avec de gros câbles ou cabales judaïques ou thalmudiques, et y tirer dessus de bon ciment bien composé de vieilles ruines, dont les vieux et caducs conciles ont été maçonnés, brisé et estampé bien menu, et mêlé avec de la paille coupée que les apothicaires nomment *palea decretorum*, l'arrosant à chaque fois de l'écume ou bave des anciens docteurs, et y mêlant aussi quelque peu de chaux fraîche de Trente. Tout cela, bien broyé ensemble, se mêle avec du sablon tiré des puits creusés de l'humaine superstition, ou bien de ce sable dont les anciens hérétiques enfilaient leurs cordons ; tu peux aussi ajouter un peu de ce limon glueux, ou bitume des Indes, qui est une matière fort lente et tillasse, dont jadis la ville et la tour de Babel fut cimentée, et se tire hors du lac de Sodome et Gomorrhe... car cela est plaisant à l'œil, et est cause que les mouches y logent et conversent plus volontiers. »

Que pouvaient les haches et les gibets contre une arme semblable ? Il se trouvait des mains invisibles pour déposer la *Ruche* jusque sur les marches des échafauds ; le bourreau lui-même y perdit son sérieux, le duc d'Albe à son tour se sentit vaincu comme Granvelle ; il était devenu ridicule. Par l'hymne de Guillaume, Marnix avait ranimé l'enthousiasme religieux et guerrier ; par la *Ruche romaine*, il rend à tous le vrai sentiment de la force ; la joie, l'hilarité dans l'extrême péril ; il peut désormais attendre l'effet de ses paroles.

V

Au commencement de l'année 1572, la vie nationale paraissait si bien éteinte dans les dix-sept provinces et la ruine si irrévocablement consommée, que le duc d'Albe se préparait à les quitter pour aller jouir de son triomphe en Espagne. Il s'était fait élever sa statue dans la citadelle d'Anvers, et il foulait en paix, de ses pieds de bronze, son immortelle conquête. Dans chacune de ses lettres au roi d'Espagne, il annonçait que ses successeurs n'auraient qu'à jouir du repos qu'il avait assuré.

Cette histoire semble faite pour l'instruction des hommes qui souffrent pour la justice ; elle leur apprend ce qu'il y a de légitime et de sacré dans l'espérance, car assurément jamais cause plus nationale ne sembla plus irrévocablement perdue. Au dedans le silence, l'accablement, la terreur, l'expérience de la tentative avortée du prince d'Orange, tout le pays parcouru et fouillé par les bannis sans qu'une voix eût répondu, partout l'assentiment donné à la force, et déjà chez beaucoup la servilité immodérée et insolente, l'immense monarchie espagnole pesant du poids de deux mondes sur un coin de terre privé de la meilleure partie de ses habitants. D'où le salut pouvait-il venir? Les exilés eux-mêmes n'espéraient plus (1).

Le salut viendra d'où il était impossible de l'attendre. La reine d'Angleterre repousse de ses ports quelques réfugiés qui s'y étaient abrités. Deux cent cinquante gueux de mer, sous la conduite du farouche Guillaume de Lamark, mettent à la voile. Ballottés par la tempête, exclus de tous les rivages, ces hommes n'ont de patrie désormais que celle qu'ils pourront conquérir. L'orage les jette à l'embouchure de la Meuse; ils s'emparent de la forteresse de la Brille. La Hollande naufragée a trouvé un point fixe; elle s'y arrête. Le grain porté par l'orage est tombé sur le rocher et s'enracine. L'arbre qui va naître de ce germe étendra ses branches jusqu'aux Indes orientales.

Ainsi s'accomplissait l'expédition que les deux Marnix avaient conçue et tentée sur Flessingue. Transporter le champ de bataille sur les côtes et sur la mer, c'était vaincre d'avance. L'Espagne est déconcertée par cette tactique imprévue; le génie de la Hollande vient de se révéler. A la première nouvelle de cet intrépide fait d'armes,

---

(1) Voyez la correspondance du duc d'Albe.

Guillaume laisse cependant éclater un vif mécontentement; l'explosion avait encore une fois devancé ses profonds calculs; sans doute on allait payer cher une joie prématurée. L'incertitude ne fut pas longue. La prise de la Brille a lieu le 1re avril 1572, Flessingue tombe au pouvoir des insurgés le 6; Rotterdam se déclare le 8. On ne pouvait plus en douter, ce n'était pas seulement un coup de main de gens désespérés, c'était le soulèvement d'un peuple qui attendait un chef.

Pendant que Guillaume forme à la hâte une armée, Marnix se jette dans les villes insurgées de la Hollande et de la Zélande. Tel est le sentiment de l'ordre et de la règle chez ces peuples, que dès le premier moment de l'insurrection ils ont déjà réuni leurs états généraux, qui délibèrent gravement au milieu de la conflagration publique comme en pleine paix. A cette première assemblée de Dortrecht, qu'un écrivain a nommée le concile de Trente de la liberté, Marnix était député de la Gueldre. Dès l'ouverture, il prend l'initiative de la proposition qui peut seule assurer la victoire; dans la détresse, il sait où est le sauveur. Il a vu de près Guillaume d'Orange; il propose de conférer à son héros le commandement de toutes les forces sous l'œil et la direction de l'assemblée. Le discours de Marnix de Sainte-Aldegonde a été conservé dans son entier; c'est un des monuments les plus éclatants de l'histoire politique des Pays-Bas. Le bon sens et l'enthousiasme ne furent jamais peut-être plus intimement unis que dans ce moment où un État nouveau vint au monde. Ce fut une de ces heures religieuses toujours rares dans la vie des peuples. Ces hommes si froids en apparence étaient émus malgré eux, ils entraient dans une guerre pour ainsi dire éternelle. On voulut que Marnix prêtât au nom de Guillaume serment de fidélité ; il y consentit sans peine (1). Jamais serment n'a été mieux rempli.

Le prince d'Orange n'avait pas attendu cet appel de la voix publique pour prendre son parti. Le 8 juillet 1572, il avait franchi le Rhin à la tête de mille cavaliers seulement. Le gros de ses troupes, fortes de seize mille cinq cents hommes, ne le rejoignit que six semaines plus tard. On peut s'étonner qu'il répétât la manœuvre désespérée de la campagne précédente ; il vint encore une fois se placer au milieu de l'armée espagnole dans les plaines ouvertes de la Belgique. Cette témérité s'expliquait cette fois par trois raisons : donner une base au soulèvement des Pays-Bas, tendre la main aux protestants français, débloquer Mons, dont son frère, le chevaleresque Louis de Nassau, s'était emparé par surprise. De ces trois résultats

---

(1) Meteren, *Historien van de Oorlogen* (Histoire des guerres des Pays-Bas), t. III, p. 79.

projetés, aucun ne put être atteint. Au moment le plus critique, quand on attendait l'armée protestante que la cour de Charles IX avait promise, la nouvelle de la Saint-Barthélemy tomba dans le camp du prince d'Orange. « Ce fut, dit-il, un coup de massue. » Battu à Jemmapes, ses troupes, encore une fois mutinées, sans vivres et sans solde, faillirent le tuer. Il dut les ramener par Malines en Gueldre, où il les licencia. C'est à ce moment qu'il écrit à Jean de Nassau : « J'ai déterminé, avec la grâce de Dieu, d'aller me tenir en Hollande et en Zélande, et de faire *illec* ma sépulture (1). »

Dans ces deux campagnes de 1568 et de 1572, le héros l'emporta dans Guillaume sur le politique, le politique sur le tacticien. La confiance magnanime qu'il montra dans le courage, dans la dignité des peuples opprimés, et qui le porta par deux fois à venir attaquer les Espagnols en rase campagne, au centre même de leur domination, laissant à l'opinion, à l'énergie, au génie des masses, le soin de le dégager de la position désespérée où il se jetait à corps perdu, cette confiance, dis-je, est celle d'un héros. Le politique venait ensuite, qui cherchait son point d'appui sur la France et sur la Belgique.

Ce n'est qu'après la double expérience des cam-

---

(1) *Orangius planè periit.* — Languet, *Epist.*, p. 101.

pagnes si hasardeuses de 1568 et de 1572, que, détrompé également de son espoir dans l'alliance française et dans l'insurrection wallonne, il se décide à prendre pied sur les grèves, les iles, les digues de la Hollande et de la Zélande, qui étaient sa position naturelle de combat. Il n'en sortit plus jamais. Les gueux de mer de la Brille lui avaient montré quelle tactique convenait à la guerre nationale ; il eut le mérite de se rendre à cet enseignement de l'instinct populaire. Depuis ce moment, la vieille infanterie espagnole est dépaysée ; une lutte interminable commence. Ce n'étaient plus les guerres heureuses d'Italie où il n'y avait qu'à tuer et festoyer. Le duc d'Albe, Requesens, don Juan, le duc de Parme, s'éteignent en peu d'années les uns après les autres. Ils se sentaient pris d'un mal inconnu, et mouraient étouffés par la haine publique. Quatre générations militaires s'usent avec eux. L'Espagne se noie dans les marais sanglants de la Zélande.

Dans ce moment de crise où chaque ville soutenait un siège désespéré, Marnix était gouverneur de Delft, de Rotterdam et de Scheidan. Ces gouvernements étaient militaires autant que civils. Il venait de fortifier La Haye, qui n'était encore qu'un bourg, et de nommer à Harlem les magistrats qui devaient tous, quelques mois après, payer cet honneur de leurs têtes.

Un de ces événements ordinaires dans une guerre d'embûches le mit lui-même à deux doigts de sa perte. Il était allé ravitailler la vieille forteresse de Maaslanduis ; les cavaliers qui le gardaient, surpris par les Espagnols, s'échappent sans faire résistance. Marnix, resté seul par l'abandon des siens (1), se défend vaillamment. Il est fait prisonnier. Dans cette guerre implacable, tout prisonnier était un homme mort. Les garnisons de Naarden, de Zutphen, de Harlem, venaient d'être égorgées jusqu'au dernier soldat. Le duc d'Albe sentit l'importance de la capture qu'il avait faite. Il écrivit sur-le-champ à Philippe II : « Les troupes logées en Hollande ont mis à mort près de six cents rebelles et pris Aldegonde, qui est un très dangereux hérétique dont le prince d'Orange s'est servi plus que de tout autre. » L'arrêt de mort ne pouvait manquer de suivre ces paroles ; Guillaume d'Orange regardait déjà son fidèle compagnon comme perdu. Une circonstance inespérée le sauva : on apprit que le gouverneur espagnol de Hollande, l'amiral Boussu, était tombé aux mains des insurgés à la suite d'un long combat sur son vaisseau, que par jactance il avait nommé l'*Inqui-*

---

(1) « A mon très grand regret, ledit seigneur de Sainte-Aldegonde, qui *autrement se montrait vaillant*, ayant été délaissé de ses soldats, a été pris et mené à la Haye. » Lettre de Guillaume d'Orange. Voyez Groën van Prinsterer. *Archives*, t. IV, p. 286-293.

sition. Guillaume se hâte de publier qu'il fera à l'amiral Boussu le traitement qui sera fait au seigneur de Sainte-Aldegonde. La sentence de celui-ci est différée.

Contre leur coutume, les Espagnols eux-mêmes se montraient peu impatients de mettre à mort leur prisonnier. Ils avaient d'abord songé à l'amener à Bruxelles, espérant bien arracher d'importants aveux d'un personnage aussi considérable. Soit que Marnix voulût tirer avantage de ces dispositions pour gagner du temps, ou que le désespoir se fût emparé de son esprit, il laissa entendre que son parti ne serait point éloigné de traiter de la paix, et qu'il pourrait lui-même servir à la négociation. Il était alors entre les mains d'un vieux soldat de fortune, Ramiro, cassé par soixante ans de guerre, avide de quitter ces rudes provinces, et qui saisit promptement l'appât. Marnix alla jusqu'à dire que, s'il pouvait retourner pendant huit jours auprès d'Orange, il se faisait fort de l'amener à conclure la paix désirée. Cette liberté sur otage lui fut accordée. Avant d'en profiter, il écrivit à Guillaume deux lettres où il semble exagérer son propre découragement.

Qu'y avait-il de sincère et de joué dans son attitude? Il sera toujours difficile de le dire. En considérant de près la finesse de son esprit, on ne peut s'empêcher de voir dans la négociation entamée un moyen de tromper l'échafaud.

Pendant trois mois, il refait chaque soir son testament, car il savait comment Philippe II faisait secrètement étrangler les prisonniers importants, et comment se trouvaient des médecins pour attester qu'ils étaient morts de pleurésie (1). Le cœur de Marnix a-t-il failli en face de cette mort menteuse et masquée? Il a désespéré de la cause politique, non de la cause religieuse. Il était si loin de faillir à sa foi, que les Espagnols et Noircarmes jugèrent à propos de ne jamais toucher à ce point avec lui. Marnix crut que la question politique était perdue, que la victoire matérielle était impossible, qu'il ne restait qu'à s'expatrier, à emporter sa croyance dans les déserts; que ses idées, ses principes, ne pouvaient s'enraciner dans ce lieu, à ce méridien, que pour les sauver il fallait les transporter par delà l'empire où le soleil ne se couche pas. Il ne crut pas à la victoire de l'atome contre un monde; il désespéra et il l'avoua.

Si, quelques années auparavant, il avait prêté

---

(1) « On doit procéder à l'exécution de telle manière que personne ne sache que Montigny a été justicié, mais qu'on dît en public, au contraire, qu'il est mort de sa mort naturelle. » *Correspondance de Philippe II*, t. I, p. 152. — « Il a fait exécuter secrètement Genlis, après avoir publié qu'il était malade. » *Ibid.*, p. 431. — « Il restait des Français prisonniers; le duc a dit à Requesens qu'il avait ordre du roi de les faire mourir secrètement. » *Ibid.*, 30 décembre 1573.

son assistance morale à Guillaume, celui-ci le lui rendit ce jour-là. Mélange de prudence et d'inflexibilité, la réponse d'Orange lui fera un éternel honneur. Il dit, choses qui semblaient inconciliables, tout ce qu'il faut pour sauver son ami et tout ce qu'il faut pour relever la conscience publique ; il entre dans les vues de Marnix en envoyant aux états le projet de négociation. D'autre part, en quelques paroles de bronze, il demande si la paix avec l'Espagne peut être autre chose qu'un leurre, s'il ne vaut pas mieux continuer, tête baissée, une lutte impossible, si les opinions, les principes, les croyances, n'ont pas mis un abîme entre les deux peuples, si l'on n'est pas réduit à la nécessité de combattre jusqu'au dernier sang et de se remettre de tout à Dieu. Marnix avait fait cent fois en d'autres temps la réponse à ces questions ; il entendait ses propres paroles lui revenir par la bouche d'un grand homme. Guillaume avait désespéré en 1566, Marnix en 1573 ; tous deux s'étaient relevés l'un par l'autre. Bientôt ils se virent, la négociation tomba d'elle-même. Dans ces entrefaites, le duc d'Albe était parti des Pays-Bas. En octobre 1574, Marnix, échangé contre Mondragon, retrouve sa liberté après une année qui ne fut qu'une longue agonie.

C'est dans sa prison, et pour ainsi dire sur l'échafaud, qu'il commença sa traduction des psaumes en hollandais. La Bible hollandaise naît dans la captivité d'Utrecht, comme la Bible allemande dans la captivité de la Wartbourg. Cette traduction, qui devait être un des fondements de la langue flamande, ne parut que quelques années plus tard. Suivant les paroles de l'auteur, il la continue *tantôt en exil, tantôt en prison, tantôt dans la main de l'ennemi, toujours au milieu de mille tourments.* Il fit une double version, l'une en prose, l'autre en vers rimés, pour se prêter aux usages du culte. Nulle traduction des psaumes et des cantiques n'a été entreprise dans des circonstances plus semblables à celles d'où naquirent les chants hébreux : un peuple, menacé chaque jour de périr, qui s'appuie sur le bras d'un héros ; un homme désarmé, qui renverse le Goliath espagnol. Il est probable que c'est à ces ressemblances de destinées que les psaumes de Marnix doivent en partie cette simplicité poignante (1) et cette sombre flamme du désert qu'il a su le premier découvrir sous les glaces de la langue des Frisons. Marnix lui-même semblait le prophète ou le pontife laïque de la Sion néerlandaise. Il dédie sa Bible aux états. Ceux-ci avaient mérité, par leur admirable constance, que le livre pour lequel tant d'hommes mouraient chaque jour fût placé sous leur sauve-

---

(1) Broes, *Van Marnix*, t. III, p. 157.

garde. La Bible de Marnix dans le sein des états généraux, c'est la pierre de fondation de la république chrétienne des Provinces-Unies.

Il était temps que Marnix fût rendu au prince d'Orange. Deux frères du prince venaient d'être tués sur le champ de bataille de Mook ; on n'avait pu même retrouver leurs corps. Le langage de la mère de Guillaume en apprenant le massacre de ses fils avait été celui de la mère des Machabées : « Humainement parlant, écrivait-elle, il vous sera difficile, étant dénué de tout secours, de résister à la longue à une si grande puissance ; mais n'oubliez pas que le Tout-Puissant vous a délivré (1) ».

(1) Avant de reparaître dans les affaires publiques, Aldegonde fut employé à une négociation de famille, qui montre mieux que tout le reste ce qu'il était pour Guillaume. Les correspondances nouvellement publiées ont mis en lumière cette partie obscure de la vie domestique d'Orange. Il avait la guerre au dedans* encore plus qu'au dehors. Sa femme, Anne de Saxe, s'était follement éprise d'un bourgeois de Cologne, que les correspondances désignent sous l'initiale R., et que l'on sait aujourd'hui avoir été le père de Rubens. Anne de Saxe commença par nier ses débordements. Rubens en fit l'aveu. Il demanda à voir Aldegonde pour le consulter sur un certain point de religion et de conscience, car il se croyait sur le point de mourir. On se contenta de l'emprisonner. Orange avait d'abord accepté le conseil de faire passer pour morte Anne de Saxe, après l'avoir emmurée dans quelque donjon ; Anne fut reconduite à Dresde et y mourut deux ans après. Marnix est mêlé à tous ces mystères. Lorsque le froid Guillaume s'éprit de la duchesse de Montpensier et renonça au secret pour faire prononcer le divorce, ce fut encore Marnix qui alla apaiser le mécontentement des princes allemands. Il donna le change à l'opinion, en paraissant ne s'occuper que de choisir

* Groën van Prinsterer. *Archives*, t. V, p. 195.

Chacun sentait qu'il était temps de recourir à quelque grand moyen de salut pour empêcher la ruine publique. Les regards se tournaient vers les deux hommes qui avaient jusque-là soutenu la patrie. Rendus l'un à l'autre, ils feraient paraître sans doute une force nouvelle.

Une résolution (1) digne des anciens Frisons avait traversé l'âme de Guillaume. En 1576, il propose de s'embarquer avec tous ceux qui aiment la liberté, hommes, femmes, enfants, de percer toutes les digues, d'ensabler tous les ports, de rendre le sol de la Hollande au vieil Océan, et d'aller, comme un autre Énée, chercher avec ses compagnons, sous un autre ciel, dans les archipels orientaux, une autre Italie. Cette résolution rentre dans le projet d'expatriation de Marnix. On eût abandonné au roi catholique une mer solitaire rendue inabordable, des grèves désertes, des écueils, de vastes marais inaccessibles, à la place d'une nation vivante et indomptée. Au lieu d'effrayer, ce projet, donné en pâture aux esprits, les rassura. On sentit qu'après la défaite il y avait un refuge, et l'on s'attacha à l'océan lointain et inconnu comme à l'espérance.

---

des professeurs pour l'Université de Leyde ; mais, quelque temps après, il épousait solennellement à Heidelberg la duchesse de Montpensier au nom du prince d'Orange. C'était dans l'automne de 1575.

(1) Van Loon, *Histoire métallique des Pays-Bas.*

Toutefois, avant d'en venir à ces extrémités, il restait une entreprise à essayer. A mesure que le péril augmentait, que l'abandon devenait plus flagrant, que la puissance espagnole changeait de moyens sans changer de volonté et de but, la nécessité devenait plus évidente de réconcilier les provinces méridionales et septentrionales des Pays-Bas, les Wallons et les Flamands, et de tourner enfin les forces réunies des deux races contre l'oppresseur commun. Longtemps on avait ajourné cette réconciliation dans la crainte des concessions mutuelles où l'on serait entraîné ; mais le jour était venu où l'intérêt de tous parlait plus haut que les rivalités. Il s'agissait de se réunir contre l'étranger ; là devait être le salut.

Marnix fut naturellement l'âme de cette grande négociation entre les deux races ; personne mieux que lui ne pouvait servir à les rapprocher. Les peuples gallo-romains et les peuples germains se trouvaient aux prises sur le terrain étroit des Pays-Bas. Aldegonde appartenait aux uns et aux autres. Français et Wallon par l'origine, il venait de créer le hollandais comme langue écrite ; il montrait dans sa personne, dans son génie, l'alliance la plus intime des Belges et des Néerlandais. S'il ne parvient pas à les réconcilier, qui pourra se flatter d'y réussir ?

Ses premières tentatives furent faites en 1574

dans les conférences de Bréda ; mais ces conférences avaient lieu sous l'œil même de l'ennemi. Toute l'habileté de Marnix échoua contre l'impossibilité de se concerter avec les vaincus, lorsque le vainqueur était présent. Il y avait des Espagnols dans le conseil ; les envahisseurs présidaient à la négociation ; il ne pouvait en sortir qu'une certaine honte chez les opprimés de concourir plus longtemps de leur sang et de leurs armes à la fortune de l'oppresseur. Les Hollandais, libres déjà, s'étaient rencontrés dans le conseil avec les Belges, encore asservis ; la liberté des uns rendit plus frappant l'asservissement des autres. Sans doute plus d'une parole fut échangée entre eux à l'insu du maître présent. Depuis cette époque, un désir de réconciliation perce dans les esprits, il ne faut plus qu'une occasion pour le faire éclater.

Cette occasion fut la mort du gouverneur espagnol des Pays-Bas, Requesens. Avant que l'irrésolu Philippe II lui eût donné un successeur, il y eut une sorte d'interrègne dans la domination espagnole ; chacun en profita pour revenir à son instinct naturel. L'Espagnol court au pillage ; Bruxelles, Gand, la Belgique presque entière s'insurge pour ne pas être dévorée vive par les bandes toujours affamées de Philippe II ; celles-ci tenaient pour hérétique et traitaient comme tel quiconque pouvait leur servir de pâture (1). Dans ce bouleversement, les états généraux surnagent encore une fois; ils se rassemblent à Gand, sous le feu de la citadelle, restée au pouvoir de l'ennemi. Le premier instinct fut de s'appuyer sur la révolution hollandaise et sur le prince d'Orange. Déjà Marnix était entré dans l'assemblée avec les pleins pouvoirs de la Hollande et du prince; il venait tenter à Bruxelles ce qu'il avait accompli à Dordrecht.

Rien, ce semble, n'était plus aisé que de profiter de l'absence de l'ennemi pour se confédérer; pourtant nulle entreprise ne fut plus difficile que celle qui était confiée en ce moment à Aldegonde; il était loin de retrouver la Belgique telle qu'il l'avait laissée dans les années ardentes de 1566 et de 1567. « J'ai trouvé, écrivait-il, plus d'altérations des cœurs que je n'eusse pensé. » Une génération nouvelle entrait tête baissée sur la scène. La Belgique sortait anéantie de la chambre de torture; la meilleure partie des ouvriers avait été décimée par le bûcher, par le gibet, par l'exil, par la fuite; les masses d'émigrants avaient emporté en Angleterre et en Hollande la vieille industrie des Flandres. Déjà commençaient la dépopulation et le silence. Un peuple diminué, exténué, dépouillé,

---

(1) « Les Espagnols confisquent tout, à tort, à droit, disant que tous sont hérétiques qui ont du bien et ont à perdre. » *Correspondance de Philippe II*, t. I, p. 547.

glissait furtivement aux pieds des tours et des beffrois muets de Bruxelles, d'Anvers, de Bruges, ombre du peuple fier, indomptable, qui avait élevé à la liberté communale ces gigantesques remparts. Grâce au duc d'Albe, peu d'années avaient suffi pour ce changement. La nation était ou absente ou hébétée de supplices et de peur ; la voix publique semblait prononcer le mot fatal : « Il est trop tard. »

Une seule ville s'était relevée avec l'ardeur première de 1566, augmentée plutôt que domptée par le souvenir des supplices. C'était Gand, qui s'efforçait alors de devenir la Genève du Nord. Malgré tous les meurtres, la réforme s'était retrouvée là, sous l'échafaud ; elle avait vu de trop près son adversaire pour ne pas être convaincue que, si elle ne le détruisait, elle en serait détruite. Là se relevait implacable la révolution religieuse, bien décidée à rendre au catholicisme guerre pour guerre. Les deux chefs des novateurs, Hembise et Ryhove, n'avaient pas eu de peine à faire comprendre aux réformés que nulle composition n'était possible avec l'Église opposée, que plus ils étaient isolés, plus ils étaient certains d'être extirpés, s'ils ne profitaient à leur tour de leur victoire pour accabler l'intolérance de leurs adversaires par leur propre intolérance. On a accusé Marnix d'avoir secrètement poussé ce parti extrême ; son nom se trouve en effet mêlé à ceux de Ryhove et de Hembise dans les imprécations populaires des catholiques et dans les poésies flamandes de Gand. Je ne sais ce qu'Aldegonde pensait sur la nécessité de retourner contre le catholicisme les armes catholiques; mais il est certain que la levée de boucliers du protestantisme à Gand fut pour lui à ce moment un immense embarras. Il dit lui-même qu'il eut à combattre le ressentiment légitime des siens, et qu'il le fit au point de leur devenir suspect. Je le crois volontiers. Le protestantisme avait été écrasé par le duc d'Albe comme parti politique chez les Belges. Loin de réveiller les hostilités de croyance, Marnix ne pouvait que se proposer une chose : maintenir l'union, repousser l'ennemi (1).

On voit en effet Guillaume et Aldegonde porter incessamment la main à leur œuvre de *pacification*. Ils réparent l'alliance à mesure qu'elle se détruit d'elle-même (2). A ce moment, ces hommes étaient de deux siècles en avant de leurs contemporains; tous deux ont voulu pacifier le seizième siècle avec les idées de tolérance du dix-huitième. Ils ont tenté de donner à leur époque la consti-

---

(1) Ceci est très nettement établi dans le quatrième volume de la *Correspondance de Guillaume*, encore inédit, et que M. Gachard a bien voulu me communiquer en épreuves.

(2) *Correspondance de Guillaume*. « Comme ledit seigneur prince m'écrit de sa main propre, s'ils savaient moyen de faire perdre le public en une cuillerée d'eau, ils ne le laisseraient point. »

tution morale d'une époque plus humaine; c'est là qu'ils ont échoué.

Les masses du peuple belge ayant disparu de la place publique, tout allait dépendre de l'attitude de la noblesse et du clergé. Qu'étaient devenus les ardents amis d'Aldegonde au temps de la signature du compromis des nobles? Beaucoup étaient morts pour leur cause, un plus grand nombre l'avait reniée, et ceux-là avaient racheté leur signature en donnant aux autres l'exemple de l'empressement à la servitude. Tous étaient embarrassés de serments opposés. Marnix harcelait de lettres et de petits écrits (1) les âmes affaissées; il s'obstinait à rallumer chez les morts l'étincelle de liberté, tout en avouant que l'on sentait déjà chez les meilleurs le travail de la servitude et que le joug avait déjà durci la peau sur les épaules, « si bien, ajoutait-il, qu'ils aiment mieux se perdre sans nous que se sauver avec nous ».

La vérité est que ces hommes subissaient à la fois une double peur, celle de se compromettre avec l'Espagne qu'ils voulaient pourtant chasser, celle de fortifier une révolution où ils cherchaient

---

1) « Nos litteris et libellis quantùm possumus eorum animos ad libertatis studium accendimus. » *Illustrium et clarorum virorum Epistolæ selectæ editæ a P. Bertio*, 1617, p. 695. Ce recueil renferme plusieurs lettres importantes de Marnix.

leur appui et dont ils craignaient le retour, c'està-dire qu'ils poursuivaient un but sans en vouloir les moyens, et ils ne craignaient rien tant que l'instrument qu'ils se résignaient à employer.

L'expérience que les nobles avaient faite depuis le compromis les avait glacés d'effroi. Ils avaient vu une chose dont ils ne s'étaient jamais doutés auparavant, c'est que sous leurs premiers débats superficiels il y avait au fond la lutte de deux Églises, et ils n'avaient pas eu de peine à reconnaître que la plus ancienne était un frein incomparablement meilleur pour tenir les peuples en bride; leur plus grande terreur était de voir ce frein disparaître. Ils avaient peur, s'ils secouaient le joug de l'Espagne, de subir celui de la Réforme, ou, s'ils refusaient de s'allier avec la Réforme, de redevenir la proie de l'Espagne. Le résultat de ces incertitudes était une incapacité absolue d'agir qui les livrait d'avance poings liés à l'ennemi, et avec eux la nationalité des Belges comme celle des Hollandais. Pour ce qui restait des masses du peuple, elles avaient fini par retrouver un fils du comte d'Egmont, et elles en avaient fait aussitôt leur général, sans rechercher s'il ne les vendait pas. Le nom leur suffisait.

Pour dominer les difficultés que rencontrait le projet d'alliance, la principale ressource était dans l'union de Marnix et de Guillaume. Cette intimité n'avait jamais été plus étroite. Quand le **Taciturne** envoyait ses manifestes aux États, il faisait une chose qu'aucun prince n'avait faite avant lui. Il envoyait à son ami plusieurs blancs seings, afin que celui-ci pût corriger, retrancher, ajouter ce qu'il voudrait dans la lettre, d'où il résulte que quelquefois, dans les paroles écrites de Guillaume d'Orange, il est difficile de reconnaître ce qui vient de lui et ce qui vient d'Aldegonde. Ces deux esprits s'étaient fondus et mêlés comme deux nobles métaux. Pour l'un comme pour l'autre, il s'agissait de faire passer dans les provinces du Midi, accablées par la défaite et l'invasion, l'âme de la révolution triomphante; il fallait replacer à leur rang de bataille les torturés du duc d'Albe.

Quand les peuples commencent à s'abâtardir, ils conservent souvent encore une grande force physique, à la condition toutefois qu'on les emploie dans le sens de la tyrannie; mais ils sont impuissants dès que vous voulez les faire servir à la liberté : c'est là le phénomène qu'on observait chez les Wallons. Ils formaient d'admirables troupes quand ils suivaient la tyrannie espagnole; merveilleux instruments d'oppression contre eux-mêmes, ils semblaient se dissoudre quand on les rangeait du côté de la liberté. C'est ce que Guillaume avait observé mieux que personne, et pourtant il ne désespérait pas de refaire cette nationalité ainsi entamée. Il veut la réparer en la jetant dans la mêlée, surtout en lui fermant toute retraite. De là un appel constant à la patrie, aux énergies cachées sous une décadence précoce. Plus de demi-moyen, plus de lâcheté dissimulée sous le nom de modération : un grand acte qui interdise le retour! Si jamais diplomatie prit un caractère héroïque, ce fut celle-là. Au nom du *Taciturne*, on se figure d'ordinaire une politique toujours cauteleuse, un voile toujours tendu ; l'on voit au contraire ici comment un seul homme peut relever un peuple dont la dégénération a commencé, et tout cela avec quel bon sens intrépide, et, comme il le dit, avec quelle *rondeur de conscience !*

« Un faisceau, étant délié en plusieurs petites verges ou baguettes, se rompt bien aisément; mais, quand il est très bien conjoint et lié par ensemble, il n'y a bras si robuste qui le puisse forcer. Ainsi pareillement, si vous vous tenez joints et unis comme nécessairement vous ferez si vous suivez mon conseil, et que par votre déclaration vous établissiez une obligation entre tous de maintenir ce fait jusqu'au dernier homme, toute l'Espagne et l'Italie ne sont suffisantes pour vous faire mal.

« En outre, vous donnerez à tous vos amis et bienveillants occasion et cause de se déclarer de votre côté. Les princes d'Allemagne, les seigneurs et gentilshommes de France, même la reine d'Angleterre, et tous les autres potentats de la chrétienté, qui ci-devant ont vu avec compassion vos misères et afflictions, n'ont voulu toutefois y mettre la main ; car ils ont toujours pensé, puisque vous le souffriez volontairement, qu'il n'y avait raison de vous tirer hors.

« Je vous assure bien qu'il y en a une infinité qui jugent que toute cette affaire que vous avez entreprise réussira finalement en fumée, puisqu'ils voient qu'il n'y a nulle déclaration manifeste qui oblige les uns aussi bien que les autres, et qui vous empêche de reculer, et plusieurs font ainsi difficulté de s'en mêler. Mais au contraire, quand ils verront que vous vous êtes déclarés en la façon susdite, il n'y aura personne qui n'accoure à votre assistance et vous demeure fidèle jusqu'à la dernière goutte de sang, outre que par ce moyen vous vous acquerrez de par tout le monde gloire et réputation d'hommes courageux et magnanimes (1). »

De semblables paroles, soutenues chaque jour par tout l'art de Marnix, avaient fini par gagner la cause de l'alliance. Le 15 novembre 1576, Marnix eut la gloire de signer le premier, au nom de la Hollande, le traité de réconciliation entre les

(1) *Correspondance de Guillaume le Taciturne*, t. III, p. 144, 148, 152.

deux races. Un avenir magnifique se lève sur la confédération des Pays-Bas. Armés les uns contre les autres, ils avaient tenu tête à l'Espagne ; que ne pourront-ils désormais, unis et confondus ? Marnix put se dire ce jour-là qu'il les avait conduits au port : illusion sublime qui devait durer à peine quelques jours!

II

POURQUOI LA RÉVOLUTION HOLLANDAISE A RÉUSSI.

VI

Une révolution qui a triomphé de la force n'est encore qu'à son début, car d'autres genres de périls tout différents se présentent et l'assiègent. Si elle y résiste, alors seulement on peut dire qu'elle a vaincu. Au lieu de continuer à la combattre en face, l'adversaire la flatte, la caresse, l'amuse. Le lion qui n'a pu être dompté par la violence, il faut l'apprivoiser par des caresses. Cette règle se retrouve dans l'histoire des Pays-Bas, et Philippe II, tout inflexible qu'il était dans le principe, a su changer à propos d'armes et de moyens.

Pour entrer dans cette nouvelle phase, il cherche autour de lui un gouverneur qui sache séduire comme le duc d'Albe a su châtier. Après une longue hésitation, son choix se fixe sur don Juan d'Autriche; il ne pouvait mieux faire. Don Juan, c'était la grâce même. Que répondre au vainqueur de Lépante, jeune, radieux, presque candide, précédé de sa renommée orientale, qui entre déguisé dans les Pays-Bas et se glisse à l'oreille des états généraux pour leur dire en souriant sur le seuil : « Messieurs, aidez-moi, je vous prie, conseillez-moi ; aidez-vous vous-mêmes et regardez devant vous ; vestez-vous de ma robe et de ma peau ; vestez ma personne, et moi la vôtre ? » Le pis est qu'en parlant ainsi don Juan était à moitié dupe de ses discours ; après la parole toujours ironique et sanglante du duc d'Albe, le moyen de résister à ce langage enchanteur ? Il le faut cependant ; mais qui l'entreprendra ?

Marnix jugea que c'était fait de l'*union* s'il ne démasquait d'emblée Philippe II, rajeuni et caché sous le masque de don Juan. Le long travail de la confédération serait détruit sans retour, car déjà le plus grand nombre n'attendait que l'occasion de paraître dupe avec quelque semblant de sincérité. De ce moment, Marnix s'étudie à contreminer l'œuvre souterraine de don Juan, et à mettre à nu sa candeur affectée. Il trouve le chiffre des lettres du prince, qui démentaient toutes ses paroles : ce fut un premier coup pour la renommée de don Juan. Viennent ensuite une série de discours, d'avertissements, d'écrits de Marnix, qui achèvent de dévoiler le rôle que don Juan consentait à remplir. Le vainqueur de Lépante ne se releva pas de ces coups répétés. Amoureux de popularité, il sentit qu'il était perdu dans l'opinion de tous. Le glorieux don Juan d'Autriche expire désespéré sous les coups envenimés et la parole meurtrière de Marnix. Voici une partie d'une de ces lettres d'Aldegonde faite pour retentir dans les États ; je me résigne difficilement à mutiler d'aussi fières paroles :

« Vous alléguez que force lui est de gouverner par bénévolence : certes, s'il en est ainsi, il est donc forcé clément. Or vous savez comment force ou contrainte et bénévolence s'accordent. Un lion se trouvera bien forcé d'être doux, étant en cage bien enchaîné, garrotté, par toutes les mines ou caresses qu'il sait faire. J'estimerais mal conseillé celui qui voudrait se mettre sous ses pattes, espérant que par force il deviendrait doux et paisible. Et même il semble qu'il n'y ait argument ni raison qui puisse plus efficacement conclure au contraire, car les rois n'oublient jamais l'injure qu'on leur a faite, à raison de quoi est très bien avisé par le sage Salomon que *l'ire du roi est le messager de mort*. Plus grande est l'injure, plus grand est aussi le courroux et la passion de la vengeance. Or il n'y a au monde injure plus grande que l'on puisse faire à un roi, que de le ranger à tel terme, qu'il soit forcé par ses propres sujets d'user de bénévolence malgré qu'il en ait ; car, si les particuliers estiment promesses extorquées par force être de nulle valeur, que jugerons-nous d'un roi espagnol nourri en telles grandeur et majesté? Pensons-nous qu'il se laissera amener là qu'il soit forcé de quitter la force pour embrasser la bénévolence de ceux desquels il se sent outragé de l'injure la plus grande qu'il puisse recevoir?

« Qui en France ou par deçà eût cru que le roi Charles IX n'eût gardé sa foi inviolable à l'amiral, lequel il ne nommait autrement que *père?* au roi de Navarre, auquel il donnait sa propre sœur? Et tous les avis presque de tout le monde s'y accordaient; mais je laisse les autres, et, pour éviter toute prolixité, je dirai seulement que, si l'on me peut alléguer un exemple seul, depuis que le monde est monde, qu'un roi ayant été contraint par ses sujets de quitter la force ait gouverné par bénévolence, je suis content de croire que le roi d'Espagne oubliera toutes choses passées et usera dorénavant de clémence et douceur plus que roi jamais ne fit au monde. Mais je veux laisser toute conjecture et venir aux démonstrations. Je crois que vous m'accorderez que, quand don Juan vous présentera le gouvernement de ce pays tel et en telle forme qu'il était du temps de l'empereur Charles-Quint de bien heureuse mémoire, il n'y aura personne des états qui veuille ou ose s'y opposer, puisque en toute capitulation il semble qu'ils ont eux-mêmes mis ce pied et cette forme en avant; don Juan et le roi même déclarent que telle est leur intention. Ceci n'est plus conjecture : là est la certaine volonté et résolution des uns et des autres.

« Or, je vous prie maintenant, considérez par qui et de quel temps ont été bâtis les placards dont tous ces maux sont ensuivis. N'est-ce pas du temps de Charles? Et toutes les persécutions dressées contre les pauvres gens de la religion, puisque le nom seul en est si odieux, que l'on n'en veut ouïr parler? Venons au gouvernement politique. Qui a bâti la citadelle de Gand et la citadelle d'Utrecht? N'est-ce pas l'empereur Charles?

« Il faut donc dire que par cette paix don Juan pourra bâtir autant de citadelles qu'il lui plaira, car l'empereur Charles, quand il lui a plu, n'a-t-il pas fait guerre et paix, levé armée par terre et par mer, sans avis ou consentement des états? Le même pourra donc faire don Juan au nom du roi. Et n'a-t-il pas mis telles garnisons et forteresses ès villes frontières comme il lui a plu? Il faudra donc accorder le même à don Juan? Et quand ceci sera fait, je vous prie, quels moyens auront les états de s'opposer à ses desseins, ou quand pourront-ils empêcher qu'il ne prenne par la tête ceux qu'il lui plaira, puisque l'empereur Charles a eu cette même puissance (1)? »

(1) *Correspondance de Guillaume le Taciturne*, t. III.

Cette lettre de Marnix est digne de celle d'Orange : eux seuls parlaient ce langage. Où le génie et l'accent précis de notre idiome se sont-ils mieux révélés ? On dirait que la liberté même a adopté au seizième siècle la langue française pour y imprimer le sceau de ces grands hommes. Changez quelques tours surannés : à combien de traits ne reconnaît-on pas déjà la parole de Rousseau et de Mirabeau ? Comment cette grande langue diplomatique, qui jaillit ici du rocher, est-elle devenue ce petit flot de paroles obliques où semble expirer de nos jours la langue française ?

Ce n'était pas seulement la séduction de don Juan qui était un danger, la révolution avait pris pour base la souveraineté du peuple, c'est-à-dire le suffrage de tous pour la liberté de tous. C'est au nom de ces deux principes fondamentaux de la Réforme qu'on va désormais la combattre. Les sept provinces protestantes s'étant unies aux dix provinces catholiques, les ennemis découvrirent aisément qu'au nom de la majorité ils pouvaient anéantir la révolution par sa victoire même. Si dix l'emportent sur sept, il devait suffire de poser la question pour que la Réforme tînt à honneur de disparaître. La première règle d'arithmétique devait en décider. Ce fut un des moments les plus périlleux pour la liberté, mise en demeure de se livrer en vertu de ses propres doctrines. Sitôt qu'une révolution est victorieuse, de tous côtés l'invitation lui est faite de périr pour l'honneur de son principe, et il est rare que cette invitation ne réussisse pas auprès du grand nombre.

Rien ne jette plus de lumière sur ce point que la conférence secrète qui fut ménagée entre les deux camps; elle eut lieu en mai 1577, et il en reste (1) une sorte de procès-verbal qui semble être de la main de Marnix lui-même. D'un côté se trouvaient les chefs politiques du parti catholique, assistés des théologiens des universités ; de l'autre, Orange, Marnix, Van der Mylen et quelques affidés. Les envoyés de Philippe II connaissent déjà l'art d'enchaîner, d'anéantir les peuples sans avoir l'air de toucher à aucune question sérieuse. Dans le temps qu'ils portent le coup fatal, ils semblent effleurer à peine un incident, une difficulté de forme. Cet art, tout-puissant de nos jours, échoue devant l'énergie et la finesse d'esprit de Guillaume et d'Aldegonde. On vit là de subtils juristes aux prises avec de véritables novateurs, qui, retranchés dans la netteté même de leur situation, demeurèrent invincibles.

Il est impossible d'être plus souples, plus humbles que ne le furent les agents du catholicisme et de l'Espagne. Ils affectent de craindre la guerre.

---

1 *Correspondance de Guillaume le Taciturne*, t. III, p. 447.

Du côté des réformés, le ton est fier, précis, net, un peu méprisant. On s'y vante de son petit nombre. « La guerre ! s'écrie Guillaume. Qu'est-ce que vous craignez ? Nous ne sommes qu'une poignée de gens, un ver contre le roi d'Espagne, et vous êtes quinze provinces contre deux. Qu'avez-vous à craindre ? »

Pour mieux masquer le débat, les docteurs catholiques parlent latin. Aldegonde les suit dans cette langue ; toutefois, les assistants sentaient que le mot capital n'avait pas encore été prononcé. Il s'agissait de sommer enfin la révolution de disparaître au nom du suffrage universel, ou, comme on le disait alors, de l'*universalité*. Le parti espagnol se prépare à employer cette grande arme ; mais il le fait d'abord par une insinuation indirecte que M. de Grobbendonk laisse tomber négligemment en ces termes : « Promettez-vous de vous soumettre à tout ce que les états généraux ordonneront ? » Guillaume, comme surpris de la question et pour se donner le temps de bien mesurer l'embûche, répondit avec une hésitation jouée : « Je ne sais. » Son adversaire s'empressa de tirer la conclusion de cette incertitude apparente. « De sorte, dit-il, que vous ne voudrez pas accepter la décision des états ? » Orange, avec une circonspection nouvelle et afin de peser une dernière fois sa réponse : « Je ne dis pas cela ; mais telle pourraitêtre la réponse, que nous l'accepterions ; telle aussi que non. » Le parti catholique jouit un moment de l'embarras de cet aveu, et, voyant que la révolution allait être prise au piège, M. de Grobbendonk insiste ; il reprend avec la certitude qu'il frappe le coup décisif : « Vous ne voudriez donc vous soumettre aux états touchant l'exercice de la religion ? — Non certes ! » s'écria Orange, sortant enfin de sa circonspection accoutumée et avec la force d'un homme qui parle au nom d'un peuple invincible ; puis, remarquant quelle impression de satisfaction vaniteuse, mêlée d'effroi, a produite sa réponse, il ajoute sur-le-champ ces mots sans réplique : « Car, pour vous dire la vérité, nous voyons que vous voulez nous extirper, et nous ne voulons point être extirpés. — Ho ! dit le duc d'Arschot, il n'y a personne qui veuille cela. — Si fait, certes, » dit Guillaume.

Par ce mot, l'embûche tombait d'elle-même. Ce fut alors le tour des docteurs. Les révérends pères ne savaient par où prendre ces rudes loups de mer. Pour se débarrasser des inflexibles monosyllabes du Taciturne, ils ramenèrent la discussion en latin ; mais ils ne purent se contenir, comme avaient fait les diplomates, et livrèrent ainsi la pensée de leur parti. Le docteur Gail s'avança jusqu'à dire que les états qui avaient proclamé la liberté de conscience pouvaient l'abolir. Aldegonde répondit qu'il était question d'un serment, non d'une loi : il établit le principe moral de la question, et renia pour juges ceux qui venaient de montrer à nu les passions de leur cœur. La liberté d'esprit, conquise par le sang, serait-elle de nouveau jouée à croix ou pile, quand tout le monde voyait que les dés étaient pipés d'avance ? Sur ces mots, la conférence fut rompue ; la liberté était sauvée.

Elle venait d'échapper au piège le plus subtil qu'il soit possible de lui tendre, n'ayant point voulu périr malgré l'invitation précise qui lui était faite au nom du suffrage universel. Et quel avait été le secret chez ces hommes pour se débarrasser des trames tendues incessamment autour d'eux ? Un secret très simple : la ferme volonté de vaincre ; le respect de leur propre cause, qui ne leur permettait pas de remettre au hasard le fruit du sang et des larmes ; la résolution inébranlable de ne pas sacrifier la chose à l'ombre, le fond à la forme, la liberté à son nom. Victorieux par le sang des peuples, ils eurent l'indignité de ne pas céder leur victoire à une réclamation de la logique. Ce qu'ils avaient gagné par l'héroïsme, ils furent assez endurcis pour ne pas vouloir le livrer à la ruse. A toutes les subtilités des vaincus, ils répondirent : *Je le maintiendrai.* Ce fut leur devise. En un mot, ils ne voulurent pas être extirpés : éternel sujet d'accusation auprès de ceux qui voulaient qu'ils le fussent !

Il y avait une autre raison qui faisait que ces hommes étaient difficilement dupes ; enveloppés dans un mensonge perpétuel, dont nous avons vu la source et qui renaissait de lui-même, on pouvait les assassiner, non les tromper. Pourquoi? C'est qu'ils avaient une étoile, une boussole ; ils voyaient toute chose à la lumière des questions religieuses. Aussi est-il frappant combien les petits pièges, les savantes habiletés, perdaient leur valeur auprès d'eux. Il n'est qu'un moyen pour s'orienter dans la nuit: regarder en haut, et c'est ce qu'ils faisaient. Ils regardaient vers le ciel. Ce fut surtout le rôle constant de Marnix au milieu des affaires ; il éclairait la diplomatie des lueurs de la Réforme, et il ne laissa pas la révolution s'égarer un moment. On l'appelait le *voyant*, le *prophète* (1) de la cause ; il le fut en effet dans toutes les grandes occasions.

Je me suis demandé souvent pourquoi, malgré le progrès de la civilisation, il est si facile de tromper de nos jours les hommes assemblés, pourquoi il est sans exemple qu'on n'y ait pas réussi toutes les fois qu'on s'est donné la peine de le vouloir, et je n'en vois pas d'autre raison que la grossièreté

---

(1) Verheiden, *Elogia Theologorum*, p. 143.

des idées dont la plupart des hommes sont occupés aujourd'hui, et qui sont telles, qu'elles abâtardissent en eux toutes les facultés nobles, c'est-à-dire celles qui sont le plus naturellement les sentinelles de l'âme. Les esprits rampent. Qu'y a-t-il d'étonnant, s'ils tombent dans toutes les chausse-trappes dont on embarrasse la terre ?

L'histoire hait les dupes ; elle les met presque au rang des coupables, et ce n'est qu'une demi-injustice. Être abusé, c'est presque toujours le signe d'une situation fausse. Un degré de plus d'intégrité de votre part, et vous n'eussiez pas été trompé. Un homme entier dans sa cause a mille avertissements secrets. Un certain état de santé morale, de véracité native, révèle chez autrui la fraude, comme il est des substances qui révèlent au contact le poison que d'autres renferment.

VII

Troisième épreuve de la révolution victorieuse, la liberté : elle devient incontinent entre les mains des adversaires une arme contre la liberté. Le principe de la tolérance, jeté dans le monde par la Réforme, est aussitôt retourné contre elle par ses ennemis, et voici la situation qui en dérive. Là où le catholicisme est le plus fort, il écrasera la Réforme ; là où il est le plus faible, la Réforme, en vertu de ses principes, devra le respecter et lui donner le temps de se réparer. L'un conserve le droit de tout reconquérir, l'autre s'engage à tout supporter. C'est là ce qu'on appelait tolérance au seizième siècle, par où l'on voit quelle difficulté s'offrit dès le commencement aux novateurs. Accorder la liberté pleine et entière à une église qui jurait de détruire le protestantisme, c'était pour celui-ci une tentation de magnanimité qui lui fut conseillée par beaucoup de ses docteurs : faute sublime qui, en lui donnant la couronne dans le ciel, n'eût pas manqué de le ruiner pour jamais sur la terre. Le protestantisme des Pays-Bas fut moins chrétien que politique. Il rendit à son ennemi guerre pour guerre, et, lui empruntant ses armes terrestres, il lui arracha une partie de la terre. Tel fut l'esprit de Calvin, continué par le Taciturne et Aldegonde : ils ne se contentèrent pas de la possession du ciel pour le règne de leurs doctrines ; ils voulurent leur donner l'autorité ici-bas et ils y réussirent.

Lorsque la question fut posée aux principaux chefs de l'Église réformée, — si l'on devait observer la paix de religion avec les catholiques, — Marnix fit au nom de l'Église hollandaise une réponse digne des maximes les plus humaines du dix-huitième siècle : « Gardez vos engagements envers tous ; la violence ne saurait remplacer le droit. Abolir un faux culte est une chose excellente, si elle a lieu par des voies légitimes. » Et pourtant, lorsque les états de Hollande interdirent le culte catholique, il n'est pas moins certain qu'il applaudit et contribua à cette interdiction.

Une contradiction pareille s'explique par les propres paroles de Guillaume d'Orange dans son *Apologie* : « Les états généraux ont appris, par les insolentes entreprises et trahisons des ennemis mêlés parmi nous, que leur état est en danger de ruine inévitable, s'ils n'empêchent l'exercice de la religion romaine... Il n'est pas raisonnable que telles gens jouissent d'un privilège par le moyen duquel ils ont voulu livrer le pays aux mains de l'ennemi. » Nul doute qu'au début le prince d'Orange et Aldegonde ne se fussent contentés de la liberté de conscience : c'était là leur doctrine et le drapeau sous lequel ils s'étaient rangés; mais, quand ils revirent les Espagnols tout sanglants des massacres des Flandres, ce fut bien force de comprendre que tout parti qui au seizième siècle se contentait de la liberté de conscience était immanquablement ruiné d'avance.

C'est qu'entre deux religions inconciliables, dont l'une jouit d'une domination antique, et dont l'autre est née d'hier, nulle paix véritable n'est possible, la première ne pouvant renoncer à recouvrer la domination absolue, ni la seconde à l'espoir de l'acquérir, d'où il arrive que toutes les promesses que ces religions se font du bout des lèvres sont immédiatement démenties par les faits. Celle qui n'opprime pas est nécessairement et infailliblement opprimée. Pour que la tolérance devienne effective, il faut que l'espérance de tout conquérir soit arrachée à l'une au moins de ces Églises, et cela ne se peut que si l'unité de ses efforts lui a été démontrée par des expériences salutaires, après quoi elle se résigne à voir à côté d'elle son adversaire, qu'elle désespère de détruire. Il peut aussi arriver que des croyances ennemies qui se sont déchirées l'une l'autre pendant des siècles finissent par rencontrer un ennemi commun dans la philosophie et la raison humaine : alors ces deux religions, non contentes de se tolérer, s'entr'aident, elles s'étayent mutuellement. Personne n'en était là au seizième siècle.

Il en résulte que la tolérance, qui a pu devenir un principe de gouvernement dans notre époque, n'était rien qu'une théorie de philosophie, une abstraction métaphysique, à l'époque dont nous parlons. En vain les hommes, harassés de la lutte, faisaient des traités par lesquels la paix était assurée aux deux religions. Dès qu'il s'agissait de pratiquer cette paix, l'impossibilité naissait de toutes parts. Après quelques semaines d'épreuves, et lors même que l'union était le plus désirable, chaque jour on devenait plus odieux les uns aux autres. On ne savait point respecter profondément ce que l'on abhorrait le plus. La franchise de la foi inspirait la franchise des haines. Comment le catholique et le protestant auraient-ils vénéré l'un dans l'autre le culte de l'enfer? Ces idées de nos jours hurlent avec le seizième siècle. En rapprochant leurs Églises, les hommes des Pays-Bas s'étaient placés au millieu de tentations de violence auxquelles il était impossible qu'ils résistassent. Bientôt ils s'aperçurent qu'en se réunissant ils s'étaient trompés d'ennemis. Le véritable adversaire de chaque faction religieuse, c'était la religion opposée.

Dès qu'une religion était dominée par l'autre, elle réclamait la liberté. A peine l'avait-elle obtenue, elle prétendait à la domination : les catholiques parce qu'ils y étaient accoutumés, les protestants parce qu'ils n'avaient de sécurité que là où ils régnaient, et nul ne se contenta même un moment de l'impunité.

On a vu que la violence seule fut en état d'extirper des provinces méridionales le germe du protestantisme : il serait plus facile de montrer que partout où le protestantisme a laissé la liberté à l'Église ennemie, il n'a pas tardé à disparaître déshonoré. On a accusé d'intolérance l'Angleterre, la Hollande, la Suisse, l'Allemagne du seizième siècle. Comment ne voit-on pas que l'intolérance était au fond de tous les cœurs ? La liberté de conscience, c'était l'utopie. Quiconque prit cette utopie pour une réalité et voulut y asseoir un gouvernement croula sur-le-champ dans le vide.

En un mot, la question était ainsi posée : l'ancienne religion immuablement résolue à extirper tout ce qui n'était pas elle, la nouvelle sommée, au nom de son principe, de se laisser étouffer sans résister ; chez l'une l'offensive, chez l'autre la résignation. Dans ces termes, l'issue était évidente et le résultat ne pouvait se faire attendre. Si la religion nouvelle eût pris pour règle d'épargner l'ancienne, nul doute que dans un temps donné celle qui épargnait son adversaire n'eût disparu devant celle qui ne perdait pas une occasion de l'anéantir. Reprocher au protestantisme naissant son intolérance, c'est lui reprocher d'avoir voulu vivre. Il prit au catholicisme ses armes, il sut frapper comme il était frappé, et c'est ainsi qu'il donna pour base à son Église l'Angleterre, la Suède, la Hollande, la Suisse, une partie de l'Allemagne et de la France. Par tout autre moyen, la réforme, bientôt réduite à un parti de sectaires chargé des opprobres de l'anathème, n'eût pu trouver un coin de terre pour s'y réfugier. Théodore de Bèze, plus littérateur que théologien, conseillait cette politique d'ascétisme. Les états de Hollande, soutenus par Marnix, furent, ce semble, des théologiens mieux inspirés. A Leyde et dans l'union d'Utrecht, ils votèrent unanimement l'interdiction de l'ancien culte, et par là ils donnèrent au nouveau le temps de croître sans péril.

Voilà comment la révolution hollandaise rompait une à une les mailles du filet dans lequel ses adversaires prétendaient l'envelopper dès l'origine, et ce qui frappe dans cette lutte, c'est le bon sens imperturbable. De quelque manière que l'on s'y prît, séduction, grâce, suffrage universel, liberté de conscience, on ne put jamais convaincre ces hommes que la logique exigeait qu'ils livrassent leur cause, qu'ils étaient engagés par leur victoire à s'avouer vaincus, et que, s'ils avaient gagné la liberté, c'était uniquement pour la perdre. Ces têtes dures se refusèrent jusqu'à la dernière extrémité à de pareilles conclusions. C'est, je pense, que ces hommes grossiers s'attachaient aux résultats et point à la lettre, qu'ils ne regardaient pas les conquêtes morales de leur révolution comme une expérience à faire, mais comme un acte de foi, une œuvre de Dieu irrévocable, inaliénable, qu'ils n'avaient pas le droit de remettre en doute; du reste, s'inquiétant peu de paraître illogiques s'ils sauvaient la vérité, renonçant aisément au triomphe des mots, mais inébranlables sur les choses.

Dès qu'il fut évident que la réforme ne se laisserait pas extirper par le catholicisme sous le prétexte de la liberté de conscience, la *pacification* de Gand fut rompue au fond des cœurs (1). On s'était promis réciproquement l'impossible en s'engageant à respecter ce que l'on méprisait le plus. De toutes parts, l'union est rejetée par l'opinion avant de l'être officiellement dans les actes publics, et comme il arrive après que l'on a tenté des rapprochements de ce genre, on éprouvait les uns pour les autres un redoublement d'aversion. Il y avait cette différence dans la violence des uns et des autres, que chez les catholiques elle semblait une sorte de droit acquis par la possession, — chez les protestants une nouveauté qui en devenait plus

(1) Pontefìcii, si nimis urgeantur, cujusvis jugum subibunt. —

impossible à supporter. Aussi les catholiques furent-ils les premiers à rompre une trêve abhorrée. Ils le firent dans l'acte de la *confédération* d'Arras, manifeste où respirent enfin librement les haines que Guillaume et Marnix avaient tenté d'assoupir. Comme il n'est rien de plus douloureux pour les hommes que d'être assujettis à des institutions ou à des idées qui leur sont supérieures, on voit par le langage des partis catholiques et protestants tout ce qu'ils avaient souffert moralement sous le règne passager des principes de tolérance auxquels n'avaient pu s'élever ni les uns ni les autres; ils rentrèrent dans l'ancienne barbarie avec une sorte de volupté. Le signal est un redoublement de reproches et d'invectives.

A ce moment, les deux races se séparent avec éclat. Comme deux fleuves qui se touchent à leurs sources se dirigent pourtant vers deux mers opposées, ainsi les Hollandais et les Belges, qui se touchaient à leur berceau, se précipitent d'un cours égal, les uns dans la liberté, les autres dans la servitude. Et chacune de ces races éprouve au milieu de la misère publique cette paix et cette joie que l'on ressent toujours quand on rentre dans son caractère et dans sa nature propre. Les provinces wallonnes, le Brabant, l'Artois, le Hainaut, rentrent d'elles-mêmes dans le catholicisme, et, par une conséquence nécessaire, dans le sein de la monarchie espagnole. Le seul point par lequel elles tenaient à l'ordre nouveau était la réforme. Cet anneau rompu, elles retombent aussitôt dans l'ancien vasselage. La nationalité s'engloutit, mais l'orthodoxie est sauvée.

Ces provinces s'épuisent désormais à enchaîner de leurs chaînes leurs anciens alliés : elles redeviennent esclaves, mais du moins elles ne sont plus partagées entre deux directions contraires, — un reste de nationalité qui les pousse à l'indépendance, une Église qui les ramène au joug. C'est une erreur de croire que la servitude soit toujours douloureuse pour les peuples. L'esprit de suite leur est tellement nécessaire, que la servitude leur devient douce quand tous les éléments sociaux concourent à cette servitude, et quand surtout la religion s'accorde avec elle et la décore. On voit alors peu à peu se produire dans l'État une sorte d'harmonie semblable à la mort, et les peuples goûtent l'esclavage, sinon avec volupté, du moins sans douleur.

Tel fut l'état des provinces wallonnes et de la Belgique pendant plus de deux siècles, sans que dans cet intervalle aucune grande crise ait attesté une souffrance vive dans les masses; elles montrèrent une infatigable patience à subir le joug, parce qu'il était d'accord avec le principe de leur foi, et rien n'importe plus aux peuples que de se sentir d'accord avec eux-mêmes. Il n'y a guère que les contradictions violentes qui leur soient vraiment odieuses. Longtemps tourmentée par la contagion de l'esprit novateur, cette société, enfin revenue aux croyances de Philippe II, revient naturellement à son empire. Elle a trouvé son centre de gravité dans la servitude; elle va s'y reposer deux siècles et demi.

D'autre part, avec un semblable esprit de suite, la Hollande, la Zélande, dégagées enfin de tout lien avec l'ancienne Église, se précipitent d'un mouvement pareil vers un nouvel ordre politique, et ces peuples mettent à rejeter la servitude la même patience admirable que les autres à la supporter. Ceux-là donnent quatre-vingts ans de misère, de famine, d'exil, de bannissements, de guerres à leur cause, sans demander un seul jour leur salaire, tant il est doux de combattre pour une idée morale! Il est véritablement frappant que cette poignée d'hommes, les plus *positifs* de tous, comme on dit aujourd'hui, n'aient pu être ni lassés, ni rebutés par aucun sacrifice, et qu'ils n'aient jamais demandé, avant d'avoir vaincu, combien leur serait payée leur victoire. Lorsqu'on réduit une révolution à un avantage matériel, chacun est toujours disposé à mettre en balance ce qu'elle rapporte et ce qu'elle coûte, sauf à l'abandonner pour peu qu'elle s'endette. Il en est autrement lorsqu'une idée religieuse ou morale est au fond: c'est une valeur infinie qui ne peut être mesurée par aucun sacrifice; la pensée ne vient à personne de comparer ses services avec cet infini.

A peine séparées, les provinces du midi et celles du nord se trouvent à une distance incommensurable l'une de l'autre. On ne comprend plus qu'elles aient songé un moment à ne former qu'un seul corps: les premières ont disparu dans la monarchie espagnole, sans même garder leur nom; les autres, érigées en république, pleines d'une vie surabondante, font reculer l'Espagne au bout de l'Europe et la dépouillent dans le reste du monde.

La révolution hollandaise a réussi, parce qu'elle s'est donné pour base une révolution religieuse, parce qu'elle a osé profiter de sa victoire et la prendre au sérieux, parce qu'elle s'est donné le temps de grandir avant d'amnistier son adversaire et qu'elle l'a mis dans l'impossibilité de la surprendre, parce qu'elle a refusé toute capitulation avec le principe qui lui était inconciliable, enfin parce qu'en abjurant le catholicisme elle a coupé le câble qui la liait à la monarchie espagnole. Le reste a suivi de soi-même. C'est aussi pourquoi la révolution dans les autres provinces, n'ayant fait aucune de ces choses, a été extirpée si aisément jusque dans son germe.

VIII

Le plein divorce des deux races ne pouvait s'accomplir sans que chacune d'elles jetât sa malédiction sur l'autre. Dans cette mêlée, les deux principaux auteurs de la *pacification* étaient nécessairement désignés à l'exécration des catholiques; la jalousie des nobles se joignant au déchaînement du clergé, ce fut un cri de fureur contre Guillaume d'Orange et contre Marnix de Sainte-Aldegonde. Le dernier surtout se trouva soumis à la plus cruelle des épreuves. Les hommes de sa race, de sa langue, ceux avec lesquels il avait commencé la lutte, se rejetaient dans le camp opposé. Après avoir éveillé les peuples à la liberté, ils couraient tête baissée au-devant du despotisme. Marnix sacrifierait-il sa foi religieuse et politique à l'entraînement des hommes de sa race? Renié par son pays, se renierait-il lui-même? Essayerat-il du moins de cacher sa défection sous l'apparence d'une soumission à la volonté du plus grand nombre? Il n'hésita pas un moment sur ces questions. Quand la Belgique se perdait, il s'obstina à la sauver par la Hollande; il crut qu'il pourrait arracher à l'Espagne les dix provinces soumises avant qu'elle les eût dévorées.

En 1579, Marnix reçoit des états généraux des provinces du Nord la mission de préparer, de concert avec le prince d'Orange, un plan de constitution pour la république naissante. Il rédigea ce plan (1); c'est le principe de ce qu'on a appelé l'*union d'Utrecht*, pacte fondamental de la république des Provinces-Unies.

A ce moment de complète rupture, Aldegonde voulut donner un suprême avertissement à la Belgique (2); il saisit l'occasion des invectives d'un gentilhomme wallon pour prendre à partie la noblesse des provinces qui venaient de passer à l'ennemi. C'est sur les jalousies, les cupidités, les arrière-pensées de cette noblesse, qu'il rejette le crime de la défection. L'auteur du compromis sentait sa force contre les hommes qu'il avait eus pour premiers compagnons dans sa déclaration de guerre au concile de Trente et à la monarchie d'Espagne. C'est à lui qu'il appartient de peindre l'apostasie de ces *jeunes chefs de gueux*, aujourd'hui cachés sous la livrée de l'Espagne. Il le fait sans pitié. Quel ménagement a-t-il à garder

---

(1) Wagenaar, *Vaderlandsche Historie*, t. VI, p. 419.

(2) Réponse faite par Philippe de Marnix à un libelle fameux naguère publié contre monseigneur le prince d'Orange, et intitulé *Lettres d'un gentilhomme vrai patriote*. A messieurs les états généraux des Pays-Bas. 1579.

avec eux? Le temps de la diplomatie est passé. La destinée de la Belgique est écrite dans ces rudes paroles :

« Quelle paix ou assurance avez-vous même avec l'Espagnol, sinon que pour un temps vous vous courberez sous sa gaule pour manger votre saoul de ses glands, jusqu'à ce que, le reste du haras étant réduit en son étable, il ait loisir de vous mener à la boucherie? Le feu seigneur et comte d'Egmont, seigneur accompli en toutes vertus, si ces caresses espagnoles ne l'eussent à la fin fait égarer, promit à M. le prince d'Orange, à MM. les feux amiraux de Hornes et comte de Hoogstraeten toute assurance, paix et repos et prospérité, s'ils se voulaient venir à Bruxelles rendre entre les mains du duc d'Albe, comme il avait fait. L'un le crut, les autres furent plus avisés ; mais la paix, qu'il avait promise aux autres, lui fut si mal assurée, qu'il la paya de sa tête. Ces bonnes gens-ci, ne voulant devenir sages par exemple d'autrui, tâchent d'en faire tout autant, hors qu'ils se persuadent qu'ils seront bien plus habiles. Et, de fait, ils sont gens expérimentés et ont la barbe grise et le cerveau bien fait pour être plus sages que leurs ancêtres à garder leurs têtes. Ils nous font fête d'une paix en laquelle il n'y a non plus d'assurance que si nous-mêmes nous accommodions la corde au cou, et ne cessent de blâmer son excellence et tous ceux qui vous conseillent de vous garder de paix fourrée, de vêpres de Sicile et de noces de Paris, ni prêter l'oreille à la paix, si ce n'est à bonnes enseignes et avec bonnes assurances, afin que, outre la ruine que vous en receviez, vous ne serviez à toute la postérité d'exemple de sottise et d'avoir, à votre dommage, cru au conseil de jeunes éventés. »

La noblesse rejetait de nouveau aux réformés le titre de gueux dont elle s'était longtemps parée : elle reprochait au prince d'Orange qu'*il n'avait de quoi se nourrir*. Voici la réponse du champion fidèle de Guillaume :

« Certes, si Son Excellence n'a pas trop de quoi se nourrir, au moins selon l'état qui lui appartient, c'est pour avoir libéralement et héroïquement employé tout ce qui lui restait du ravissement de la tyrannie espagnole au bien et salut de sa patrie, et parce que, encore journellement, sans avoir aucun souci ou soin de son particulier, il n'épargne rien qui soit en sa puissance pour avancer le public, se faisant pauvre pour soulager les calamités du peuple. Mais ceux-ci, je vous prie, qu'ont-ils pour se nourrir? desquels on ne peut nier, de la plupart, qu'ils n'aient dépensé le peu qu'ils avaient de patrimoine en toutes insolences, débordements, paillardises, masques, pompes et festins et ivrogneries ; et après, si du public on ne leur donne incontinent récompense de leurs services, telle qu'ils demandent, les voilà à cheval, rangés du côté des mal contents pour piller, branscater et rançonner le pays qui les a nourris et mis au monde, et se rendre esclaves à l'Espagnol pour lui vendre leur propre patrie à beaux deniers comptants, s'il est besoin, afin d'avoir quelque chose pour s'entretenir à faire la cour aux dames, ou, par aventure, se marier avec magnificence! »

C'est là le côté politique: la noblesse accusée, séparée du peuple. A l'égard de la question religieuse, il fallait montrer comment le parti catholique ne s'est servi de la liberté que pour extirper la liberté. On vient d'échapper à ce péril par un remède héroïque ; Marnix insiste sur ce point, et avec quelle énergie déchaînée ! On y sent la bataille et le divorce irréconciliable des deux peuples.

« Ceux-ci, qui, sous la tyrannie de l'Espagnol, ont, par aventure, engraissé leurs mains de la substance des pauvres gens que l'on accusait d'être hérétiques, et se sont saoulés de leur sang, voyant que ce gibier leur commence à défaillir, et qu'il n'y a plus de confiscations pour remplir les abîmes de leur avarice, s'escarmouchent contre leurs ombres, criant qu'ils veulent avoir entretenu *la pacification de Gand*, comme si elle consistait à meurtrir et massacrer tous ceux qui ne veulent adhérer au pape de Rome ou à la messe, ou qu'elle eût été faite, non pas pour ôter la tyrannie, mais pour changer la tyrannie en plusieurs. Ils se plaignent *qu'on a permis exercice de religion autre que romaine.* Il fallait donc bannir, extirper ou massacrer un peuple innumérable, lequel ne peut, en sa conscience, s'adonner à la romaine. Mais le bon est qu'ils crient *qu'il faut ôter cette damnable secte et hérésie des calvinistes.* Et cependant ils font profession de ne vouloir, savoir ni entendre ce que c'est, ni sur quels fondements et raisons elle s'appuie. Certes, messieurs, quand il n'y aurait autre chose pour découvrir au monde leur brutalité, quelle marque plus claire saurait-on demander? Et voilà la belle paix qu'ils veulent faire! voilà la liberté à laquelle ils prétendent! C'est de chasser leurs compatriotes avec lesquels ils se sont confédérés par un serment si solennel, vider le pays d'une infinité d'habitants, d'un grand nombre de marchands et manœuvriers desquels le trafic et l'industrie ont amené les richesses dans le pays, condamner les innocents sans les ouïr en justice, et puis ployer volontairement le col sous la gaule de Circé, pour entrer en l'étable des pourceaux.

Je ne répondrai pas aux injures du calomniateur qui, comme un chien enragé, voyant qu'il ne peut mordre ou nuire à son excellence, décharge l'écume de sa rage en abbois et hurlements, *incitant le peuple à le massacrer et déchirer à belles dents.* »

Cependant, à mesure que le faisceau des dix-sept provinces se rompait, les chefs de la révolution lui cherchaient des appuis auprès des nations où la réforme était victorieuse. Dès 1578, Marnix avait été envoyé par les états en Angleterre pour entraîner Élisabeth. Sur le refus de la reine, on se retourna vers l'Allemagne. L'archiduc Mathias ayant été nommé gouverneur des Pays-Bas, ce fut une occasion d'envoyer une ambassade à la diète de Worms, convoquée par l'empereur. Le chef de cette ambassade des Pays-Bas fut naturellement Marnix. Il s'agissait de plaider la cause des Pays-Bas devant toute l'Allemagne rassemblée. Aldegonde profita de cette occasion avec une fierté et une audace qui annonçaient les destinées de la république hollandaise (1). Les biographes néerlandais n'ont pu s'empêcher de le comparer à Luther dans la diète de Worms : les temps étaient différents, les garanties personnelles plus assurées; toutefois il faut avouer que, si Luther était venu

---

(1) *Oratio pro Mathiâ et ordinibus Belgicis,* 7 mai 1578.

annoncer dans Worms, devant le vieil empereur, une religion nouvelle, Marnix, par la fierté de son langage, révéla la naissance d'un état et d'un ordre politique nouveau, outre qu'il parlait en présence de ses ennemis les plus puissants et les plus acharnés : don Juan, l'Espagne, Rome, qui avaient là leurs représentants. On fut étonné que Marnix ne se contentât pas de supplier : il accusa ; il mit en cause le duc d'Albe, Requesens, don Juan, tous les pouvoirs officiels légitimes qui s'étaient succédé dans les Pays-Bas. C'était une révolution politique qui prenait la parole devant l'Europe du moyen âge. La majesté du langage ne pouvait couvrir la violence des attaques dans le tableau qu'il faisait de la domination espagnole :

« Nous ne dirons qu'un mot de ce que le duc d'Albe a fait de récente mémoire, car où est celui qui ignore dans quelle désolation a été plongée, de son temps, la basse Allemagne, auparavant si florissante. Quel pillage des biens particuliers ! quelle rapine des finances publiques ! quel sac des villes et des bourgades ! combien d'exactions intolérables et inouïes jusqu'ici ! combien de meurtres, de tueries des principaux de la noblesse du pays ! Bannissements des personnes les plus innocentes, confiscations de leurs biens, viols des femmes et des vierges, déprédations des terres, profanation des lois les plus saintes, et les droits et privilèges du pays abolis et foulés aux pieds ! Pour tout dire, combien insupportable a été la servitude endurée de la part du soldat le plus superbe et le plus insolent qui fut jamais ! Et toutefois, s'il se rencontre ici quelqu'un qui pense que le bruit et la renommée de tant de cruautés surpassent la vérité des faits, que celui-là se rappelle la parole du duc d'Albe dans son dernier banquet, au moment de retourner en Espagne. Cet aveu suffira, puisqu'il se glorifiait publiquement d'avoir fait mourir plus de dix-huit mille huit cents hommes par la main du bourreau, sans compter la foule innombrable de ceux qui ont été massacrés dans leurs maisons ou tués sur le champ de bataille.

« Au duc d'Albe, chargé de butin et de dépouilles, ou soûlé de sang et de supplices, succéda le commandeur Requesens, lequel accrut les vieilles bandes d'une troupe nouvelle de soudards affamés, pour sucer, épuiser et tarir le peu d'humeur et de sang qui restait encore. »

Le langage d'Aldegonde ne fut pas moins fier quand il s'adressa aux Allemands. Il ne venait pas seulement demander leur appui, il les avertissait du danger que courait leur nation, et il montrait les marques *du fer brûlant imprimé encore au front de l'Allemagne*. Les hommes qu'il invoquait étaient unis par le sang, par l'origine, à ceux qu'on laissait égorger dans le nord. Tout le monde germanique se trouvait ainsi en péril, et la question s'élevait du premier mot à une question de race. Marnix excella surtout à provoquer la susceptibilité allemande en la mettant aux prises avec la superbe espagnole. C'était là le point sensible, il irrita la plaie au point de faire bondir le taureau germanique :

« Il ne faut point, messieurs les Allemands, que vous vous représentiez autre chose, sinon qu'il est ici question de votre affaire, de votre salut, de votre dignité, puisque les étincelles d'un feu si voisin n'ont point seulement atteint vos frontières, mais que les flammèches ont déjà pénétré jusqu'au plus intime de vos entrailles.

« Et si quelqu'un estime, après que les Belges seront opprimés, que les Espagnols se tiendront oisifs, et qu'ils n'envahiront point l'Allemagne de leurs armes victorieuses, celui-là se trompe étrangement, car cette débordée et démesurée convoitise de tout dominer ne peut se réduire à de si étroites limites que la basse Allemagne. Ni l'ardeur bouillonnante et l'outrecuidance espagnole ne peuvent être enfermées entre les digues et les bornes des Pays-Bas, puisqu'à grand'peine tout le monde leur suffit, et qu'au fond du cœur ils ont déjà dévoré la monarchie universelle. »

Il concluait ainsi :

« Il appartient à votre piété, à votre fidélité, prudents, révérends, illustres, généreux et nobles personnages, de penser à bon escient et diligemment en vous-mêmes combien il importe à toute l'Allemagne que les Pays-Bas ne soient arrachés du saint empire, comme cela arrivera infailliblement si vous ne sortez de votre torpeur. Les états généraux des Pays-Bas vous prient derechef et supplient par ma bouche de ne pas permettre plus longtemps que ces étrangers, dont l'insolence et l'orgueil sont à bon droit haïs de tout l'univers, viennent planter leur domicile sur le seuil même de l'empire, sur les remparts mêmes et les boulevards de l'Allemagne, assiéger les bouches et les avenues du Rhin, de la Moselle et de la Meuse, occuper les ports et les havres de la mer océane pour vous travailler et vous perdre, ni dégainer leurs glaives et couteaux pour vous égorger, quand ils auront mis le joug de leur cruelle tyrannie sur le cou de vos amis et de vos alliés. »

Jamais la réforme n'avait été montrée ainsi dans ses conséquences politiques. On sentait l'arora et le forum. C'était la parole libre d'un état moderne qui, à peine né, se présentait à la barre du moyen âge. Cette harangue, prononcée en latin, presque aussitôt traduite en français par Marnix lui-même, eut un immense retentissement en Europe ; la prose ne suffisant pas à l'émotion qu'elle avait fait naître, on la traduisit en vers flamands. Le peuple l'apprit par cœur. C'était la profession de foi politique de la république qui venait de surgir.

IX

Les secours qu'Aldegonde obtint de l'Allemagne se réduisirent à quelques milliers d'hommes sous les ordres de l'électeur palatin. La monarchie espagnole préparait un dernier effort. De tous les points se dirigeaient à marches forcées de nouvelles troupes d'invasion contre les Pays-Bas. Toutes ces troupes se trouvaient dans la main d'Alexandre Farnèse, duc de Parme, le plus habile général et le plus heureux que l'Espagne eût encore rencontré. Le dernier jour de la révolution semblait arrivé ; son ennemi revenait plus nombreux de chacune de ses défaites.

Dans cette extrémité, le prince d'Orange et Marnix de Sainte-Aldegonde jettent encore une fois les yeux sur la France. Marnix expose dans les états généraux à Utrecht que le moment est venu de choisir entre la France et l'Espagne. La nécessité oblige d'offrir le gouvernement des Pays-Bas à François, duc d'Anjou, frère de Henri III. Par là, l'indépendance des provinces affranchies sera placée sous la garde de la puissante nation française. En dépit de l'orgueil qui se soulevait contre cette proposition, la nécessité la fait accepter, les états généraux suivent jusqu'au bout la raison de Guillaume, rendue irrésistible par l'éloquence de Marnix. Chose digne de remarque, dans une situation aussi désespérée, les assemblées prouvent à force de bon sens, d'abnégation, de véritable amour du pays, que les résolutions les plus promptes, les plus énergiques, sont possibles sans qu'on ajourne la liberté. Les états montrent, sous la conduite de leur orateur Marnix, la discipline d'une convention qui respecte au milieu même du combat les formes et les garanties du droit commun.

Qu'était-ce en effet que cette prétendue dictature de Guillaume? Celle de la raison, du patriotisme, du génie; d'ailleurs nulle autorité absolue, nulle force effective, pas même de gardes, un seuil toujours ouvert aux assassins, un recours perpétuel aux états, desquels tout dépend; un conseil, sorte de comité de salut public, qui n'a guère que la puissance de chercher les moyens de vaincre sans pouvoir en pratiquer un seul, ni dépenser un denier qu'avec le bon plaisir des assemblées.

Marnix est encore une fois chargé par les états de la grande négociation où chacun met un dernier espoir. Le 30 août 1580, à la tête de l'ambassade, il paraît à Plessis-lez-Tours dans la cour de Henri III. A la vue de cette figure fade et flétrie du duc d'Anjou, Marnix put comprendre quel triste appui il allait donner **à la révolution,** et pourtant dans ses lettres intimes règne un ton de singulière confiance. Est-ce fanatisme pour le sang français? ou, par delà le duc d'Anjou, voyait-il Henri IV?

Aldegonde avait composé lui-même la constitution ou charte de liberté que le prince n'avait fait aucune difficulté de signer : c'est ce qu'il appelait la *muselière du prince*. Il crut qu'il le tiendrait aisément en bride par cette constitution, qui, en effet, inaugurait un droit politique tout nouveau en Europe. Le principe que chaque peuple a le dro de changer, quand il le veut, son gouvernement, renversait le passé; au lieu de l'ancienne légitimité, mystère du sang royal, apparaissait hardiment et sans voile la *loi de nature*. Dans ces termes, la constitution de Marnix était un vrai contrat social, qui faisait du prince le chef d'une république, non plus un souverain : premier coup porté avec éclat en Europe au principe d'hérédité monarchique. « Rien de si grand, dit avec raison un savant historien (1) de nos jours, n'était sorti encore du protestantisme. »

Marnix avait eu l'art de faire signer par la France la constitution qu'il avait puisée dans la république de Genève. Par malheur, il oublia, selon le mot de Grotius (2), quel faible rempart c'est pour la liberté

---

(1) M. Henri Martin, *Histoire de France*, t. X, p. 608.
(2) *Annales et Historiæ de rebus Belgicis.*

d'un peuple que le serment d'un prince. Il tomba dans une erreur ordinaire aux hommes doués du plus grand sens : il crut que le duc d'Anjou aurait au moins l'espèce de raison que lui commandait son intérêt. Accoutumés à manier des hommes chez qui le bon sens abondait, Guillaume d'Orange et Marnix ne se mirent point en garde contre l'extravagance du Valois. C'est la seule chose dont ils ne se défiaient pas.

Traînant partout avec lui son prince emmuselé, qui veut l'avoir pour témoin de ses actions, Marnix se rend en Languedoc à la cour de Henri IV. Il propose de donner le Béarnais pour capitaine et pour allié aux Pays-Bas. L'accord est conclu sous la condition que cesseront les guerres religieuses de France. Marnix y emploie toute son autorité sur les siens, témoin la lettre qu'il adresse aux églises protestantes du Languedoc pour les lier à la cause générale de la liberté de religion. Un projet le ramène à Londres ; il espère marier le duc d'Anjou à la reine Élisabeth, et donner ainsi l'appui de l'Angleterre aux Pays-Bas. La reine se prête complaisamment à cette proposition. Marnix écrit aux états qu'il a vu les deux amants échanger leurs anneaux. Déjà l'on frappe à Londres des médailles où l'on voit d'un côté le buste d'Aldegonde, de l'autre Élisabeth, sous les traits de Vénus, qui met la couronne sur la tête d'Anjou. Au reste, cet étrange sauveur a peur de la mer; il craint la traversée (1); une fois entré en Angleterre, il n'ose plus en sortir.

Après des efforts inouïs, quand Aldegonde sait mieux que personne ce que vaut Anjou (2), il réussit enfin à l'embarquer et à l'amener en Belgique. Il conduit à Anvers le prince français, au milieu des éclats de la joie publique, empoisonnée un moment par une première tentative d'assassinat contre Guillaume d'Orange. Les villes dévastées, épuisées, s'ouvrent partout au libérateur inconnu; il était le gage de l'alliance avec la nation française. Les Belges et les Hollandais avaient fait taire leur orgueil national; ils étaient allés chercher un étranger. Du moins, sous son gouvernement tempéré, ils allaient respirer à la faveur des garanties presque républicaines que Guillaume et Marnix avaient eux-mêmes dictées. Le duc d'Anjou, dans une proclamation, annonce qu'il est poussé uniquement par un principe de compassion naturel au sang de la France, qu'il ne veut que délivrer le peuple *du cruel couteau de ses impitoyables écorcheurs* (3).

---

(1) Inter caetera autem videtur eum vel maximè navigationis periculum ac molestia absterrere. (*Epist. select.*, p. 913.)

(2) « J'ai ici beaucoup d'adversaires et pour mieux dire tous ceux qui l'entourent... Je vois que tout est plein de dissimulations et d'impostures, en sorte que rien n'est plus difficile que d'établir quelque chose de certain sur les conseils des rois. » (*Epist. select.*)

(3) Van Loon, *Histoire métallique des Pays-Bas*, t. I, p. 291

Marnix présidait le conseil privé. Il croyait au moins par là fermer la porte aux trahisons. On sait comment finirent ces fêtes. Les conditions que Marnix avait fait jurer au duc d'Anjou ne servirent qu'à hâter la perfidie. Les têtes folles de la noblesse française se croyaient humiliées si le prince n'était pas absolu. Limiter son autorité, c'était refréner leur droit à la violence. Cette noblesse ne pouvait accepter des institutions républicaines qui répugnaient à toutes ses traditions. La liberté d'autrui lui semblait une injure, et elle mettait sa vanité à imposer aux autres sa propre servitude. Était-ce d'ailleurs à des Belges, à des Bataves de jouir des biens qu'elle ne connaissait pas ? Il n'en fallut pas tant pour pousser le duc d'Anjou. On se rappelle trop bien comment, non content de posséder les peuples qui s'étaient librement donnés à lui, il voulut s'emparer d'eux en une nuit. Le cri des Français: *Vive la messe; tue! tue!* retentit à un moment donné dans toutes les villes qui les avaient accueillis. Ils croyaient avoir affaire aux populations complaisantes de Naples ou de Florence. Les rudes bourgeois des Flandres, éveillés la nuit, en chemise, eurent assez aisément raison, la hache à la main, de ces jolies bandes de mignons. C'est dans Anvers que la lutte fut la plus sanglante: la ville vomit en quelques heures pardessus les murailles ses libérateurs. Anjou va mourir à Château-Thierry, laissant, après tant d'opprobres, un long ferment de haine contre le nom français chez des peuples qui n'oublient rien. Duplessis-Mornay, la conscience la plus droite qui fut jamais, écrit à Marnix : « Nous avons perdu la réputation de foi, et maintenant ne l'avons pu retenir de vaillance. Quant à moi, ce fait m'est une arrhe de malédictions sur notre nation... Elle n'a but, ce semble, que sa ruine et son déshonneur. »

On a peine à comprendre qu'après cette leçon Guillaume et Marnix se soient obstinés encore à espérer en la France, et même à se servir du duc d'Anjou. Il fallut que la mort le leur ôtât des mains pour les guérir de la fantaisie de renouer avec lui, tant la nécessité était forte, le péril urgent, et tant surtout le nom de la France enfermait alors d'espérances en germe ! Au reste, ce fut la première atteinte portée à la popularité de Guillaume et de Marnix. Beaucoup les accusaient de vouloir tout livrer au parti français, devenu odieux ; d'autres signalaient l'ambition du prince, et parlaient d'un article secret qui lui assurait la Hollande et la Zélande. Les plus fidèles avaient peine à pardonner à ces profondes têtes d'être si aisément tombées dans les filets de quelques mignons de cour.

La folie du duc d'Anjou profita à la révolution qu'il voulait détruire ; s'il eût fait ce qui était raisonnable, les Valois eussent pu régner sur les

Pays-Bas, mais la république hollandaise aurait difficilement pris naissance. Au contraire, on voit une république surgir par la nécessité, après que tous les rois d'Europe ont refusé d'en prendre la place.

X

Dans ces années si remplies, où Marnix soutenait avec Guillaume d'Orange presque tout le poids de la lutte politique, il combattait l'ennemi au cœur même de l'Église par de vastes travaux de controverse et de doctrine religieuse. C'est une chose particulière à la réforme hollandaise, que son premier homme d'État après Guillaume soit en même temps son premier théologien. Apôtre et diplomate, Aldegonde est tout cela de 1577 à 1583.

C'est en négociant à Worms avec l'empereur, en France avec Anjou et Henri IV, en Angleterre avec Élisabeth, qu'il engage et soutient sa volumineuse controverse théologique contre Baius, l'un des docteurs du concile de Trente. Il établit et défend, dans ses traités latins en forme de lettres, ce qui devient le *Credo* de l'Église hollandaise. Il avait posé deux questions (1) qui renfermaient toute la révolution religieuse : la première sur le fondement de l'autorité de l'Église catholique, la seconde sur la sainte cène. Dans une vue historique qui le

---

(1) *Quæstiones Michaeli Baio propositæ à Phil. Marnixio. Responsio ad Michaelis Baii Apologiam*, in novâ editione operum Baii. 1696.

distingue des théologiens de la Renaissance, il attribuait à la barbarie du moyen âge ce qu'il nomme la barbarie du dogme catholique. On ne fit jamais un appel plus direct à la raison que dans les lignes par lesquelles il termine : « Vous ôtez des choses le jugement et la raison; pour moi, j'aimerais mieux être changé en brute que devenir l'esclave abject des erreurs et des passions d'autrui. »

Baius eut le tort de publier ses réponses sans les lettres de Marnix, et de se donner ainsi une facile victoire. Il eut un tort plus grand : ce fut d'affecter une pitié méprisante pour les novateurs. Il avait couvert du nom de fraternité chrétienne l'orgueil du docteur. Marnix fut indigné; il donna depuis ce moment à la discussion un ton rude et véhément qui contraste avec la méthode géométrique par laquelle il avait débuté. A ce mot de fraternité, prononcé au milieu des massacres, il répond par une malédiction ironique :

« Votre pitié ! votre fraternité chrétienne ! Si je voulais en parler en détail, je montrerais aisément combien vous avez surpassé la férocité des barbares; mais je ne souillerai pas notre discussion d'une si odieuse histoire. Sans que nous prenions la parole, les choses crient assez haut : témoin tant d'édits impitoyables frauduleusement arrachés

aux rois et aux princes pour nous exterminer;
témoin tant de provinces et de contrées répandues
dans tout l'univers qui ont reçu à leurs frontières
plus de soixante mille des nôtres privés de leur
patrie et de leurs biens, de leurs femmes, de
leurs enfants, et accablés de tous les genres de calamités ; témoin les massacres, le carnage de ceux
que, sans différence ni de sexe ni d'âge, l'eau, le
feu, les gibets, la fosse, les tenailles, ont dispersés
en France, en Allemagne, en Angleterre, en Espagne, et jusqu'aux extrémités des Indes ; témoin
nos lamentables guerres civiles, dans lesquelles
vos pontifes romains et vos sublimes majestés, pour
conserver en paix leurs fastes et leurs délices,
n'ont cessé de porter leurs torches funèbres, pendant que l'univers chrétien presque tout entier se
déchire les entrailles ; témoin enfin ces fameuses
tables de proscription de Philippe, roi des Espagnes, où de toutes parts il provoque contre nous
les empoisonneurs, les sicaires, les parricides, les
sacrilèges, en un mot tout ce qu'il y a de scélératesse parmi les hommes, au meurtre, à l'assassinat,
à l'empoisonnement. Et ce n'est pas seulement
l'impunité qui est assurée à tant de forfaits, mais
encore une immense récompense ! Si c'est là votre
pitié, votre fraternité chrétienne, je ne puis comprendre ce que sera votre cruauté (1) ».

(1) *Marnixii Responsio*, p. 410.

En France, en Suisse, en Allemagne, c'étaient des prêtres qui avaient fondé la théologie nouvelle. On fut étonné de voir dans les Pays-Bas un homme du monde, un diplomate, un homme de guerre, parler avec l'autorité d'un prêtre. L'auteur du compromis des nobles devenait le fondateur de l'Église batave. Cet apôtre était un laïque, et cela contribua à donner à lÉ'glise hollandaise son caractère particulier entre toutes les Églises de la Réforme. Marnix se distingue de l'Église allemande par son opposition à toute interprétation mystique, de l'Église de Genève par son génie cordial. Il a la simplicité d'un vicaire savoyard protestant, ni les superstitions antiques, ni les exaltations nouvelles, — le sens droit d'un homme d'affaires dans un christianisme primitif. Non content d'unir les luthériens et les calvinistes, il protège même les anabaptistes, et répand ainsi dans les fondements de la réforme néerlandaise une ébauche de cette Église libre qui s'épanouit aujourd'hui avec tant de puissance aux États-Unis. Les Hollandais lui doivent l'esprit nouveau par lequel ils ont rompu les derniers liens de la hiérarchie sacerdotale. Dans un livre plein de piété pour sa mémoire, écrit il y a peu d'années par un savant ministre d'Amsterdam (1), je rencontre ces mots, qui sont comme

---

(1) Wilhelm Broes, *Filip van Marnix*, t. II, p. 351.

le texte de l'ouvrage : « Je contemple avec vénération le rang élevé qu'occupe Marnix dans notre histoire. Après lui, Guillaume Ier et Guillaume III ; après eux, sous la bénédiction de Dieu, la prospérité et le salut du protestantisme ! »

L'originalité de Marnix comme théologien est d'affranchir le calvinisme de l'esprit puritain. Selon lui, le caractère sombre, atrabilaire du calvinisme, voilà le grand obstacle à la victoire des réformés. Lorsqu'il a converti le prince d'Orange, ce dernier lui a longtemps opposé le rigorisme genevois comme le *bouclier d'Ajax*. Lui-même, Aldegonde, déclare que la *morosité* (1) calviniste est le contraire de sa nature, portée aux rires, aux jeux, à la *jovialité brabançonne* (2). Il veut un christianisme serein, aimable, enjoué, qui ne défende rien de ce qui n'est pas formellement défendu par l'Évangile. C'est lui qui a dû prononcer ce mot répété depuis : « Il ne suffit pas que vous soyez aimable pour Dieu ; faites que les hommes en voient aussi quelque chose. » Aussi ce rigide théologien se plaisait-il à la danse (3), au grand scandale des docteurs et des pharisiens, qui ne manquaient pas

---

(1) Inveterata illa de nostrâ morositate opinio. (*Illustr. et claror. Viror. Epist. select.*, p. 759.)

(2) Nisi forte mihi, ad jocos ac festivitatem brabantmam nato. (*Ibid.*)

(3) De disciplinâ ecclesiasticâ deque choreis. (*Epist. select.*, p. 753, 760, 766.)

de lui reprocher qu'un pareil divertissement s'accordait mal avec la gravité de sa position ; à quoi il répondait dans ses vieux jours : « Je ne me suis jamais fait scrupule dans aucune situation de récréer mon esprit et de réparer mes forces après le travail et les études par la course, par les jeux, par des gestes risibles et même par la danse au son de la guitare. Si l'on me prouve que j'ai péché en cela, je tâcherai de me corriger, bien qu'il soit difficile à mon âge de revêtir une autre personne que celle qui a été la mienne jusqu'ici. »

Un plan d'éducation qu'il adressa à Jean de Nassau, et que j'ai lu en manuscrit à la bibliothèque de Bruxelles (1), complète heureusement les œuvres religieuses de Marnix. On y trouve une foule d'aperçus nouveaux encore au moment où j'écris. C'est un système d'éducation pour une société libre et républicaine : « Je veux que mes élèves, au lieu de croupir dans l'oisiveté domestique, soient un jour l'ornement et l'appui de la patrie, des citoyens, de tout le peuple ; je veux que leurs études aient pour but de les préparer à la discussion des affaires publiques, à la pratique des intérêts populaires, à l'administration des villes et des États. Il faut donc que la langue latine soit subordonnée à la langue nationale, non pas celle-

---

(1) *Ratio instituendæ juventutis.*

ci à la latine. » L'obligation de la mère de nourrir son enfant est appuyée sur les mêmes raisons que dans l'*Émile :* la sainteté des mœurs, l'amour du foyer. Marnix a aussi deviné la méthode et presque le mot de Rousseau : « Des faits, des exemples, non des maximes. » Pour principal système, l'induction socratique ; que l'enfant découvre lui-même la règle et qu'il ait la joie de la découverte ; éveiller la spontanéité de l'esprit plutôt que la mémoire ; non pas une science morte, mais une science dont la confirmation puisse se trouver dans les actes de la vie privée et publique ; que l'éducation soit partout, dans les conversations, à table, dans les jeux, les promenades, plus que dans les écoles ; point de rhétorique, beaucoup d'histoire, surtout l'histoire nationale dans la langue nationale ; parmi les anciens, les Grecs ; parmi les Grecs, Thucydide et Plutarque ; chez les modernes, Froissard, Commines ; pour les plus délicats, Érasme, Mélanchthon ; l'étude comparée au moins de deux langues modernes ; la physique, la géométrie, la cosmographie, l'économie politique ; un art manuel, une sorte de métier semblable à celui de l'orfèvre qui exerce en même temps le goût, l'intelligence, et tienne le corps en haleine ; au reste, ni verges, ni fouet, ni sévérité exagérée dont l'effet est d'hébéter les facultés natives et de changer les hommes en troupeaux, mais une sorte de tribunal moral dont les membres seraient les enfants eux-mêmes, qui jugeraient entre eux les fautes dans les cas ordinaires, institution ingénieuse empruntée aux Perses de Xénophon, qui aurait pour but de nourrir le sentiment de la justice ; — et pour couronner ce système d'éducation où tout est vie, nature, mouvement, observation, fécondité, formation d'une créature libre dans un État libre, les voyages en France, en Allemagne, en Angleterre, partout en Europe, excepté dans la molle Italie, qu'il est trop périlleux de visiter avant les vingt-cinq ans écoulés ! Ce même esprit de sérénité, d'indépendance, d'élévation indulgente qui est le contraire des idées sous lesquelles nous voyons ordinairement la révolution du seizième siècle, éclate à chaque ligne dans ce plan d'éducation qui semble bien souvent une ébauche de l'*Émile* corrigé par Franklin.

XI

J'arrive à ce grand siège d'Anvers où triomphent les historiens du seizième siècle. Arrêtons-nous à ce moment, le plus important de la vie publique de Marnix, puisqu'on a voulu lui faire un opprobre de son meilleur titre de gloire et qu'il a demandé vainement des juges tant qu'il a vécu. Le temps est venu de finir ce procès.

Anvers était le boulevard de la révolution dans les provinces méridionales. Les états du Brabant y siégeaient. Le protestantisme avait là sa tête de pont fortifiée. La supériorité du duc de Parme sur les capitaines qui l'avaient précédé fut de comprendre qu'au lieu de continuer la guerre de détails, où s'étaient usés ses prédécesseurs, il devait écraser la Belgique dans Anvers. En frappant un grand coup sur l'Escaut, il romprait la communication des Flandres et de la Hollande; il affamerait la Belgique et la mettrait dans l'impossibilité de s'approvisionner d'armes, ou de recevoir les troupes qui arrivaient de Zélande, d'Angleterre et d'Écosse. Tant que les confédérés conservaient leurs places d'armes, les succès remportés contre eux dans le reste des Pays-Bas étaient inutiles ; la vie leur revenait par la grande bouche de l'Océan ; pour les étouffer, il fallait la fermer.

Pendant que le duc de Parme concentre son armée pour une aussi vaste opération, Guillaume d'Orange songe à mettre en des mains sûres le dernier rempart de la liberté civile et religieuse. C'est encore Marnix qu'il choisit pour ce poste d'honneur : il le nomme bourgmestre d'Anvers. Marnix s'en défendit longtemps, soit inexpérience de la guerre, soit plutôt qu'il craignît que les haines dont il était l'objet depuis l'affaire du duc d'Anjou ne compromissent la chose publique (1). Guillaume répondit qu'il jugeait d'avance la chose perdue, si Aldegonde n'acceptait le commandement ; il ajouta un mot qui prouve à quel point il connaissait le réformateur des Pays-Bas : « Sainte-Aldegonde, souffrons que l'on marche sur nous, pourvu que nous puissions aider l'Église de Dieu. » Afin d'augmenter l'autorité de son lieutenant, il voulut le faire marquis. Aldegonde refusa le titre, qui ne s'adressait qu'à la vanité ; il accepta le poste du combat. Guillaume lui laissa des instructions pour le siège, après quoi ils se séparèrent. Ils ne devaient plus se revoir.

(1) « Il semblait que la haine que aucuns me portaient pourrait préjudicier au public. » (*Réponse apologétique.* Voy. Broes, t. II, p. 194.)

A peine Aldegonde s'est-il enfermé dans Anvers, qu'il reçoit la nouvelle du plus grand malheur qui pût le frapper. Il y avait deux ans qu'il l'avait annoncé en lisant les dernières lignes de l'*Apologie* que le prince d'Orange avait opposée aux poignards de Philippe II : « Tant qu'il plaira à Dieu me donner une goutte de sang, un seul denier de mes biens, un peu de sens, industrie, crédit et autorité, je l'emploierai, je le dédierai, je le sacrifierai à votre service... Voilà ma tête, disposez-en pour votre bien, salut et conservation de votre république. » A ces mots, on avait entendu Marnix s'écrier hors de lui : *Le prince est mort!* Sa prophétie venait de s'accomplir. Le roi catholique avait enfin rencontré le pieux assassin qu'il invoquait. Le 10 juillet 1584, Guillaume d'Orange était assassiné d'un coup de pistolet à Delft par Gérard Balthasar, qui, pour l'aborder, s'était présenté comme un ardent protestant, victime du parti catholique. Les dernières paroles du prince en expirant furent celles-ci : « Mon Dieu ! ayez pitié de ce pauvre peuple ! »

Guillaume d'Orange était mort pour la cause à laquelle trois de ses frères avaient déjà donné leur vie. Ce n'était pas un de ces grands ravageurs qui frappent les imaginations par les contradictions mêmes de leurs destinées, et que le peuple adore comme une image herculéenne de la force ou des bouleversements de la nature. Il n'avait que des qualités solides et ne cherchait point à fasciner ; véritable héros de la Réforme, il porte en lui le sûr génie de l'examen. Sa pensée n'a pas la trompeuse étendue de ceux qui ne laissent après eux qu'un long éblouissement et dont la gloire tyrannique est une embûche toujours tendue à la postérité. Il est l'homme d'une idée, mais il la réalise. Ne sacrifiant rien à la fantaisie, au hasard, il ne prête point à la légende ; il est tout bon sens, raison, réflexion, circonspection, jugement, esprit de suite, fidélité, solidité. La tête large, le front vaste et sillonné, les yeux couverts comme de la double paupière de l'aigle, ce n'est point une figure de poème qui amuse les imaginations et les aveugle. C'est une forte pierre angulaire sur laquelle une nation peut s'asseoir et se reposer sans crainte.

Quels furent à cette nouvelle les premiers sentiments d'Aldegonde ? Il en reste un témoignage frappant dans le mémoire encore inédit (1) qu'il adresse aux états généraux sous le coup immédiat de la mort de Guillaume. A travers les dehors d'une savante diplomatie, on y sent un désespoir profond. L'idée politique maîtresse de sa vie avait été d'unir toutes les provinces dans un même gouvernement confédéré. Il cesse de croire, après ce

(1) Voyez ce manuscrit, en français, dans la bibliothèque de Bourgogne à Bruxelles.

coup saignant, que les dix-sept provinces des Pays-Bas puissent désormais se relever et former un État indépendant. Avec une admirable netteté d'esprit, il expose les changements de situation, les nécessités nouvelles, et, qui le croirait? après l'expérience du duc d'Anjou, c'est encore chez les Français qu'il cherche le salut. Il répète que la France seule est capable d'arracher à l'Espagne cette grande proie des Pays-Bas, que d'ailleurs tout est changé, qu'il a bien pu auparavant *embarquer le roi de France à pleines voiles* dans la guerre, en réservant comme un abri suprême la souveraineté de la Hollande et de la Zélande par un contrat particulier et un article secret au profit du prince d'Orange, mais que, ce prince mort, on ne peut espérer obtenir pour un autre ce qui avait été accordé pour lui; que le pays, ruiné, démembré, est quasi réduit à la seule ville d'Anvers; que le peuple est harassé, oublieux des anciens maux, la noblesse ou neutre ou ennemie; que, du reste, la Belgique et la Hollande, fussent-elles toutes deux indépendantes (chose impossible) ne tarderaient pas à se déchirer l'une l'autre; qu'il ne faudrait qu'une ville, un château, un pouce de terre, un différend, un trafic, un privilège usurpé, pour susciter et allumer une guerre intestine; que, tout bien considéré, il faut *rondement* et franchement se jeter entre les bras de la France, offrir à son roi toutes les provinces sans excepter la Hollande et sans nulle autre réserve que celle qui concerne la liberté et la pleine indépendance de l'Église réformée, car c'était là, même dans ce moment de détresse, le point fixe, résistant, sur lequel Marnix ne transigea jamais. Dociles, comme toujours, à sa voix, les états envoient une députation solennelle chargée d'offrir à Henri III la souveraineté de toutes les provinces.

Quand je vois chez des peuples et en des temps différents tous ces hommes dont la patrie périt, Savonarole, Marnix, Guillaume d'Orange, s'obstiner à invoquer ce nom de France, je me demande si ce n'est pas là une grande charge d'avoir inspiré de pareils espoirs à de pareils hommes ? Quand la nation française se manque à elle-même, combien de mémoires elle offense !

Aldegonde avait clairement prévu que la Belgique restée catholique disparaîtrait de l'histoire pour des siècles ; il considérait comme un bien suprême pour elle d'être liée aux destinées de la France plutôt qu'au cadavre de l'Espagne. Une foi si inébranlable dans la grandeur de notre nation, tant d'obstination à se ranger de ce côté pour y chercher la liberté et le salut, comment n'en serions-nous pas touchés ? Mais ce que cet esprit si pénétrant, si prophétique à tant d'autres égards, si français dans son patriotisme étranger, n'a pu prévoir, c'est que la Hollande seule, abandonnée du monde, surnagerait de l'abîme. Il ne crut pas au miracle d'une république néerlandaise sortant du fond des eaux. Sa foi, si ardente, n'alla pas jusque-là : preuve nouvelle que dans les situations les plus désespérées (et quelle cause le fut plus que celle-ci?), la sagesse, la raison, la logique humaine jointe à l'inspiration du patriotisme, ne suffisent pas pour conclure ! Au moment où la logique, le sens commun, le génie humain vous démontrent que tout est perdu, un rayon éclate, un peu de poussière se soulève, et c'est la victoire ! Dans son admirable mémoire aux états généraux, Marnix a tout pesé à la balance de l'homme d'État et du grand citoyen ; mais il y a une chose qu'il n'a pas comptée et qui déjoue tout son calcul de désespoir, c'est que près de lui un enfant, un roseau, Maurice, fils de Guillaume, va surpasser son père.

XII

Telles étaient au fond les dispositions d'esprit de Marnix, lorsque s'ouvrirent les travaux du siège d'Anvers. Il cacha également aux assiégeants et aux assiégés son découragement; aujourd'hui que son secret nous est connu, il est impossible de ne pas être frappé de la confiance superbe, de l'attitude enjouée et railleuse qu'il affecte pendant le siège, suivant les récits de tous les contemporains et principalement de Strada. A peine le bruit de la mort d'Orange est-il divulgué, que beaucoup de gens parlent tout haut de la nécessité de se rendre ; Aldegonde répond en faisant décréter la peine de mort pour quiconque proposera de capituler (1).

La place d'Anvers était alors ce qu'elle est aujourd'hui (2), un arc tendu dont la corde est le rivage de l'Escaut. Le système de défense indiqué par la nature des choses consistait à percer les digues qui contiennent le fleuve et à se couvrir

(1) « La mort tragique du prince d'Orange n'avait en rien diminué le zèle d'Aldegonde, et personne n'entrait encore avec plus de fureur dans les passions qu'il avait inspirées aux peuples qu'il avait séduits. » (Bentivoglio.)

(2) Strada. *de Bello Belgico*, t. II, p. 112. — Bor, II, p. 500, 507, 596. — Meteren, liv. XII, p. 250. — Baudart, les *Guerres de Nassau*, 1616. — Schiller, *Troubles des Pays-Bas*.

ainsi de l'inondation. On réussissait par là à se protéger contre l'ennemi, et à garder ses communications avec la Zélande. Si l'on parvenait à ce résultat, les approches étant rendues impossibles à une armée de terre, et la ville s'approvisionnant sans obstacle par eau, il était à penser qu'avec les moyens de guerre employés au seizième siècle, le siège serait interminable, ou tout se réduirait à une action navale, et la supériorité croissante de la flotte hollandaise ne permettait pas de douter du résultat. Mais pour cela il fallait deux choses : d'abord que l'on se couvrît réellement de l'inondation du fleuve, sans nul égard pour les intérêts particuliers, puis que l'on pût compter en temps opportun sur la coopération de la flotte hollandaise. On verra bientôt que ni l'une ni l'autre de ces conditions ne fut remplie, sans qu'il y eût en cela aucune faute d'Aldegonde.

En sortant d'Anvers, si l'on suit l'Escaut par la rive droite, on rencontre à quatre mille toises de la ville une espèce de digue ou chaussée perpendiculaire au fleuve. Cette digue, nommée Couwenstein, partageait déjà en 1584 la vaste plaine qui s'étend vers l'Escaut oriental; elle s'élevait de dix-sept pieds au-dessus du niveau du fleuve quand le sol était inondé, offrant ainsi un chemin au-dessus des eaux aux troupes espagnoles; de plus, elle faisait obstacle à la communication d'Anvers avec les escadres néerlandaises. L'instinct de la défense disait que la clef d'Anvers était là. Si cette barrière subsistait, les autres travaux de défense pouvaient devenir inutiles ; le grand intérêt de la jonction avec la flotte hollandaise était compromis ; Anvers devenait une place ordinaire.

Aucune de ces considérations n'échappa à Marnix. Soit qu'il suivît les conseils de Guillaume, soit qu'il obéît à son instinct propre, dès les premiers jours du siège il demande, il exige dans le conseil de la commune que cette digue soit rompue. C'est alors qu'il s'aperçut des difficultés de sa situation : il avait la responsabilité d'un chef d'armée, et il n'exerçait aucune autorité positive ; il n'avait que sa voix dans le conseil ; les fortes institutions communales de la Belgique le liaient étroitement. Il fallait qu'il comptât avec le corps des échevins, avec celui des chefs de milice et des métiers. Ces derniers s'opposèrent résolûment à la mesure de salut ; ils avaient seize mille têtes de bétail dans les prairies, ils ne pouvaient les sacrifier ; d'ailleurs où était la nécessité ? L'Escaut n'était-il pas libre ? était-il possible de le fermer ? Tant que le fleuve coulait devant Anvers, qu'avait-on à craindre ? Marnix raconte qu'à ce refus des autorités civiles ses cheveux se hérissèrent sur sa tête (1). Avec son intelligence rapide, il vit que la

(1) « Ut scriberet inhorruisse sibi pilos capitis, quoties ve

place était perdue, et que la reddition n'était qu'une affaire de temps. Il ordonna la seule chose raisonnable qui restât à faire, la construction de forts à la jonction de la digue et de l'Escaut. Cet ordre précis ne fut pas même exécuté.

Avant l'investissement, il tente plusieurs sorties à la tête des troupes et de la milice ; il dirige en personne une attaque sur la Lierre (1) qui devait le mettre en communication avec Malines et Bruxelles. Ces attaques montrèrent combien peu il pouvait se fier à l'obéissance des troupes. L'un des chefs refusa de le suivre lorsqu'il sortait pour couvrir la déroute de la milice, il arriva même que les portes de la ville restèrent ouvertes à son insu pendant deux nuits. Quand il réclama les clefs, les métiers prétendirent qu'il usurpait leurs droits et voulait se rendre maître de la ville (2).

Cependant le plan du duc de Parme se dévoilait. Ce que le conseil d'Anvers avait jugé chimérique, Farnèse allait le réaliser. Il avait commencé le blocus d'Anvers avec seize mille hommes d'infanterie et dix-sept cents chevaux ; mais ces troupes devaient être augmentées par celles qui arriveraient du reste de la Belgique à mesure que les

---

cogitabat de periculo formidando, si negligeretur. » (*Responsio apologetica.*)

(1) *Annales Antverpienses*, auctore Daniele Papebrochio, t. IV, p. 126. — *Geschideniss van Antwerpen*, Mertens en Torfs, t. V.

(2) Bor, *Authentyke Stukken*, p. 407.

autres villes succomberaient, et les soixante-dix mille hommes qui faisaient le fond de l'armée espagnole entrèrent en effet peu à peu dans les rangs des assiégeants. Farnèse se proposait, ce qui semble d'abord extravagant, de fermer par un pont de pilotis le fleuve à la fois marchand et guerrier de l'Escaut; c'était un fossé à couvrir de deux mille cinq cents pieds de largeur, de soixante de profondeur, qui croissait encore de douze pieds à la haute marée. Sur une plage sans bois, sans bateau, comment tenter un ouvrage semblable? Alexandre Farnèse emploie son armée à creuser les canaux par lesquels il fait arriver les bois de construction; il établit sur les deux bords deux estacades, l'une de six cents pieds de long, l'autre de onze cents; restait un intervalle de six cents pieds qu'il remplit par un pont de bateaux; le tout était défendu par des lignes de grandes barques armées de pointes de fer à la proue et à la poupe. Deux forts élevés aux deux extrémités, quatre-vingt-dix-sept pièces d'artillerie, quarante vaisseaux de guerre rangés sur les deux rives, quinze cents hommes protégeaient les travaux; ils avaient été placés à trois mille deux cents toises d'Anvers et au coude du fleuve, de manière à n'avoir rien à craindre du feu des remparts.

Que faisait la flotte hollandaise? C'était le moment pour elle de déboucher alors que les constructions ébauchées du duc de Parme n'étaient point encore affermies dans le fleuve. L'apparition des lourds vaisseaux des Hollandais eût promptement dispersé les travailleurs du duc de Parme; mais pas une voile ne se montra, et une si grande inertie est encore une énigme aujourd'hui. Malgré les lettres pressantes, désespérées de Marnix, l'amiral zélandais Treslong s'obstina à ne pas sortir des ports ; on ne reconnaissait plus en lui l'ancien vainqueur de la Brille. Ainsi abandonné par la flotte, que pouvait Marnix? Il reprend sur la rive gauche le fort de Liefkenshoeck, qui lui avait été enlevé, et il envoie, le 10 avril 1584, l'ordre signé de sa main de construire sous la protection de ce fort une batterie pour prendre en flanc les travailleurs sur les deux estacades. Cet ordre formel et qui existe fut encore une fois méconnu. Il s'embarque de sa personne sur la flottille d'Anvers et commande deux attaques contre le pont. Dans la première, il réussit à traverser la ligne des vaisseaux ennemis; il désorganise le pont et ramène en triomphe trois galères ennemies. Dans la seconde, les matelots, découragés par l'absence des Hollandais, se mutinent; ils refusent de faire voile. Les tentatives de Marnix ne pouvaient avoir de résultat que si elles étaient combinées avec celles de la flotte hollandaise. Cette flotte si attendue ne se montra pas ; elle ne parut que lorsque le pont fut achevé. Sur les instances d'Aldegonde, les états s'étaient décidés à mettre en jugement l'amiral Treslong ; ils l'avaient remplacé par Justin de Nassau, fils naturel de Guillaume. La flotte hollandaise vint mouiller enfin dans l'Escaut, sur la côte du Brabant, à Lillo, à trois cent cinquante toises au-dessous du pont : c'était six mois trop tard.

A des travaux tels que ceux du duc de Parme et qui dépassaient de si loin la mesure de l'art de la guerre au seizième siècle, il fallait opposer des moyens non moins extraordinaires. Le hasard voulut qu'Anvers renfermât un ingénieur qui devait être l'Archimède de cette autre Syracuse : il s'appelait Gianibelli. Il demanda à révéler son secret à Aldegonde. Ces deux hommes s'entendirent bientôt ; ils firent construire en secret ces immenses brûlots, machines infernales que les historiens du temps ont décrites avec une sorte de stupeur : c'étaient quatre vaisseaux dans lesquels on avait construit en maçonnerie une chambre de pierre de quarante pieds de long, où avaient été logées sept mille cinq cents livres d'une poudre préparée par Gianibelli lui-même ; on avait entassé au sommet un monceau de meules, de chaînes, de boulets de fer, de marbre, et même de pierres sépulcrales arrachées des caveaux des églises. Une mèche allumée, dont la longueur avait été proportionnée à la distance à parcourir, devait mettre le feu aux poudres sitôt que les navires seraient à portée du pont. A l'entrée de la nuit, les vaisseaux sont livrés au courant de l'Escaut ; ils étaient montés par quelques matelots qui devaient les diriger, et en descendre à la hâte quand le moment serait venu. Gianibelli et Aldegonde, dans l'attente de ce qui allait arriver, se placent sur le haut de la digue, sur la côte du Brabant.

Au milieu des ténèbres, quand l'horrible explosion se fait entendre, Aldegonde donne l'ordre à des chaloupes canonnières de se rapprocher des lieux et de s'enquérir de ce qui s'est passé. Les matelots, encore épouvantés, n'osent approcher de l'endroit de l'explosion ; ils font fausse route et reviennent sans avoir rien vu ; ils rapportent que la tentative a manqué. Gianibelli est insulté ; il eût été en danger de mort si Marnix ne l'eût protégé. Deux jours se passent ainsi sans que personne veuille redescendre l'Escaut.

Cependant des nageurs, qui avaient réussi à franchir la ligne du duc de Parme, finissent par entrer dans Anvers ; on sut par eux ce qui était arrivé. D'abord la flottille avait suivi en silence le cours du fleuve, précédée de treize brûlots enflammés qui devaient tromper sur la nature du danger. A la lueur de ces flammes charriées par le fleuve et qui se reflétaient aux deux rives sur les armes, les casques, les cuirasses, on avait vu les soldats du duc de Parme couvrir le pont, les estacades, les forts pour les protéger. Les brûlots, échoués çà et là, s'étaient consumés sans résultat. Des quatre bâtiments pesants et ténébreux qui les suivaient, le premier s'était englouti au milieu de la fumée ; deux autres avaient fait côte à la digue de Flandre, et déjà les soldats curieux s'étaient introduits dans leurs flancs pour les fouiller. Le quatrième avait pris la même direction : mais, au lieu de toucher terre, il était venu rencontrer le pont à l'endroit où les pilotis et l'estacade se joignaient à la ligne flottante ; A ce moment, une explosion infernale avait ébranlé le sol au milieu d'une lumière éblouissante. La terre avait tremblé à plusieurs lieues ; le fleuve s'était ouvert jusqu'au fond de son lit. Huit cents hommes mis en pièces, leurs membres écharpés, dispersés d'un rivage à l'autre ; une multitude inconnue de blessés, deux des meilleurs généraux ennemis tués, Rubais et Billy ; le prince de Parme étendu par terre évanoui ; le pont brisé, l'artillerie perdue et ensevelie, les vaisseaux coulés bas, l'estacade de gauche fracassée et noyée, le fleuve rouvert, le passage libre, tout cela avait été l'affaire d'une seconde ; au milieu d'une tempête de chaînes, de boulets, de meules de moulin, de pierres tombales, dont un grand nombre était allé s'enfouir de sept pieds en terre à une distance de mille pas. Un silence de stupeur avait succédé à l'explosion, tant chez les

Espagnols que chez les Hollandais ; après quoi le premier qui s'était trouvé debout avait été le duc de Parme. Il s'était élancé vers les débris du pont, et, ramassant tout ce qu'il avait trouvé d'hommes valides, il s'était mis aussitôt, non à réparer le désastre (chose impossible dans un temps aussi court), mais à masquer les vides par quelque ouvrage léger, quelques faibles bâtiments qui peut-être suffiraient de loin à faire illusion à l'escadre hollandaise. Si celle-ci avait alors tenté le passage, nul obstacle ne l'eût arrêtée ; mais les précautions de Farnèse avaient en effet réussi à tromper les Hollandais : ceux-ci s'étaient laissé persuader, par une reconnaissance superficielle, que le pont n'avait pas été entamé. S'obstinant à ne pas mettre à la voile, ils avaient perdu la plus belle occasion qui se présenterait jamais de sauver Anvers et la Belgique, car déjà le duc de Parme profitait de ce temps de répit pour réunir ses bâtiments dispersés ; il allait sérieusement réparer son dommage. C'étaient là les nouvelles que reçut Aldegonde ; il résolut de redoubler. Il fit armer par Gianibelli une nouvelle flottille d'explosion : cette fois le succès fut complet, le pont resta ouvert pendant plusieurs marées. Par malheur, le vent se trouva contraire ; la flotte de Lillo ne put remonter le fleuve. Depuis cette dernière tentative, il semble que l'on eût renoncé à forcer le passage de l'Escaut. Il devenait en effet chaque jour plus difficile d'y réussir, depuis que les forts et les batteries du duc de Parme commandaient les deux rives.

L'espérance de s'ouvrir de vive force le chemin du fleuve ayant disparu, il fallut bien revenir au système proposé par Marnix. On reconnaissait enfin et trop tard combien cet orateur, ce théologien, ce philosophe, avait eu le coup d'œil juste lorsqu'à toutes les obsessions de la foule et à la routine des hommes du métier il avait répondu en montrant obstinément la digue de Couwenstein. C'était bien inutilement que l'on avait submergé la plaine. Cette chaussée qui apparaissait seule comme une ligne tendue au milieu des eaux frappait alors tous les regards. Il n'y avait plus qu'une opinion sur la nécessité absolue de la rompre. Si l'on pouvait y réussir, tout était encore sauvé. La barrière dont le duc de Parme avait fermé l'Escaut serait tournée; ses gigantesques travaux deviendraient inutiles, ils seraient ridicules; on irait tendre la main aux Hollandais à travers une mer artificielle où Farnèse ne pourrait s'engager, tandis que la flotte naviguerait librement au milieu des campagnes, des arbres, des maisons submergées.

Tels étaient les sentiments de la foule depuis que ses yeux voyaient ce que son esprit avait refusé de croire; mais combien l'entreprise qu'Alde-

gonde avait proposée était devenue difficile! Ce
qui n'eût rencontré d'abord aucun obstacle n'était
plus qu'un expédient désespéré au moment où tout
le monde le jugeait nécessaire. Le duc de Parme
avait construit sur la digue étroite les forts que
Marnix n'avait pu obtenir de faire élever; Farnèse
s'était solidement établi sur cette chaussée qu'on
lui avait si imprudemment abandonnée. Il l'avait
palissadée dans toute sa longueur ; c'était désormais le chemin de communication de son armée
sur les deux rives, entre les deux camps de Callo
et de Stabroeck. Il fallait maintenant, au milieu
d'une plaine inondée, prendre terre sous le feu
croisé des forts à bout portant de la ligne espagnole, débarquer sur le talus escarpé de la digue,
s'y loger, la couper dans toute sa hauteur à des
points différents, travailler dans l'eau profonde,
réunir les deux bords au milieu des réserves espagnoles qui ne manqueraient pas de déboucher des
deux côtés par le chemin de terre, tandis que l'on
n'aurait avec soi que les faibles détachements que
pourrait amener la flottille. Chose étonnante, cette
même opération dont personne n'avait voulu entendre parler quand elle était sans péril et immanquable, tout le monde l'embrassa et s'y jeta sans
délibérer comme dans le salut suprême, depuis
qu'elle était environnée d'obstacles et de dangers
qui en rendaient le succès presque impossible.

Marnix se prépara à cette action, convaincu que de l'issue allait dépendre le sort de la révolution dans la Belgique et peut-être dans les Pays-Bas tout entiers. Il fixa la journée au 26 mai ; l'effort devait être général. Il le fut en effet ; le mouvement avait été très bien concerté. Gianibelli fut chargé de faire avec de nouvelles machines d'explosion une diversion puissante sur le pont ; il réussit à concentrer de ce côté l'attention du duc de Parme. Pendant ce temps, la flotte hollandaise, sous le commandement de Hohenloo, cinglait à pleines voiles vers la digue. De son côté, Aldegonde conduisait à la rencontre de Hohenloo deux cents navires à fond plat, dont cent trente remplis de canons et de troupes de débarquement, les cinquante autres d'ouvriers, de pionniers munis de fascines, de sacs de terre, de poutres et de claies. Les deux flottilles abordent presque en même temps aux deux rives opposées de la levée qui les sépare. Sous le feu plongeant des cinq forts, des batteries et de la ligne d'infanterie et d'artillerie qui garnissaient le terre-plein de la chaussée, les troupes des confédérés débarquent. La jonction des républicains hollandais et de ceux d'Anvers se fait sur le corps des Espagnols. La longue et étroite ligne de bataille de ces derniers est coupée en trois ou quatre tronçons, et, comme on ne pouvait ni avancer ni reculer d'un pas sans être précipité dans les flots, ce fut un des combats les plus furieux de cette longue guerre. Il y avait aux prises sur cette même arête de dix-sept pieds de large des Espagnols, des Italiens, des Wallons, des Hollandais, des Écossais : toutes ces langues se mêlaient dans cet étroit espace. Au milieu de la furie du combat, les Espagnols crurent voir apparaître et se mettre à leur tête un revenant, le colonel Pierre de Paz, tué il y avait trois mois au siège de Termonde. Les ouvriers d'Anvers, l'arquebuse dans une main, le pic dans l'autre, creusaient la terre avec acharnement ; ils tentaient de percer la digue; mais c'était là un travail difficile sous la mitraille, pour des hommes enfoncés jusqu'au cou dans les vagues, et qui à chaque instant teignaient l'eau de leur sang. Souvent le fossé qu'ils creusaient, ils le remplissaient de leurs cadavres, engloutis aussitôt sous le poids de leurs corselets de fer.

Tous les historiens, même les plus ennemis, sont d'accord pour vanter l'intrépidité de Marnix dans cette mêlée. Il sentait bien qu'il s'agissait du dernier jour de la patrie. « Aldegonde et Hohenloo, dit le cardinal Bentivoglio, dont le neveu était présent, partageaient tous les périls et tous les travaux de leurs soldats. L'un et l'autre les animaient de la voix, du geste, de l'exemple. Ils priaient, ils ordonnaient, ils mettaient la main à l'œuvre. » Dans l'impatience d'une armée affamée, on avait organisé des files pour transporter à bras à travers la ligne ennemie les blés des Hollandais sur les navires d'Anvers. Les mêmes hommes combattaient, amoncelaient le blé, creusaient la terre dans un même moment. Enfin la terre cède à tant d'efforts, la chaussée est rompue, le chemin ouvert aux navires. L'un d'eux franchit l'obstacle, c'était celui du vice-amiral Hohenloo. On ne douta plus de la victoire. Les Espagnols pris en flanc sont jetés dans l'Escaut; ceux qui ont pu s'échapper se retirent dans les forts. Marnix fait construire à la hâte des redoutes, des remparts de sacs de terre, de laine, où il loge les assaillants ; puis il laisse sur les lieux l'amiral Jacob Jacobsen pour garder le champ de bataille. Quant à lui, avant que le duc de Parme eût appelé ses réserves, il court impatiemment presser les siennes : il s'embarque avec Hohenloo sur le navire de ce dernier et cingle vers Anvers. Tous deux espèrent, par la vue de ce triomphe, porter au comble l'exaltation de la ville et la ramener incontinent tout entière sur la digue *pour faire plus d'efforts contre Parme.*

Le calcul d'Aldegonde et du vice-amiral hollandais fut trompé. Pour porter au besoin toute son armée sur le lieu du combat, le duc de Parme n'avait qu'à suivre à la course la ligne droite de la chaussée. C'est ce qu'il fit dès qu'il revint de l'erreur qui l'avait jusque-là tenu attaché sur le pont. Il lance sur la digue ses deux camps de Callo et Stabroeck jusqu'au point occupé par les confédérés. Ceux-ci se trouvèrent alors enveloppés entre les deux tetes de colonne du duc de Parme ; leur position était affreuse, et la marée basse les empêchait de se rembarquer ; chacun voyait d'ailleurs que non seulement Anvers, mais la révolution et tous les biens qu'on en avait espérés étaient alors sur cette étroite place. Le combat recommence avec acharnement ; mais les troupes de Farnèse se renouvelaient sans cesse. C'était, en mai 1585, la manœuvre des journées d'Arcole sur les digues de l'Alpone. Les confédérés étaient perdus ; les premiers qui cédèrent le terrain furent les Hollandais. Les uns et les autres sont précipités des deux côtés dans les flots et poursuivis à outrance sur leurs navires échoués. Ils perdent dans cette journée trois mille hommes tués, soixante-cinq pièces de canon de fonte, quatre-vingt-dix de fer, vingt-huit vaisseaux, tout l'approvisionnement de blé ; c'était la vie d'Anvers. Hohenloo et Aldegonde, encore en plein triomphe, voient du haut des murs les restes dispersés de leur victoire.

Après un premier succès suivi aussitôt d'un semblable désastre, il restait peu de chances de salut. Le découragement était dans tous les cœurs. Dès le mois d'octobre, la crainte de la famine avait excité plusieurs émeutes ; désormais ce n'était plus seulement le mal de la frayeur, c'etait la faim qui allait se faire sentir. Farnèse profitait avec un art infini de cet état des esprits. Aldegonde n'avait pas seulement à combattre contre le génie guerrier du grand capitaine, mais encore contre son habileté de parole, ses lettres, ses manifestes, tantôt contre ses caresses, tantôt contre ses menaces. Le duc de Parme est, je crois, le premier qui ait cherché à faire peur à une république en la menaçant de la coalition de tous les rois ligués pour empecher les nouveautés. Il est impossible d'exprimer cette idée d'une manière plus précise que dans les lettres de Farnèse aux assiégés : « Les rois, dit-il, se sont entendus ; ils ont compris qu'il s'agit de leur cause commune, et combien les conséquences de votre conduite sont dangereuses pour eux tous, car ce qui est arrivé à l'un d'eux peut arriver à d'autres, si votre exemple vient à être imité. »

A cette menace d'une ligue des rois, Marnix avait une réponse prête, et c'était toujours la même : la France (1) ! On allait voir se déployer ses drapeaux à l'horizon ; elle avait promis par son roi de secourir la liberté menacée : c'était une nation noble, généreuse, qui ne manquait pas à sa parole, et, si quelqu'un en doutait, il avait toujours sur lui

---

(1) *Annal. Anverp*, t. IV, p. 130.

une lettre fraîchement arrivée de France; mais les plus disposés à capituler n'hésitaient pas à répondre que ces lettres avaient toutes été forgées dans le cabinet d'Aldegonde. Il mit surtout un admirable sang-froid à dissimuler le progrès de la disette. On peut dire qu'il nourrit longtemps sans blé et sans pain cette population de paroles fortifiantes. Il avait au plus haut degré ce qui marque le mieux l'équilibre de l'âme, l'enjouement, la bonne humeur dans l'excessif péril. Quand la foule criait qu'elle avait faim, il l'enivrait de ses discours, en plein air, sur la place publique. Je ne sais jusqu'à quel point la harangue que Bentivoglio met dans sa bouche devant les bourgeois et les ouvriers a été refaite par l'historien sur les modèles grecs ou romains. Thucydide et Tite-Live s'y font peut-être trop sentir, mais on ne peut s'empêcher d'y reconnaître au moins l'écho énergique qu'une âme pleine de vitalité a laissé dans les masses; si ce ne sont pas les paroles, c'est au moins l'héroïsme du bourgmestre d'Anvers. Voilà par quels moyens, sans secours, sans autorité déterminée, sans autre vocation militaire que son ardente passion de la liberté et de la dignité humaine, il sut traîner jusqu'en août une défense qui semblait déjà perdue, en mai 1585.

Le siège durait depuis treize mois, et le ravitaillement n'avait pas été opéré une seule fois pendant cet intervalle. Les six cent mille boisseaux de blé nécessaires à la ville pour un an étaient depuis longtemps épuisés. Une population de cent mille habitants était aux abois. Malines, Bruxelles, Gand, s'étaient rendus, et les assiégeants avaient grossi l'armée qui investissait Anvers. Aldegonde eut recours à un expédient suprême ; il tenta de renvoyer de la place (1) quarante mille bouches inutiles. Par ce moyen, on gagnerait quelques jours ; il proposa même de comprendre dans ce nombre sa femme et ses enfants, qu'il avait retenus pour prêter sa confiance aux autres. Le bruit se répandit qu'il se préparait à égorger les catholiques ; beaucoup feignirent de le croire, et la mesure proposée devint impossible. On se contenta de renvoyer par une porte quatre mille affamés qui rentrèrent par une autre. N'ayant plus rien à espérer des confédérés, Marnix consent enfin à traiter, à condition qu'il sauvera la liberté de religion. Dans les conférences qu'il eut avec le duc de Parme, l'éloquence du prince l'étonna, et lui-même avoue qu'il essaya de séduire son vainqueur. Du fond de l'Escurial, Philippe II voyait tout ; il écrivait qu'on eût à se défier de l'artifice d'Aldegonde (2), qui, *sous couleur de traiter de la soumission de la Hollande,*

---

(1) *Annal. Antverp*, t. IV, p. 169.

(2) « El artificio de Aldegonde en haber tentado dilatar y dificultar el negocio. » Lettre inédite de Philippe II au prince de Parme, 17 août 1585. (Communiquée par M. Gachard.)

ne cherchait en effet qu'à gagner du temps. On s'arreta aux conditions suivantes : Anvers rendu à l'Espagne, la vie sauve et les biens garantis de tous les habitants, quatre ans accordés aux réformés pour quitter le pays, la garnison libre de se retirer, Marnix s'engageant seulement à ne pas porter les armes pendant un an.

Telle fut la capitulation signée par Marnix à Bévéren le 17 août 1585. Trois jours après, les réformés tinrent leur dernier prêche au milieu d'un grand deuil. Ils avaient résolu de sortir d'un pays où il avait été impossible de sauver la liberté morale. Quand on ouvrit les magasins, on fut étonné de les trouver vides; il ne restait plus pour un seul jour de vivres dans la ville.

Farnèse ne fit son entrée que le 30, suivi de moines émigrés ; il avait écarté de lui les Italiens et les Espagnols. Pour mieux masquer l'étranger, on ne voyait au premier rang que la noblesse catholique belge et plusieurs de ceux qui avaient signé le *compromis* de Marnix. Ils entrèrent le front haut dans l'apostasie et dans la servitude comme dans une conquête. On remarqua surtout le comte d'Egmont; il ne fut pas arrêté par l'échafaud de son père.

III

RELIGION, POLITIQUE ET ART DES GUEUX

XIII

Sainte-Aldegonde venait de tirer à Anvers le dernier coup de canon pour l'indépendance de la Belgique; les conditions qu'il avait obtenues étaient les meilleures qui eussent été accordées par l'ennemi à aucun commandant de place : il pouvait donc s'attendre à être reçu à bras ouverts en Hollande; mais la perte d'Anvers était si grande, si irréparable ! Bientôt on ne fut plus frappé que de l'étendue de ce désastre. On oublia ce qui l'avait rendu inévitable (1), et l'on vit en un moment les conséquences qu'il entraînait : le grand boulevard de l'indépendance occupé par l'ennemi, la Belgique à jamais perdue et asservie, le berceau de la Réforme conquis par le papisme, les dix-sept

(1) « Un siège qui passa pour la merveille du siècle. » (Voyez les *Mémoires pour se vir à l'histoire de Hollande*, par l'ambassadeur de France, Auberi du Maurier, p. 181.)

provinces à jamais désunies, la Hollande découverte, la république frappée de mort. Le poids de tous ces malheurs, on le rejetait sur Marnix. C'étaient surtout ceux qui auraient pu les empêcher, — les Hollandais, — qui étaient le plus passionnés dans leurs accusations; ils disaient qu'ils étaient au moment de secourir la place quand elle avait capitulé, que ce n'était point ainsi que Leyde avait été défendue, que là le bourgmestre avait offert au peuple affamé son sang et sa chair, que treize mois de siège étaient peu de chose pour une ville telle qu'Anvers, que la faim n'était pas une excuse, que sans doute l'or de Farnèse avait été plus puissant. Et, sans délibérer plus longtemps, les états de Hollande proscrivirent Aldegonde. Le mot terrible avait été prononcé, — *il était vendu au parti de l'étranger!* C'est avec ce mot que l'on tuera Barneveldt et les de Witt.

D'autre part, ceux qui avaient vu de près les événements, et en général les Belges, faisaient une réponse que l'on entend encore de nos jours. Ils répétaient que, si Anvers était réduit, c'est que les Hollandais l'avait bien voulu, que leur assistance n'avait jamais été sincère, qu'ils s'étaient mis trop tard à la voile, et qu'ensuite ils étaient retombés dans leur inertie au mouillage de Lillo; que la condamnation de l'amiral Treslong n'avait été que feinte, puisqu'ils s'étaient bientôt hâtés de l'absoudre ; que la cause de tant de contradictions et de tergiversations était évidente; que sans doute une ville telle qu'Anvers leur faisait ombrage; qu'ils étaient jaloux de sa prospérité, de sa magnificence, de ses cent mille habitants, de ses fabriques de draps, de serge, de son commerce, qui visitait le monde ; qu'ils espéraient bien hériter de ses dépouilles, et agrandir de ses ruines leurs misérables villages de chaume, Amsterdam et la Haye, encore noyés dans la fange batave; que leur douleur était mensongère autant que leur amitié. L'injustice même dont ils poursuivaient Aldegonde prouvait assez qu'ils avaient quelque chose à cacher. Ces discours ont encore aujourd'hui des échos en Belgique.

Dans ce grand procès, un point reste établi : le témoignage de tous les hommes de guerre du seizième siècle. Lanoue Bras-de-Fer, Maurice de Nassau, déclarent qu'il est impossible d'adresser un reproche sérieux à Marnix. Lanoue, dont la tête valait, dit-on, une armée, le comble d'éloges (1); il reconnaît que lui-même eût été incapable de sauver Anvers. Que pouvait Aldegonde, dont nous avons vu presque tous les ordres méconnus (2)?

---

(1) « Le sieur de Lanoue loua grandement Aldegonde, car il n'avait rendu la ville que lorsqu'il n'y avait point moyen de la secourir et de la tenir plus longtemps. » Meteren, liv. XII, fol. 251.

(2) *Annales Antverpienses*, t. IV, p. 92.

Prendre de vive force l'autorité, *commander absolument à la française* (1), le jour où l'on refusa de rompre les digues ? Quelques-uns lui proposèrent de mettre la main sur le conseil sans avoir la moindre intention de l'y aider, presque tous l'en soupçonnèrent et se tinrent dès lors sur leurs gardes; pour lui, il n'y pensa jamais; il jugea sagement l'usurpation impossible, et que, fût-elle aisée, elle serait désastreuse. Un pareil exemple de violence de la part du magistrat, un attentat si grave à la vie, aux traditions des communes de Flandre, n'eussent-ils pas perdu la cause autant que la prise même de la ville ? Ce qu'il y eut d'admirable, c'est que ce siège *si âpre* fut soutenu par un simple gentilhomme, sans aucune autre force que l'autorité morale, en pleine révolution, au milieu d'un gouvernement populaire, sans qu'il en ait rien coûté à la liberté de personne, ni aux franchises des corps de métiers, qui n'avaient jamais été si vivantes. Ces libertés civiles, c'était l'inconvénient de la situation, mais elles en étaient aussi la grandeur; c'est pour elles que l'on combattait. Fallait-il l'oublier ? A tout considérer, on ne céda qu'à la famine, à la nécessité criante, après treize mois, qui suffisaient de reste, si les Hollandais voulaient donner enfin un signe de vie.

(1) Mot de Granvelle.

Marnix lui-même démontre que ceux-ci n'ont point fait tout ce qu'ils pouvaient faire; il y avait longtemps qu'il avait écrit : « Je vois que la Hollande manque à son devoir. » Mais, si elle resta sourde aux appels incessants du défenseur d'Anvers, fut-ce préméditation, jalousie? On avouera que c'eût été un jeu bien périlleux. La lassitude, la nonchalance (1), l'indifférence que le prince d'Orange reproche constamment aux Hollandais, sont des explications suffisantes, sans qu'il soit besoin de recourir à d'autres. Une guerre interminable avait accoutumé les esprits à une sorte de fatalisme; à force de vivre au jour le jour, dans des situations extrêmes, on avait fini par se remettre du soin de vaincre au génie de la révolution. Ce n'était plus l'enthousiasme des premiers temps, mais une sorte d'endurcissement qui résistait au plus extrême péril. Chacun répétait le mot que l'on gravait sur les médailles : « Les destins trouveront leur voie : *fata viam invenient.* » On s'endormait en pleine tempête.

Si Orange eût vécu, il n'eût point permis qu'on abandonnât Aldegonde. Le Taciturne eût fait ce qu'il n'avait jamais omis dans des circonstances

---

(1) « Cette nonchalance, messieurs, est un mal incroyable... Quand on en parle, le peuple ne pense pas que cette guerre est sa guerre, comme si l'on ne combattait pas pour la liberté et de corps et de conscience. » (*Correspondance de Guillaume le Taciturne,* t. IV, p. 367.)

analogues; il eût harcelé les états, pressé les décisions, réveillé le sentiment public; il eût triomphé de l'inertie de tous. Prête cinq mois plus tôt, la flotte serait arrivée en temps utile : la volonté inflexible de Guillaume l'eût suivie, eût pesé sur les amiraux; ceux-ci auraient empêché à tout prix la construction du pont, ou ils l'auraient anéanti. Malheureusement ce grand homme manquait à tous, et son fils n'avait pas eu le temps de se révéler. Accoutumés à être entraînés, les états généraux ne savaient plus vouloir; ils attendaient Maurice, qui lui-même ne se connaissait pas encore; c'est dans cet intervalle que le sort d'Anvers fut décidé.

Quand la nouvelle de la capitulation arriva en Espagne, à l'Escurial, c'était au milieu de la nuit. Philippe II, ordinairement si impassible, se leva en sursaut. Il courut heurter secrètement à la chambre d'Isabelle, sa fille, et lui dit ces seuls mots : *Anvers est à nous !* Il sentait pour la première fois qu'il avait le pied sur la Belgique et qu'il la tenait écrasée. Les landes d'Espagne allaient s'étendre enfin pour deux siècles sur les grasses Flandres. Ces fiers bourgeois rebelles seraient changés en une population de mendiants. Lorsque Bonaparte entra dans cette magnifique cité d'Anvers, il n'y trouva plus rien, selon ses paroles, qu'une sorte de *campement d'Arabes.*

Avant de sortir de la ville, Marnix écrivit une

réponse à ses calomniateurs. Jamais il ne montra plus de fierté ; mais c'est lui-même qu'il faut entendre :

« Je prierai tous les gens de bien qui se sont si vertueusement employés à la défense de ne m'imputer à présomption si, contraint par l'importunité, je charge sur moi seul et la gloire et le blâme de tout ce qui s'est fait. Et là-dessus, je demande au calomniateur si jamais, parmi les exploits de guerre qu'il a faits, ou aux histoires qu'il peut avoir lues, soit aux chroniques de ses Francs ou ailleurs, il a rencontré aucun exemple qu'une ville marchande et populeuse comme était celle d'Anvers, regorgeante de diverses nations, d'Espagnols, d'Italiens, d'Allemands, Wallons, Liégeois, Hollandais et naturels du pays, presque tous fondés sur le trafic, et même de diverses religions, de contraires volontés et partis, en un gouvernement populaire, ait été par l'espace de treize mois continuels, par un simple gentilhomme sans aucun titre autre que de premier bourgmestre, sans autre autorité que celle que ceux de la ville même de gré à gré lui ont voulu déférer, sans avoir un seul soldat gagé dans la ville, sans aucun moyen soit d'argent ou de minutions autre que ceux que les bourgeois lui ont volontairement contribués, ait, dis-je, été maintenue sans trouble ou sédition et sans effusion de sang ou exploit de justice, là où elle se trouvait assiégée par eau et par terre comme de trois armées conduites par un puissant, sage et victorieux prince, lieutenant d'un des plus grands rois de la terre (1). »

Sous cette attitude vigoureuse, il y avait une âme déchirée. Marnix confie ses sentiments les plus secrets à son ami van der Mylen (2), le président des états, qui lui reste toujours fidèle. Ces lignes sont écrites dans un de ces moments de crise intérieure où l'homme se montre jusqu'au fond. La douleur de l'ingratitude arrache des élans mystiques à l'âme si ferme, si pondérée de Marnix. Le réformateur, l'homme d'État vaincu et méconnu des siens, se réfugie en Dieu pour se renouveler et retrouver sa force. Je remarque principalement une chose dans cette lettre : c'est l'étonnement ingénu, toujours nouveau, des âmes vraies, toutes les fois qu'elles découvrent combien la vérité a de peine et le mensonge de facilité à s'établir :

« Je t'envoie un commentaire sur les affaires d'Anvers (3) et sur la nécessité où la famine nous a

(1) Marnix est revenu plusieurs fois sur sa défense. J'emprunte cette citation à la *Réponse apologétique*, qui supplée ici son *Commentaire*, qu'on croit perdu.

(2) *Epist. select.*

(3) « *Mitto ad te commentariolum de rebus antverpianis.* » C'est ce *Commentaire* que l'on croit perdu. Je n'ai pu en retrouver la trace, malgré toutes mes recherches, dans lesquelles j'ai

réduits de traiter avec l'ennemi. J'avais, il est vrai, résolu de ne rien publier, parce que je comptais que la vérité, fille du temps, surgirait bientôt et facilement d'elle-même ; mais, quand j'ai vu que la méchanceté et la rage de mes ennemis ne pouvaient se reposer, et que des hommes de grande autorité et même excellents ajoutaient foi à tant d'indignités, j'ai pensé qu'il convenait de rompre le silence. Véritablement j'admire le jugement de ces états qui ont déclaré qu'ils ne souffriront pas que je me réfugie en Zélande ! En quoi les ai-je donc offensés ? C'est ce que je ne puis comprendre ; à moins que servir fidèlement leurs intérêts ne soit les offenser. Mais j'abandonne à Dieu cette affaire, et j'espère qu'il plaidera ma cause. Cependant je pleure sur la patrie que je vois périr misérablement ; rien ne subsiste de ces bases que nous avions jetées avec tant d'éclat et qui s'écroulent de fond en comble... Songe, je te prie, qu'il ne s'agit pas seulement de notre cause, mais de celle du Christ. Pour moi, du fond de l'exil (car j'ai résolu de me retirer je ne sais où, en Allemagne et peut-être en Sarmatie), je verrai de loin les calamités de mon

---

été aidé avec un rare empressement par M. Ruelens, qui a bien voulu fouiller avec moi les collections de la bibliothèque de Bruxelles, précieuses surtout pour le seizième siècle. Les Hollandais n'ont pas été plus heureux jusqu'ici. Il resterait à consulter, à Paris, la Bibliothèque nationale, ce qui sera facile à d'autres.

10.

pays. Ce qui m'est le plus douloureux, c'est de ne pouvoir l'assister ni par le conseil ni par l'action. Quant aux armes, je ne vois pas ce que nous gagnons par là; au reste vous aviserez, et, si je puis servir en quelque chose, je suis prêt. Adieu. Je travaille à me pénétrer de plus en plus de la vraie religion, afin que le monde soit crucifié en moi et moi au monde, et que ce ne soit plus moi, mais le Christ qui vive en moi.

« Anvers, 15 octobre 1565. »

Après cette lettre, il quitte d'un cœur ferme sa terre natale qui le repousse, qu'il avait fait tant d'efforts pour sauver et qu'il ne doit plus revoir. Il ne laisse percer jusqu'à son dernier jour aucun désir d'y rentrer tant qu'elle reste asservie. Et ce n'est ni insensibilité ni ostentation; mais il sait que le véritable exil n'est pas d'être arraché de son pays : c'est d'y vivre et de n'y plus rien trouver de ce qui le faisait aimer.

XIV

Dans une situation aussi désespérée, Marnix déconcerta ses adversaires par une résolution hardie. Malgré le décret de bannissement lancé contre lui par les états de Zélande, c'est en Zélande qu'il vient se réfugier. Il se rend tranquillement à sa terre de West-Soubourg dans l'île de Walcheren, comme s'il y eût été appelé par la voix publique. Oserait-on le chasser ou le mettre à mort, lui l'auteur du compromis, l'âme de la révolution, qui depuis la mort de Guillaume était assurément le plus fort soutien de la république ? Avec la conscience d'un grand citoyen, le défenseur d'Anvers vient en face de ses ennemis demander des accusateurs et des juges; il est prêt à répondre. Une contenance si fière impose à la calomnie : personne ne se présente pour l'accuser. Honteux du rôle auquel ils s'étaient prêtés et craignant néanmoins de se désavouer, les états le prient plutôt qu'ils ne lui ordonnent de rester confiné dans sa terre. Cette interdiction elle-même ne tarda pas à être levée, et l'on vit plus tard Marnix chargé par les états et par Maurice de Nassau de diverses ambassades qui le relèvent de son ban, sans pourtant le ramener aux affaires. De nouvelles passions s'étaient liguées pour l'en tenir éloigné. Ceux qui voyaient poindre de loin la dynastie des Nassau craignaient de la fortifier, s'ils ne brisaient d'avance l'ami de Guillaume et probablement, selon eux, le confident de son ambition. Quant à Maurice, plus puissant de jour en jour, il ne répugnait pas à punir Marnix de l'avoir si mal deviné, sans compter qu'il craignait de laisser une trop grande autorité aux souvenirs et à l'amitié de son père.

Avec cet abandon semblable à l'exil commence pour Aldegonde une vie toute nouvelle. Grande épreuve que la solitude pour les hommes qui ont longtemps commandé aux autres! Les plus fiers laissent échapper leur secret au milieu du silence qui se fait autour d'eux. Machiavel, jouant à la *cricca* avec les bûcherons de San-Casciano, pleure de rage d'avoir perdu son emploi de secrétaire. J'en estime mieux le calme de Marnix, qui, après avoir tenu dans sa main pendant vingt ans les fils d'une révolution, achève sa vie sans murmurer sur une grève déserte. Son élévation morale le sauva, surtout sa religion épurée, virile. D'abord l'idée de l'outrage fait à son nom, la crainte que la postérité même ne soit complice de ses ennemis, l'obsèdent; bientôt reparaît la confiance dans la justice de Dieu : il est prêt, s'il le faut, au sacrifice de sa mémoire. Ajoutons que le grand désespoir lui a été épargné : il n'a pas vu l'opprobre ineffaçable de la patrie ; au contraire, il la voit surnager quand elle semblait perdue. De tous ces sentiments divers se compose le stoïcisme chrétien qui respire dans ses lettres de cette époque :

« Je suis inquiet de la république ; mais je m'abstiens pour de graves motifs, d'autant plus que je n'ai pas été sérieusement appelé... et vraiment je n'ai pas à me plaindre de ne plus tenir le timon, car c'est en cela surtout que je puis me dire heureux. Quel plus grand bonheur imaginer que le genre de vie que je mène ici ! Ce que j'avais appelé depuis si longtemps de tous mes vœux s'offre enfin librement à moi. Laboureur, je vis en moi parmi les miens ;... mais pourtant je voudrais que cette tache fût effacée, car jamais il n'y eut rien de plus inique. Après tant de travaux accomplis, tant de fidélité, tant de sacrifices à mes concitoyens, qui certainement, après Dieu, me doivent leur vie et leur salut, emporterai-je cette injuste récompense ?... Il est beau, quand on a fait le bien, d'oublier le mal. J'entends et je consens, pourvu qu'après ma mort cette tache ne reste pas sur mon nom, ce qu'il est difficile d'espérer... mais, après tout, je m'en remets au Christ... en cela, je me réjouis et je célèbre au fond de l'âme dans une louange éternelle mon Dieu et mon père.

« Je donnerais volontiers un avis, s'il y avait place pour un sage conseil ; mais je préfère m'abstenir, de peur d'embarrasser en intervenant. Présent ou absent, je servirai toujours l'Église ; mais, je l'avoue, mon esprit a été plus troublé qu'il ne fallait ; peut-être suis-je en proie à une juste Némésis. Pourtant je me calmerai si je puis, et j'invoquerai le nom de Dieu.

« Les affaires publiques m'inquiètent encore, mais par d'autres raisons qu'auparavant. La sollicitude ne va pas jusqu'à troubler la tranquillité de l'âme. Je me repose dans le jugement de Dieu, je me recueille dans son sein ; chose qui ne m'avait pas été possible jusqu'à ce moment. Ainsi ceux qui ont voulu me nuire m'ont rendu, en réalité, un immense service. »

Marnix était de ces hommes qui pour agir n'ont nul besoin d'espérer. Toujours prêts, même sans croire au succès, ils vont tête baissée où sont la vérité et la justice. Quant tout est perdu, eux seuls ne connaissent ni découragement ni désenchantement ; ils font entrer leur Dieu où d'autres mettent l'intrigue. Leur politique, très terrestre, très sensée, est pourtant au plus haut des cieux ; les hommes sont impuissants à l'abattre. L'originalité de Marnix, c'est qu'à cette élévation il joignait le sens d monde le plus pratique, le plus délié, et je croi reconnaître l'empreinte de tout cela dans son portrait popularisé par les gravures du temps : une longue et vigoureuse figure, le front vaste et serein ; sous des sourcils profondément arqués, de grands yeux noirs, épanouis, amoureux de lumière, d'où partent en même temps l'austérité et le sourire ; des traits forts, des cheveux ondulés et touffus ; une bouche prête à parler qui se contient sous d'épaisses moustaches ; le menton effilé en pointe et perdu dans les plis de sa fraise ; en tout, un singulier contraste de qualités fines et robustes ; de la fixité et de la grâce, de l'audace et de la mesure, de la résolution et de la discrétion. On peut hésiter entre un homme d'État, un homme d'église, un philosophe et un poète ; mais c'est la volonté qui domine.

Dans l'isolement de West-Soubourg, il entretenait une correspondance fréquente avec ses amis. C'était Vulcanus, le plus savant homme de Bruges, précepteur de son fils unique (1), qui devait être tué à la fleur de l'âge dans les rangs des confédérés (2) ; c'étaient Joseph Scaliger, Juste-Lipse, qu'il avait attirés à l'université de Leyde ; il discutait avec eux l'authenticité d'un livre d'Aristote, ou un verset d'un texte hébreu ; c'était le plus ancien de tous, le sage van der Mylen, son appui

(1) « Tibique meum filium unicum unicè commendatum habeto. » (*Epist. select.*)
(2) *Reidani Annales*, p. 217.

constant dans les mauvais jours ; c'était Aggée Albada, qu'il avait converti. Une amitié plus éclatante, qui dut adoucir ses épreuves, fut celle de notre Duplessis-Mornay. Ils s'étaient connus dans les négociations relatives au duc d'Anjou. Il y avait entre ces deux hommes tant de ressemblance de caractère et de situation, que le lien n'eut pas de peine à se former : tous deux ministres de deux grands hommes protestants, Henri IV et Guillaume d'Orange ; tous deux destinés à voir tomber leur héros sous un assassinat ; chefs militants de leur Église, hommes de plume et d'épée, de croyance surtout, que l'on a appelés les papes du protestantisme ; roides et implacables dans la controverse, déliés et conciliants dans les affaires, le premier avec plus d'amertume et de tristesse, le second avec plus de flamme et d'ironie, également pénétrés de la foi nouvelle ; vrais philosophes évangéliques, celui qui a tout perdu console l'autre de sa bonne fortune. Rien de salutaire pour l'âme comme la correspondance de ces deux sages ; on pourrait former des rares fragments qui subsistent une sorte d'Épictète chrétien. Marnix écrit à Duplessis-Mornay : « Je n'attends que les occasions ; de les chercher ambitieusement ne me permet mon naturel, mais je les embrasserai avidement quand elles s'offriront. Touchant votre état, j'en ai fort bon espoir à cause que, le voyant désespéré, j'espère que Dieu se souviendra de ses miséricordes ; mais le nôtre me semble en danger, parce que ses ulcères sont cachés, et comme cicatrisés sous les ampoules de la prospérité. »

A cela Duplessis-Mornay répond d'un accent non moins profond et pénétré : « En ces ennuis publics, je ne trouve consolation qu'en la conférence des bons, et entre ceux-là je vous tiens des meilleurs. Avec tels, j'aime mieux soupirer profondément que rire effusément avec les autres, parce que le plus souvent Dieu se rit de nos ris et au contraire exauce nos gémissements et nos larmes. En particulier, faites-moi toujours cet honneur de m'aimer, et croyez que je vous honore uniquement. Faites-moi quelquefois part de vos solitudes, car j'estime vos déserts plus fructueux et plus fertiles que nos plus cultivées habitations. De moi, tenez-moi pour un homme noyé dans les sollicitudes de ce temps, mais qui désire nager, s'il est possible, jusqu'aux solitudes. »

Du fond de sa retraite, Marnix ne s'adresse pas seulement à ses amis privés ; il publie des épîtres aux rois, aux princes, aux peuples qui continuent le combat pour la foi nouvelle. Cette voix partie de la solitude acquiert une gravité impérieuse qu'on ne lui connaissait pas; c'est le prêtre qui parle. A ce temps appartient l'*Exhortation loyale à ceux des Flandres, du Brabant, du*

Hainaut, qui gisent encore sous la croix (1). Il les abjure de ne pas s'accoutumer au joug moral de l'invasion catholique, même entre les mains des Espagnols. « Regardons notre devoir, s'écrie-t-il, et fions-nous à Dieu! » Quant à ceux qui ont conquis ailleurs une patrie, en Hollande, il leur enseigne ce qu'il y a de plus difficile, à ne pas se dégoûter prématurément de la victoire parce qu'elle n'a pas donné incontinent tout ce qu'on avait espéré. « Se figuraient-ils par hasard que Dieu les conduisait dans un paradis terrestre? » Puis il prend à témoin tant d'empereurs, de rois, de princes, qui n'ont pu dompter une poignée de gueux et de huguenots ; signe manifeste que la main du Tout-Puissant est avec eux. Ainsi il célèbre le triomphe au milieu de l'exil. Proscrit, relégué, il soutient les victorieux contre les déceptions de la victoire. Au reste, nul retour personnel, nulle amertume de se sentir exclu de sa part dans le succès. Jamais l'instinct moral ne parut plus élevé chez Aldegonde. Ce moment de sa vie, qui ne laisse presque rien à raconter aux historiens, est celui de tous qui comptera le plus pour lui auprès de la justice éternelle.

Un événement acheva d'ouvrir les yeux sur l'ini-

---

(1) Cette épître ne se trouve qu'en hollandais. 1589. *Ecne trouwe vermaning.* — Voyez Brandt, *Historie der Reformatie*, t. I, p. 761 ; Brocs, t. II, p. 273.

quité commise contre Marnix. Les plus obstinés durent reconnaître que le parti catholique espagnol continuait de voir dans Marnix, même désarmé, un de ses plus dangereux ennemis. Un prêtre de Namur, déguisé en soldat, Michel Renisson, fut arrêté à la Haye, convaincu d'avoir tenté d'assassiner Maurice. Le prêtre avoua avoir reçu d'avance pour le prix du meurtre deux cents philippus d'or ; il déclara en outre que le même parti avait payé d'autres sicaires pour assassiner les plus grands hommes de la république, — Marnix, Barneveldt et le fils de Maurice, âgé seulement de dix ans. C'était le moment où le roi catholique offrait la paix aux confédérés. Les états firent frapper une médaille qui était la réparation la plus éclatante de l'injure faite à Marnix. On voyait le roi d'Espagne offrir une branche d'olivier à un habitant des Pays-Bas qu'un assassin poignardait par derrière. Au bas, on lisait : *Il offre la paix, et voilà ce qu'il fait.*

C'est ici qu'il faut remarquer, dans les origines de la république de Hollande, le parti que les pouvoirs politiques ont su tirer des médailles pour parler à l'imagination des masses, trait caractéristique de la révolution des Pays-Pas. Dans un emps où le peuple lisait peu, le gouvernement a u mettre constamment sous ses yeux les événements importants, allumer son imagination, l'insruire en le passionnant. Pour chaque événement de la révolution, une bataille, un siège, un projet de traité, on frappait une médaille grossière, qui, servant de monnaie, passait de mains en mains jusque chez les plus pauvres. C'était, avec une publicité incessante, ce que nous appelons aujourd'hui l'*illustration* appliquée comme mesure de salut aux grands intérêts d'un peuple. Les états, les communes mêmes, parlèrent admirablement cette langue. De courtes inscriptions accompagnaient les figures. C'était un mot presque toujours profond, énergique : le mot d'ordre de la révolution. Tel qui ne pouvait lire la légende s'attachait à l'image. C'était, au plus fort du danger, une main qui sort des cieux, armée d'une épée avec la devise : *Je maintiendrai*, ou encore : *Ne pas désespérer : nil desperandum*. Les époques étaient ainsi représentées : 1568, sous le duc d'Albe, c'était un squelette ; 1570, un Espagnol debout entre la mort et la famine ; 1577, des épis qui renaissent sous les pas d'une armée ; la pacification de Gand, un vaisseau qui entre dans le port ; Harlem pendant le siège, un bourgeois accoudé et rêvant sur deux têtes de morts et des ossements ; Anvers, un pèlerin qui va demander assistance. Leyde criait sur ces médailles : *Plutôt turc que papiste;* la Hollande au milieu des eaux : *Je lutte et je surnage;* Middelbourg : *Ce n'est pas le roi, c'est la faim qui m'a vaincu;* la Zélande : *Veillez sur la terre, moi sur la mer*. Les individus avaient leurs emblèmes : celui du *père* Guillaume était un nid d'alcyons toujours tranquille au milieu d'une mer en furie. Pour marquer le ressentiment des Frisons, un homme armé d'un maillet entaille profondément un rocher, avec ces mots : *Il grave ses offenses dans le marbre.* Quelques médailles sont ironiques, telles que Granvelle sortant des Pays-Bas monté sur un âne, la Belgique foulée comme la vendange sous le pressoir des inquisiteurs et du roi. A mesure que la lutte s'invétère, l'ironie disparaît, le côté tragique et religieux remplit tout. *Dieu est avec nous (God met ons)*, c'est le cri du triomphe depuis 1575. Quelle influence dut exercer un moyen ainsi répété de propagande ! Où est le discours, le livre, qui eût valu de pareils signes ? Le soldat, le matelot, l'ouvrier, n'était jamais abandonné à lui-même ; il entendait partout autour de lui le cri des choses ; il voyait, il touchait la plaie et le remède. La révolution parlait incessamment à la foule par des milliers de bouches de bronze.

XV

Après une vie déjà si féconde, il restait à Marnix à composer le plus considérable de ses ouvrages, celui qui faisait dire à Bayle qu'Aldegonde avait arraché à l'Église romaine plus d'esprits que Calvin. Aucun historien, ni aucun biographe, depuis la fin du dix-huitième siècle, ne paraît avoir eu connaissance du *Tableau des différends de la religion* (1), et il n'est pas étonnant que l'Église catholique ait mis un zèle infini à faire disparaître le chef-d'œuvre de Marnix.

Comment en donner une idée? Rien de plus difficile dans le temps où nous sommes. Je ne sais par quel progrès du temps il arrive que les pages les plus vivantes de ce livre, les plus immortelles, sont précisément celles qu'il est impossible de citer aujourd'hui.

Arrivé à la fin de sa vie, qui était aussi la fin du seizième siècle, Marnix entreprend de rassembler dans une seule œuvre (2), passionnée,

(1) *Traitant de l'Église, du nom, définition, marques, chefs, propriétés, conditions, foi et doctrines d'icelle*, deux volumes; Leyde, 1599. M. Broes, dans ses trois volumes, n'en cite pas même le titre.

(2) L'édition de Leyde (1605), très rare comme toutes les

savante, railleuse, toutes les armes que cette grande époque a fourbies contre l'esprit du moyen âge. Pour cela, il puise dans toutes les colères, dans tous les ressentiments, dans toutes les indignations de la Réforme et de la Renaissance. Il veut, de cette multitude de pamphlets sanglants que la foi, la raison retrouvée, les persécutions, l'échafaud, ont accumulés, composer un immense pamphlet sacré qui ne laissera en oubli aucune des plaies de l'humanité morale au seizième siècle : œuvre de bon sens et de justice, qui sera lue par les bourgeois et par le peuple dans les courts intervalles de repos, au milieu des guerres religieuses. Il rivalisera d'ironie avec Érasme, de fiel avec Ulrich de Hutten (1), de sainte colère avec Luther, de jovialité et d'ivresse avec Rabelais. Rien ne sera trop bas, trop hideux à son gré pour le supplice qu'il veut infliger, le *cautère d'opprobre*, l'*irrision* des gen-

---

autres, contient vers la fin, en supplément, quelques pages qui manquent aux précédentes. L'éditeur donne de curieux détails sur l'état du manuscrit autographe par lesquels on peut juger du soin que mettait Marnix à limer ses ouvrages : « Ceux qui, comme moi, ont eu l'honneur de connaître et approcher familièrement, non seulement de la personne, mais aussi des études de ce personnage, ont pu remarquer la singulière curiosité qu'il avait de ne rien mettre en lumière qui ne fût bien limé et poli d'une polissure très nette et exacte. » (Advertissement au lecteur.)

(1) Un esprit aussi ferme qu'élevé vient de nous donner fort à propos la vie d'Ulrich de Hutten. — Voyez les *Études sur les Réformateurs du seizième siècle*, par M. Victor Chauffour ; 1853.

tils. Surtout il s'inspire de lui-même ; il reprend son premier ouvrage écrit en hollandais en 1569 sous le couteau du duc d'Albe, et qu'une multitude d'éditions a consacré. C'est un premier plan qu'il développe ; il y ajoute ce que lui a enseigné l'expérience de sa vie de combats, et, comme il veut que ce livre ne soit pas enfermé en Hollande, mais que les coups en soient sentis à travers toute l'Europe, il l'écrit dans sa langue maternelle, en français, tantôt s'élevant avec le sujet jusqu'au langage des prophètes, tantôt descendant avec sa passion jusqu'aux peintures les plus burlesques, mêlant au besoin le français au wallon pour populariser, répandre, rallumer les colères de l'esprit. D'autres auront attaqué la foi du moyen âge avec plus de méthode sur un point, nul avec autant de hardiesse, une risée plus franche, une indignation plus sincère et plus soutenue. Marnix embrasse tout, il ravage tout en même temps : dogmes, institutions, traditions, sacerdoce, livres, culte, légendes, coutumes. C'est ici véritablement une guerre à outrance, sans merci ni vergogne ; le sac de l'église gothique par la main du chef des gueux, au milieu du ricanement de tout un peuple. J'ajouterai, si l'on veut, que ce livre est une sorte de machine infernale à la Gianibelli, chargée de toutes sortes d'engins, de pierres sépulcrales, et placée, mèche allumée, sous le maître-autel de Saint-Pierre.

Dans sa force effrénée, souvent très fine, très deliée, Marnix a trouvé par instinct le fond comique des *Provinciales :* un personnage ridicule, que ses fourberies n'empêchent pas d'être naïf, fait devant la foule, au nom du catholicisme, l'exposition complète de la doctrine orthodoxe, et il se trouve que cette apologie est, malgré lui, la condamnation et la risée de sa propre croyance. Seulement le personnage mis ainsi en scène n'a pas le caractère discret et prudent du héros des *Provinciales;* il est bien plutôt de la famille effrontée des personnages de Rabelais. Que l'on se représente une sorte de Grangousier ou de frère Jean des Entommeures résumant au point de vue de l'Église romaine le grand combat de doctrines livré par tout le seizième siècle autour de la vieille Église : « Courage, enfants, venons aux mains, et contemplons la souplesse des bras de nos athlètes catholiques ! » Là-dessus, avec une science énorme, mais qui semble ivre de la colère de tout le siècle, il rassemble, il étale sur chaque point les objections des adversaires; il s'apprête à les foudroyer; mais, à mesure qu'il manie les armes de la raison, il en est lui-même effrayé, transpercé : « Oh ! oh ! qu'est-ce donc ? cet homme a-t-il entrepris de nous ruiner ? » Puis il se prépare de nouveau à triompher de l'adversaire, et l'immense et grotesque controverse continue, sorte d'Odyssée burlesque, à travers les sophismes, les argumentations, les plis et replis de la théologie du moyen âge aux prises avec la Renaissance. Quelquefois la mise en scène dont Pascal a tiré de si grands effets d'art est largement ébauchée :

« Pour Dieu, mon maître, puisque vous m'en faites souvenir, il faut que je vous conte une histoire sur ce propos, de ce qui se passa, un jour de la semaine en mon jeune temps, devant les dernières neiges, entre une troupe de beaux jolis huguenots, qui semblaient tous être camarades et étaient lestes et joyeux comme de jeunes cardinalins, sauf qu'ils ne portaient pas la livrée ; et comme par aventure je me trouvai avec eux, croyez que je mordis bien ma langue, et fis belle pénitence d'être contraint de voir rire ainsi les ennemis de notre sainte mère Église.

« Or il y avait un entre eux un peu plus grand de stature que les autres ; je pense qu'il devait être ministre... Et notez qu'il avait sur un pupitre devant lui le premier tome des *Controverses* de Robert Bellarmin, ouvert au quatrième chapitre du quatrième livre. S'étant donc, ce beau prêcheur, mis sur ses ergots, comme une chèvre qui broute une vigne rampante sur muraille, et ayant

achevé de lire tout le susdit chapitre : « Messieurs,
« dit-il, que vous en semble ? »

« Et avec cela il acheva son propos, et croyez qu'il n'y eut en toute cette compagnie un seul qui engendrât mélancolie, étant tous bien aises et joyeux comme de petits papes. Tout au contraire, de mon côté, je me trouvais camus et honteux comme un fondeur de cloches, et me souhaitais cent lieues arrière de là ; car il me semblait avis que j'étais là comme un âne jouant des oreilles au milieu d'une joyeuse brigade de guenons, et, qui pis est, jamais le cœur ne me donna la hardiesse d'ouvrir la bouche pour le contredire un seul mot, ni plus ni moins que si j'eusse été un malfaiteur oyant prononcer ma sentence de mort. »

La conclusion de ce combat de paroles, c'est toujours d'augmenter la confusion du champion de l'Église gothique ; mais que lui importe ? Une chose surtout est observée avec originalité dans ce personnage. Il se sent vaincu ; sa raison est à bout ; son orgueil ne diminue en rien pour cela ; plus il est hué, plus il triomphe. Cette infatuation d'une tête de pierre est peinte avec une grande vigueur : « Pour dire vrai, cela nous fait penser à nos consciences, quand nous nous trouvons si rudement assaillis par tant et de si divers témoignages de l'Écriture, laquelle, comme un glaive tranchant à deux côtés, coupe la gorge à notre digne et vénérable prêtrise. Mais que voulez-vous? Il ne faut pas perdre courage au besoin, mais il faut trouver quelque bouclier pour mettre au-devant et garantir la marmite, à quelque prix que ce soit. »

L'historien de Thou disait à propos de cet ouvrage : *M. de Sainte-Aldegonde a mis la religion en rabelaiserie,* et l'on ne peut nier que cela ne soit vrai à l'égard du papisme. Chaque page, pleine d'une verve monstrueuse, donne l'idée d'une procession orgiaque à travers les mystères. Voyez la marche sacrée du *Silène* de Rubens au milieu des faunes et des satyres à jambes tortes, vous aurez pour la hardiesse et le coloris une idée de l'ouvrage de son compatriote le bourgmestre d'Anvers.

Mon étonnement fut grand, lorsque pour la première fois tomba entre mes mains un des rares exemplaires de ce livre, échappé, je ne sais comment, au bûcher. J'étais surpris que l'auteur d'un ouvrage où la langue française a servi à livrer de si terribles assauts fût entièrement inconnu dans mon pays. Une si impitoyable ardeur à déchirer de haut en bas le voile de l'Église, c'est ce que je n'avais jamais vu. Il me sembla un moment que Voltaire même était craintif et repentant auprès de ce hardi ravageur qui secoue avec tant de fureur les colonnes du temple. Je découvris bientôt que ce qui autorisait Aldegonde à tout oser et à combattre sans masque, c'est qu'il avait gardé une foi profonde à travers les ruines ; il extirpait en conscience jusqu'à la dernière relique du moyen âge, sans s'inquiéter si son ironie corrosive ne brûlait pas jusqu'à la racine de l'arbre d'Eden, et par là je m'expliquai clairement, pour la première fois, comment, chez les anciens, des hommes tels qu'Aristophane ont pu conspuer les dieux sans cesser de croire à leur divinité. Marnix a souvent des traits de la fantaisie d'Aristophane ; mais telle est la sûreté de sa foi, qu'au milieu de son ironie de bacchante il ne craint jamais que les cieux des réformés en soient éclaboussés. Pour nous, à la distance où nous sommes, nous ne marquons plus assez bien ces limites. Quand nous voyons la moquerie déchaînée à travers l'infini, nous ne savons plus exactement où commence, où finit son empire légitime.

Voulez-vous avoir l'impression vraie de ce livre ? Une église, celle du moyen âge, s'élève dans les ténèbres ; vous en passez le seuil. Un ricanement aristophanesque, rabelaisien, sort des catacombes ; il est répété d'échos en échos par les murailles ; il s'élève jusqu'au faîte. Chaque figure sur les chapiteaux, en haut, en bas, dans les moindres recoins, gonfle ses joues dans un rire éternel. Des agencements de mots monstrueux frappent vos oreilles, comme si les goules et les salamandres, rampant autour des chapiteaux, vous expliquaient leurs mystères barbares ; au milieu de ces bruits moqueurs, l'Église s'abîme dans un lac de boue ; les lutins et les esprits follets sifflent sur les ruines. L'esprit même qui a soufflé sur elles a disparu ; il ne reste qu'un vieux livre poudreux à demi consumé par le temps, avec cette épigraphe : *Repos ailleurs!*

Comment des paroles jaillissant d'un esprit si ému, si sincère, tant de flamme, de religieuse colère, une haine si éternelle, un dédain si profond, un écho si populaire, une risée si implacable, un coloris souvent si magnifique, un cri si puissant, tant de vie, tant d'impétuosité, un appel si véhément à la vérité, à la liberté d'esprit, à l'affranchissement de l'intelligence, à la lumière après les ténèbres, comment tout cela peut-il aujourd'hui être enfoui dans ces pages sous une si épaisse poussière? A peine si je puis découvrir les mots sous l'empreinte jaunie de deux siècles et demi. Quoi qu'il arrive de ce livre, soit qu'il retombe dans son obscurité après le bruit qu'il a fait, soit que les passions de nos jours aillent le chercher sous la poussière pour s'en repaître encore, il n'en est point où l'on sente, où l'on entende mieux le choc des esprits sous la cuirasse, à travers les guerres religieuses. Le seizième siècle est là, non dans sa beauté, mais dans sa nudité, dans ce qui faisait sa passion et sa vie. Chez les historiens, vous n'entendez que le cliquetis des épées pendant une guerre de quatre-vingts années ; ici, ce sont les cris, les grincements de dents, les défis, les apologies, les malédictions de deux religions dans la mêlée.

Je m'étais toujours demandé comment il se pouvait que la langue française n'eût produit au seizième siècle aucun de ces ouvrages hardis qui chez les autres peuples marquent les représailles de la Renaissance contre la foi du moyen âge. Fallait-il arriver jusqu'à Voltaire, pour trouver chez nous la guerre ouverte ? Le protestantisme et la philosophie avaient-ils cédé le terrain après la Saint-Barthélemy sans pousser un cri ? Notre *Satire Ménippée*, si ingénieuse, si charmante, n'était pourtant au fond qu'une satire très circonspecte, très orthodoxe des excès politiques de la Ligue. Rabelais lui-même restait catholique. Soit prudence, soit indifférence épicurienne, il n'avait jamais poussé la guerre à outrance jusque dans le dogme ; d'ailleurs ses personnages gardaient toujours leurs masques gigantesques. Chacun voyait ce qu'il voulait sous ce déguisement : philosophie peut-être très hardie, assurément très commode. Quoi donc ! l'esprit français aurait-il gardé pendant tout ce grand siècle une réserve si prudente en face des échafauds! La langue française ne répondra-t-elle que par des épigrammes à la Saint-Barthélemy? Non. Le *Tableau des différends de la religion*, publié à la Rochelle aussitôt qu'à Leyde, remplit ce vide; il est pour nous ce que sont pour les Allemands les *Triades* d'Ulrich de Hutten, pour les Hollandais la *Folie* d'Érasme. L'ouvrage de Marnix ne parut qu'après sa mort, dédié par sa veuve à l'université et aux états (1). Le retentissement n'en fut que plus grand. Nos Français de la Rochelle firent écho aux acclamations parties de Leyde:

> Ce grand Marnix est mort...
> Ici gisent les os du grand Sainte-Aldegonde ;
> Son esprit est au ciel, son lot par tout le monde (2).

Il y a dans le *Tableau des différends de la religion* toute sorte de styles, de langues et d'esprits différents. L'originalité la plus frappante est de voir les deux extrêmes du seizième siècle s'unir : ce qu'il y a de plus élevé dans l'idée, ce qu'il y a de plus orgiaque dans la forme. Calvin et Rabelais, le puritanisme et le pantagruélisme ; à travers tout cela, un esprit très fin, très lumineux, quelquefois l'espièglerie, la malice d'un fabliau, et tout à coup une austère doctrine qui surgit du fond de

---

(1) La traduction en hollandais du *Tableau des différends de la religion* parut en 1601, deux ans après l'original, et fut dédiée aux états généraux et au prince Maurice de Nassau.

(2) *Chant funèbre sur le trépas de Philippe de Marnix;* la Rochelle, 1605.

ces *ténèbres marmiteuses*. En comparant au vocabulaire de Rabelais celui de Marnix, on voit combien là aussi il est créateur, combien il ajoute de mots heureux, pittoresques, à l'idiome de Gargantua ; on pourrait former un glossaire de Marnix, et ce ne serait pas un ouvrage d'une médiocre étendue. J'y ai trouvé jusqu'à des mots du patois de ma province que je n'avais plus rencontrés nulle part, souvenir de la longue union de la Bresse et de la Savoie.

Dès le commencement, Marnix rencontre l'objection que Pascal rencontrera près d'un siècle après lui. Voici comment il répond dans une préface qui, pour la véhémence, ne reste peut-être pas très loin des *Provinciales*. On trouve déjà chez lui cette phrase vibrante qui se balance comme une fronde avant de jeter la pierre au but :

« Tu me diras (1) qu'il n'est pas convenable de railler en choses graves qui concernent l'honneur de la majesté du Dieu vivant et le salut des âmes chrétiennes. Je le confesse : aussi ne sera-t-il pas question de rire quand nous rechercherons la vérité ; mais, si par aventure nous trouvons que ceux que l'on a déjà réfutés et rembarrés un million de fois ne font que piper de nouveau les âmes

(1) *Tableau des différends de la religion*, t. I, p. 8.

chrétiennes, n'êtes-vous pas d'avis de découvri
leur vergogne à la vue de tout le monde, puisque
leur obstination et impudence effrontée n'admet
aucun remède?

« N'est-ce pas ici le cautère que ce grand prophète
Élie appliqua jadis à la gangrène des prêtres de
Baal par laquelle ils allaient infectant tout le
peuple d'Israël? Ne voit-on pas qu'après leur
avoir proposé la majesté de l'unique Dieu vivant,
il expose les profanes contempteurs de Dieu et
les marchands de conscience en opprobre et
risée à tout le monde? Il étale leur infamie sur
le théâtre de toute la postérité, disant à propos des
hurlements qu'ils faisaient en l'invocation de leurs
Baals et faux patrons : « Criez! criez! Vos dieux
« sont-ils encore endormis, ou par aventure sont-ils
« allés en quelque lointain voyage? »

« Saint Paul même, voyant l'effrontée audace
du sacrificateur qui tenait la place de Dieu, et cependant faisait profession de fouler toute justice et
vérité sous les pieds, ne le flétrit-il pas d'une
marque d'ignominie avec un sarcasme amer, lui
disant qu'*il ne savait pas qu'il était sacrificateur?*
Et de quelle façon accoutre-t-il, je vous prie, ces
faux apôtres qui, sous ombre de sainteté, faisaient
marchandise des âmes chrétiennes, usant de plusieurs ironies et risées ? Et même en celle aux
Philippiens, il les nomme chiens. Et les anciens

pères ont du commencement écrit furieusement
contre les païens et contre les hérétiques ; mais,
après avoir reconnu que toutes les exhortations
et répréhensions étaient sans fruit, ne publièrent-
ils pas des livres contre eux pleins de moqueries
et sarcasmes, par où ils mettaient leurs abomina-
tions en opprobre et diffame? J'en appelle à témoin
les livres de Clément, de Tertullien, de Théodoret,
de Lactance, et même de saint Augustin, qui en
sont remplis et montrent que là où il n'y a point
d'espoir de remédier au mal et que l'on voit qu'il
gangrénerait le reste du corps, il y faut appliquer
le cautère d'opprobre, pour leur faire honte de
leur impudence ou pour en dégoûter les autres qui
se laissent abuser ; voilà pourquoi aussi le philosophe chrétien Herman a écrit un livre qu'il a intitulé l'*Irrision des Gentils*. Suivant donc ces
exemples, je suis d'avis que, traitant les sacrés
mystères de la vérité de Dieu avec toute révérence
et humilité, nous ne laissions cependant de découvrir la honte et l'opprobre des sottes cavilla-
tions des hérétiques et profanes avec un style
digne de leur impiété, puisque, se couvrant du masque de religion contre leur propre conscience, ils
abusent de la parole de Dieu pour gagner crédit
et réputation entre les hommes et faire marchandise des âmes rachetées au prix du sang du Fils de
Dieu ; car puisque, ayant été si souvent convaincus

ils retournent toujours à leurs redites, qui sont sans grâce et sans sel, que saurions-nous faire autre chose que de leur arracher le masque dont ils se couvrent pour les faire paraître tels qu'ils sont à la vérité ? Cependant je prie tous ceux qui craignent Dieu et cherchent la vérité en bonne conscience qu'ils ne se scandalisent de cela, puisque ce n'est que pour mettre mieux la vérité en évidence et rembarrer l'audace de ceux qui font profession de la tenir cachée. »

Je ne sais si dans la *Satire Ménippée* éclate nulle part un coloris plus vif que dans le passage suivant ; il s'agit de la France et de l'Espagne au seizième siècle :

« ... Ce roi-là est mort, et notre fleur de lis a depuis naguère reçu une terrible atteinte des griffes papagalliques, elle faillit bien d'être foulée et flétrie tout à coup, sans jamais s'en pouvoir relever... Ils pensaient du tout atterrer la couronne de France. Vrai est qu'à la fin on en est encore venu à bout ; mais ça a été en y laissant des traces d'une effroyable puissance de la fraude vaticane, qui présentement semble donner plus de terreur panique au magnanime cœur de la France que jamais elle ait fait au moindre et plus vil recoin de toute l'Italie. Je sais bien que la main de Dieu n'est pas raccourcie; mais que voulez-vous? Croyez-moi, mon ami, ces mules papales sont mauvaises bêtes; elles ont du foin en corne et ruent comme chevaux échappés. Je suis d'avis que nous allions baiser le babouin et nous prosterner à la dive pantoufle; peut-être nous donnera-t-il quelque lopin d'une bénédiction égarée, et nous serons encore les meilleurs enfants, car certes notre *pragmatique sanction*, la bonne vieille demoiselle avec son large tissu de satin vert et ses grosses patenôtres de jais, ne nous peut garantir dorénavant. Elle n'a pas une dent à la bouche, et la chaleur naturelle commence à lui manquer; même sa bonne commère, la liberté de l'Église gallicane, est longtemps passée à l'autre monde; on lui chante déjà force *De profundis* et messes de *Requiem*. Ne nous vaut-il pas mieux servir le Catalan et humer l'ombre des doublons d'Espagne que d'avoir un roi huguenot? Je m'en rapporte à la sainte Ligue, qui en a reçu des nouvelles toutes fraîches.

« Venons à l'Espagne, qui se piaffe du roi catholique et veut donner loi même au saint-père et lui ménager ses bulles et bénédictions comme étant le seul soutien et le bâton de vieillesse de sainte mère Église, l'arc-boutant de la sainte foi catalanique, apostolique et romaine.

« Mais encore, *por vida suya, sennor fanfaron!* depuis quand est-elle montée si haut? depuis quand s'est-elle émancipée du joug? J'ai bien vu ses fanfaronnades lorsque le vent lui donnait en poupe et que le bon san Jago roidissait les cordages de la sainte inquisition. Aussi suis-je bien averti que c'est sur son enclume loyolatique que la dernière ancre sacrée du navire se forgea; mais pour cela ne croyez jamais que le saint-père veuille être chapelain du roi catholique : aussi n'y aurait-il pas de raison, n'en déplaise à M. l'ambassadeur d'Espagne.

« Que vous semble? L'Espagne a-t-elle plus de privilèges que les autres? Faut-il pas qu'elle se laisse manier à courbettes aussi bien que la France? Je ne dis pas qu'elle ne puisse être réservée jusqu'au dernier mets, comme Ulysse au banquet de Polyphème ; mais croyez qu'elle aura quelque jour une atteinte des dents cyclopiques du grand Polyphème Lance-Foudre, car il entend qu'elle lui appartient comme son premier et principal partage.

« S'ils pensent faire bouclier de leurs Indes orientales et occidentales qui leur fournissent lingots d'or, ils doivent se souvenir que cela même leur est venu de la libéralité du saint-père.

« Quant au royaume d'Angleterre, il n'y a point d'acquêt pour nous : ils ont secoué le joug et se sont armés de foudres capitolines. Ne t'ébahis donc pas si ces béats pères sont acharnés contre la reine d'Angleterre, qui les empêche de jouir de leurs délices. Ils ont finalement vendu son royaume au dernier enchérisseur, lequel, pour faire boire de l'eau salée à tous ces braves don Diègues et Rodrigues d'Espagne qui avaient entrepris de se rendre chevaliers de la Table-Ronde en la Grande-Bretagne, dressa cette formidable armée sur laquelle le Seigneur souffla du ciel. »

Ces citations ont été choisies parmi les moins significatives. Quant à celles qui marqueraient le mieux le génie de l'écrivain, il m'est impossible de les produire. Ce sont des armes que les hommes de nos jours ne peuvent plus porter. Je signalerai seulement le long morceau sur l'institution de la messe. « Il ramassa, dit Homère, et jeta une pierre que trois et quatre hommes tels qu'ils sont aujourd'hui seraient incapables de soulever. »

Ce livre marque mieux qu'aucun autre le chemin fait par la réforme en moins d'un siècle. Qu'il y a loin de là aux premières incertitudes de Luther, à ses violents assauts mêlés de retours subits et de repentirs! Que le ton a changé en Hollande depuis Érasme, et que celui-ci me semble glacé à côté des torches ardentes de Marnix! Sa moquerie donne à la victoire un caractère irrévocable. Il ose tout parce qu'il a la double audace de l'esprit et du caractère, et que de plus il parle, il raille, il provoque au nom d'une foi nouvelle. Là est le caractère qui marque son vrai rang dans l'histoire de la langue et des lettres françaises du seizième siècle. Nos plus hardis écrivains, Montaigne, Rabelais, sont arrivés à l'indifférence, sinon au mépris de toute espèce de religion, ce qui ne les empêche pas de conclure au profit de celle du moyen âge. Quand le sage Charron a étalé son dédain, son aversion pour tous les cultes (1), il se ravise dignement, comme devait le faire un chanoine de Notre-Dame. L'auteur de l'*Ile sonnante* dit la messe à Meudon; Voltaire communiera à Ferney par-devant notaire. Cette diplomatie, ces arrière-pensées portées dans la philosophie religieuse peuvent produire de fort beaux livres, une littérature brillante, difficilement des mœurs sûres et des institutions solides. Nous avons affiché un si grand dédain pour la réforme du seizième siècle, que nous nous sommes fait une loi d'en ignorer l'histoire. Avouons modestement que cette révolution religieuse était la forme de la liberté au sortir du moyen âge, et reconnaissons que ceux qui n'ont pu conquérir cette liberté ont été jusqu'à ce jour impuissants à en établir une autre.

Ce qui ajoute à l'ouvrage de Marnix une force

---

(1) *De la Sagesse*, liv. II, c. v.

extraordinaire, c'est le parfait accord de sa vie et de ses paroles, de sa croyance et de ses conclusions. Son inspiration est celle des gueux, briseurs d'images; son ironie, c'est la colère de la Bible retrouvée par la renaissance; tempête de l'esprit qui disperse aux quatre vents tout ce que Luther, Zwingle, Calvin, ont pu laisser subsister par hasard de l'ancien édifice. Si l'on pouvait se représenter la moquerie d'un Voltaire plein de foi, on ne serait pas loin de Marnix. Il faudrait y joindre le pittoresque de Rabelais sur le fond sérieux d'une ébauche de Pascal; la manière abondante, le génie plantureux des Flandres, accompagnés des éclats de malédictions qui partent d'une âme éprouvée par quarante ans de combats en pleine mêlée. Il me semble que lorsqu'on n'a pas lu Marnix de Sainte-Aldegonde, on ne sait pas tout ce que renferme encore de flammes et d'ironie vengeresse la langue française. On trouve dans la même page un croyant, un profane, un homme d'État, un grand artiste; il restait à voir ces oppositions d'humeur, dont aucun de nos écrivains ne donne peut-être une juste idée, je veux dire le mélange de l'enthousiasme religieux et de la moquerie burlesque, David et Isaïe donnant la main à Téniers et à Callot.

Jusqu'ici on avait contesté à l'esprit français la faculté de réunir ces hardis contrastes dans une même œuvre : les Italiens citaient Pulci, les Espagnols Quevedo, les Anglais Butler, les Allemands Ulrich de Hutten. Nous pouvons leur opposer Aldegonde; il est de leur famille. Un Gargantua religieux, enthousiaste, sublime de foi et d'espérance, qui s'y serait attendu? Marnix complète ainsi le domaine de la langue française; elle nous gardait des trésors cachés pour les temps de disette.

A un autre point de vue, Marnix ôte au protestantisme son apprêt et sa roideur. Il a su concilier avec le tour d'esprit le plus populaire l'élévation continue de la doctrine. Vif, aventureux dans son style de cape et d'épée, osant tout, bravant tout, il répand sur le dogme une joie, une bonne humeur, une hilarité inépuisable. On ne peut guère le lire sans penser aux chaudes représentations de la Bible par les peintres hollandais; à travers les tavernes fumeuses, j'aperçois dans le lointain, sur un ardent sommet, le Golgotha de Rembrandt.

Ce livre, véritable catapulte, le plus grand, le plus sanglant, le plus robuste des pamphlets que la langue française ait produits, parut en 1599. Ce fut le dernier mot du seizième siècle : l'ironie en plein triomphe, non plus réservée et craintive comme dans Érasme, non pas amère et douloureuse comme dans Ulrich de Hutten, mais pleine, surabondante, rassasiée de butin, festoyant la victoire, enivrée de l'avenir. Le cadavre du passé est traîné sept fois au milieu d'un rire inextinguible autour de la vieille Ilion du moyen âge.

XVI

L'ouvrier de la Bible, armé du glaive et de la truelle, c'est Marnix. Jamais il n'a ébranlé l'Église du passé qu'il n'ait en même temps édifié la foi nouvelle. Les états généraux de Hollande se souviennent de Marnix quand il faut donner une base à l'Église nationale; ils le chargent officiellement par une loi de faire la traduction complète de la Bible en langue néerlandaise. Marnix quitte sa solitude de Zélande pour l'université de Leyde, qu'il a fondée ; là, entre Joseph Scaliger et Juste-Lipse, il entreprend vers la fin de ses jours, accablé d'infirmités précoces, mais toujours serein et infatigable, le labeur que Luther a réservé à ses années de jeunesse et de force. La langue sacrée de la Hollande était née en quelque sorte des psaumes et des cantiques d'Aldegonde. On en critiquait çà et là les rimes frustes, les nombres imparfaits; lui, si Français de cœur et de langue, excluait systématiquement du hollandais tous les termes empruntés à la France. Cette réforme si féconde avait étonné; mais si c'étaient là les reproches qu'on lui adressait, la simplicité, l'énergie native, l'accent antique, la majesté qu'il savait trouver dans l'idiome jusque-là indomptable des Bataves, étaient admirés sans restriction. Que serait-ce du monument complet de l'Ancien et du Nouveau Testament, quand le même homme qui combattait depuis un demi-siècle pour ce livre l'aurait reproduit jusqu'à la dernière ligne ? Cette gloire fut refusée à Marnix. Le vieux lutteur tomba épuisé sur la Bible comme il achevait les derniers versets de la Genèse.

Sa fin fut attristée par la nécessité de se défendre. Marnix n'eût pas été de son temps, s'il n'eût eu comme tous les autres son heure d'intolérance. Il avait étendu la liberté aux luthériens, aux calvinistes, aux puritains, même aux anabaptistes, qui partout ailleurs épouvantaient le seizième siècle et le faisaient reculer : mais lorsque surgirent les mennonites et les *enthousiastes* (1), l'auteur du *Tableau des différends de la religion* eut comme une vision anticipée du débordement des sectes dans les États-Unis d'Amérique. Cet avenir lui sembla le chaos ; il en eut peur et voulut fermer violemment la porte aux derniers venus de la réforme ; tant il est difficile que l'homme doué de l'esprit le plus intrépide n'ait pas son moment de stupeur, quand il voit face à face l'avenir que lui-même a évoqué. L'intolérance inattendue d'Alde-

(1) Qu'étaient ces *enthousiastes* ou *zélateurs spirituels*, et qu'est devenu l'ouvrage qu'Aldegonde publia contre eux ?

12.

gonde ne pouvait manquer de lui être reprochée. Pour mieux envenimer la querelle, on réveilla les anciennes calomnies sur la défense d'Anvers, sachant bien que c'était la plaie toujours vive. Aldegonde répondit (1) avec véhémence ; il revint encore une fois douloureusement sur les opérations du siège et adressa aux états ce testament de pieuse colère qu'il termine par un appel suprême à la justice d'en haut. Ce fut sa dernière œuvre.

Il mourut à Leyde le 15 décembre 1598, âgé d'un peu plus de soixante ans ; son corps fut porté à West-Soubourg. Il y avait trois mois à peine que Philippe II était dans son tombeau à l'Escurial.

Où est la *statue de Marnix ?* demandait, il y a une vingtaine d'années, un des écrivains (2) de Hollande les plus estimés. Elle devrait être en face de celle de Guillaume le Taciturne. Pour moi, je demande : Où sont les ouvrages de Marnix ? où sont un si grand nombre de ses écrits,

---

(1) Réponse apologétique de Philippe de Marnix à un libelle publié en son absence, sans nom de l'auteur ou de l'imprimeur, par un certain libertin s'attitrant gentilhomme allemand, et nommant son dit libelle : *Antidote ou Contre-poison.* Écrite et dédiée à messieurs des états généraux des Provinces-Unies des Pays-Bas. A Leyde, chez Jehan Paedts, 1598. — Je n'ai eu sous les yeux que la traduction hollandaise de l'original français. Les biographes confondent à tort la *Réponse apologétique,* qui est de 1598, avec le *Commentaire sur le siège d'Anvers,* publié en 1585, ainsi qu'on l'a vu, c'est-à-dire treize ans auparavant.

qu'il m'a été impossible de découvrir dans son propre pays (1), et qui peut-être n'existent plus nulle part? Où est son ouvrage de l'*Institution du Prince*, qui contenait sa politique? Où est son *Commentaire sur le siège d'Anvers*, morceau si capital pour l'histoire, et que les derniers historiens de la ville d'Anvers déclarent perdu? où sont les ouvrages que lui attribuait Juste-Lipse, *Du Salut de la République* (2), *Avertissement aux Rois et aux peuples* (3)? Les uns sont irréparablement détruits ; les autres, réduits à quelques exemplaires presque introuvables, disparaîtront bientôt.

Pour recomposer cette figure, j'ai été obligé de rassembler çà et là à grand'peine des fragments épars, mutilés ou inédits ; encore n'ai-je pu découvrir presque aucun détail intime et domestique sur Marnix, et c'est là mon excuse pour ce qui manque à cette vie. Tout ce que l'on sait par la tradition, c'est qu'il a été marié trois fois ; que sa première femme s'appelait Philippe de Bailleul, la seconde Catherine de Eeckeren, la troisième Jo-

---

(1) *De Institutione principis*, ouvrage posthume ; 1615. — *De Cœnâ Domini, ad Galliarum Regis sororem Lotharingiæ duci nuptam ;* 1590. — *Contra Libertinos ;* 1598. — *Via veritatis ;* 1620. — *Examen Rationum quibus Rob. Bellarminus pontificatum Romanum adstruere nititur ;* 1603.

(2) *Commentatio ad Serenissimos Reges, principes, de Republicâ et incolumitate servandâ ;* 1583.

(3) *Admonitio ad orbis terræ principes qui se suosque salvos volunt ;* 1587.

sina de Lannoy. Il eut de ces mariages quatre enfants : un fils, Jacob, tué dès sa première campagne ; trois filles, Marie, Amélie et Élisabeth, qui se fixèrent en Hollande, où elles épousèrent, l'une un des Barneveldt, les autres deux des principaux citoyens de la république.

Avant que la perte des écrits d'Aldegonde ne soit consommée et irréparable, une entreprise digne de la nation hollandaise serait de réunir et de publier ces œuvres, qui renferment pour ainsi dire sa raison d'être. Si l'esprit des Nassau vit encore quelque part, laissera-t-il périr tout entier l'ami, le champion, le défenseur, l'*alter ego* de Guillaume ? Qui a contribué plus que Marnix, après Guillaume, à fonder la nationalité, à conquérir la liberté religieuse et civile, à établir l'Église nouvelle, sur laquelle tout repose ? Les œuvres de Marnix sont les titres de la nation hollandaise. Ces ouvrages auraient un intérêt sinon égal, au moins très grand pour ses compatriotes, les Belges, dont il a le premier et le dernier, par la plume et par l'épée, défendu l'indépendance durant quarante années sans pouvoir la sauver. Quant à nous, serions-nous devenus si indifférents à tout ce qui regarde la dignité humaine, que nous ne prêtions aucune attention à des monuments inconnus pour nous, pleins de l'esprit français, qui deux siècles avant notre révolution, renferment une artie de son génie? A défaut de tout instinct moral, la vanité nationale nous obligerait, ce semble, de paraître nous intéresser à ce complément inattendu de notre littérature et de notre langue. Nous voudrions voir comment notre idiome a régi la grande tempête batave, et nous serions pour le moins curieux de savoir ce qu'est devenu notre Rabelais chez un Pascal wallon.

Une édition de Marnix conçue dans ce plan devrait comprendre : 1° ses ouvrages de théologie, controverses, catéchismes, traduction en prose et en vers de la Bible ; 2° ses mémoires et ses lettres politiques : il serait facile d'en composer un recueil semblable à ce qu'on appelle les *Mémoires* de notre Duplessis-Mornay ; 3° ses pamphlets, consolations, avertissements, apologies ; 4° la *Ruche romaine* en français et en flamand : il faudrait y joindre ses chansons populaires, qui, selon Bayle, furent aussi utiles à la république que de gros livres ; 5° le *Tableau des différends de la religion*. J'ai moi-même préparé une édition de ce dernier ouvrage, sans contredit le plus important de tous.

XVII

Marnix et Guillaume, c'était l'union intime des états et du prince, de la liberté et de l'autorité. Eux morts, qu'arrive-t-il?

On voit en Hollande une chose bien extraordinaire, et qui, je pense, ne s'est rencontrée que là : les masses du peuple, prises d'une superstition obstinée pour un nom, pousser pendant deux siècles tous ceux qui portent ce nom à usurper; ceux-ci dirigeant tout vers ce but et néanmoins incapables de l'atteindre; la conjuration ouverte du peuple et du prince pour fonder le despotisme politique; cette conjuration ajournée, déjouée, enfin vaincue par une certaine force intérieure plus puissante et surtout plus sage que le peuple et le prince. Quelle était cette force?

Maurice, successeur de Guillaume, ne fit aucune difficulté de laisser égorger juridiquement le vieux Barneveldt, qu'il tenait pour l'homme le plus respectable de la république. Guillaume III souffrit que le peuple mangeât le cœur des deux plus vertueux citoyens de son temps, les de Witt. Avec de si excellentes dispositions à devenir souverains absolus, comment les Nassau ne purent-ils y parvenir (1)?

Ce n'est pas que la nature humaine eût changé en Hollande en quelques années, elle tendait au contraire sans cesse à ramener l'ancienne servitude accoutumée. Les masses du peuple, selon l'ordinaire, poussèrent la reconnaissance aussi loin que l'ingratitude, et c'était une double cause d'asservissement ; mais un obstacle invincible était là qui s'opposait, en dépit des hommes, au retour vers le passé. En abolissant l'ancienne religion, la nation avait brûlé ses vaisseaux. Rien ne put la ramener même pour un instant à son point de départ.

S'il n'eût dépendu que de la multitude, la république n'eût pas vécu un seul jour ; mais (exemple unique peut-être !) il se trouva que, par la seule force d'une révolution religieuse, un peuple fut contraint de demeurer libre malgré lui. La petite bourgeoisie et la foule ne cessèrent un moment de demander la souveraineté pour quiconque portait le nom de Guillaume. Les paysans, les ouvriers, les marchands, impuissants à maîtriser l'aristocratie des états, ou ignorant encore ce que c'était que la liberté, cherchaient leur sûreté dans la puissance d'un seul et s'abritaient dans l'ombre du Taciturne. Vous les eussiez crus dévorés d'une soif de domes-

---

(1) Voyez les *Mémoires* d'Auberi du Maurier, p. 218, 219.

ticité. Ce n'était que le désir de jouir enfin de l'égalité dans l'abaissement de tous. Au moindre péril du dedans et du dehors, la nation presque entière courait disparaître dans la maison des Nassau. De leur côté, ceux-ci s'offrirent ou tentèrent de s'imposer sans relâche. Tour à tour humbles et menaçants, ils se glissèrent vers le trône à travers toutes les dignités républicaines. Et malgré cela, ni le prince ni le peuple n'osèrent jamais attenter par la violence sur la souveraineté et la liberté des états. C'est que ceux-ci étaient les témoins vivants de la révolution religieuse. Ils représentaient le principe d'examen sacré pour tous. La haine même furieuse vint battre le seuil, elle se prit aux individus, et mit en pièces les meilleurs; mais une certaine crainte, mêlée de pieux respect, ne permit pas que l'on mît jamais la main sur les états. La religion nouvelle veillait à la porte. Pour violer l'assemblée des états, il aurait fallu fouler aux pieds la Bible de Marnix. Je pense aussi que Guillaume Ier, par son exemple, retint ses descendants.

Il y avait dans la foi nouvelle des Hollandais trois principes qui ont engendré leur histoire : premièrement l'horreur de l'Église romaine, par où ils se sont affranchis de l'Espagne et ont constitué leur nationalité ; — secondement, la doctrine calviniste des élus de la grâce, fondement de l'oligarchie des états, qui provoqua la jalouse inimitié des masses. — C'est là ce qui mit si souvent hors de lui le peuple le plus froid et le plus patient de la terre ; il était dévoré d'envie et de haine contre une aristocratie bourgeoise dans laquelle il désespérait d'entrer. Moins elle était élevée par ses origines, plus elle était blessante. Le grand mal qui en résulta, ce fut une république où la liberté était impopulaire, et où chacun croyait gagner tout ce qu'il donnait à l'arbitraire d'un seul. — Il y avait enfin le principe d'examen, duquel naissait le principe républicain du contrat social ; c'est par là que fut sauvée la souveraineté nationale, qui jamais, malgré tout, ne put être absorbée dans le prince (1).

Il faut avouer, d'autre part, que les états firent preuve d'un grand sens dans leur lutte avec la superstition populaire pour le nom de Guillaume. Que de fois ils ont arraché l'arbre à propos pour l'empêcher de s'enraciner, tantôt laissant tomber en désuétude la première dignité de la république, le stathoudérat, tantôt, quand ils y sont forcés, le relevant à demi, sans autre attribution réelle que le nom, puis tout à coup l'anéantissant pour un quart de siècle! C'est ainsi qu'ils prouvèrent, par le mouvement même, que la république pouvait marcher sans lisières. Après avoir été privé de la

(1) « Ces cœurs rogues et altiers n'étaient pas disposés à devenir ses esclaves. » (Auberi du Maurier, p. 245.)

domination des Nassau, le peuple redemanda le joug avec fureur : il fallut céder ; mais la liberté avait déjà plus d'un siècle de durée, un nom ne put l'étouffer, et voici la loi singulière qui en résulta : d'usurpation en usurpation, le stathoudérat se rapproche chaque jour de l'ancienne royauté, sans jamais pouvoir y atteindre. C'est en politique ce que sont en géométrie les asymptotes de l'hyperbole.

Les états montrèrent le même sens dans les choses religieuses. Souverains modérateurs entre les sectes, ils tinrent le catholicisme dans la dépendance et presque dans l'opprobre (1) tant qu'il fut à redouter ; ils lui rendirent avec éclat une demi-liberté dès qu'ils le jugèrent impuissant.

Quoique la population grandît démesurément avec la liberté, la question économique se résolut d'elle-même dans la république de Hollande. On vit là sur une petite échelle ce que l'on voit aujourd'hui aux États-Unis : des bourgs devenir de grandes villes en quelques années, un empire croître à vue d'œil, tous les réfugiés des vieux États grossir la république nouvelle, et la propriété publique ou privée s'augmenter et s'étendre avec la population même. Le champ commu-

---

(1) C'est l'éloge que leur donne Grotius. Voyez *Pietas Ordinum Hollandiæ*, p. 4.

nal, c'était l'océan, la mer libre, *mare liberum*.

Un jour pourtant, cette puissance nouvelle, qui affranchissait l'Océan, qui refoulait l'Espagne, imposait la paix à Louis XIV, et qui devait donner l'hospitalité à tout le dix-huitième siècle, fut prise d'une grande terreur. On venait d'apprendre qu'un petit ver (1) imperceptible s'était mis à ronger les pilotis des digues sur le bord de la mer. Les Provinces-Unies se crurent perdues; des prières publiques furent ordonnées dans toutes les églises. Il s'en fallut peu que cette nation victorieuse de l'Espagne, de la France et de l'Angleterre, ne disparût devant ce vermisseau qui, sans se déconcerter, s'avançait toujours en rongeant la barrière de l'Océan. A la fin, le génie de l'homme triompha de cet éphémère et le força de reculer. L'empire qui avait failli un moment disparaître devant lui reprit orgueilleusement, depuis la Baltique jusqu'à l'extrémité des Indes, le cours de ses prospérités.

(1) On l'appelait *ver de mer* ou *ver à pilotis*, 1732. Voyez *Histoire de la Hollande et des Provinces-Unies*, par Kerroux, t. IV, p. 1159.

XVIII

La même révolution religieuse qui a créé une Hollande politique a créé l'art hollandais, en sorte que l'on a ici le spectacle d'une nation qui, née d'une parole comme le chêne du gland, s'épanouit dans une unité vivante, où la religion, la politique, l'industrie, l'art, ne sont que les formes diverses d'une même pensée.

Depuis la réforme, les scènes de la Bible n'apparaissent plus à travers les traditions accumulées de l'Église. Tous les temps intermédiaires entre le christianisme primitif et l'homme moderne sont abolis ; le moyen âge disparaît effacé comme par enchantement. La perspective du monde étant changée, l'antiquité chrétienne semble d'hier. De là une réalité saisissante dans la peinture hollandaise. Le divin s'est rapproché de seize siècles ; il est descendu des hauteurs de la liturgie. L'homme s'imagine le rencontrer et le toucher à chaque pas. Le Christ n'est plus relégué dans le lointain obscur de la tradition ni enfermé dans le tabernacle du saint de saints. Il est là, il passe dans la rue, il monte dans la barque ; le voilà qui traverse le lac de Harlem.

Et ce n'est pas seulement le temps qui disparaît, c'est tout ce qui servait d'intermédiaire entre Dieu et l'homme. Plus de pompes ni de fêtes, à peine un reste de culte; le christianisme interprété non par les docteurs ou les Pères, mais par le peuple; chacun marchant sans guide dans sa voie particulière, comme si le monde moral datait d'un jour d'où la simplicité des Écritures poussée jusqu'à la trivialité; les objets plus vrais, plus réels, mais dépouillés de la perspective grandiose de l'éloignement dans le temps; non plus l'église, la maison du prêtre, mais la demeure, le foyer du pauvre laïque; son toit de chaume, ses meubles familiers, son champ, son bœuf, son cheval, ses vases de terre ou de cuivre, tout ce qui porte témoignage de l'individualité humaine. Là est la révolution du seizième siècle, là est aussi la peinture hollandaise.

Comment les biographes de Rembrandt et ses interprètes ont-ils oublié jusqu'ici son caractère de réformé? Ce devait être le point de départ. Rembrandt est l'historien des Pays-Bas bien mieux que Strada, Hooft ou Grotius. Il rend palpable la révolution, il l'éclaire à son insu de mille lueurs. D'un autre côté, elle le montre tel qu'il est, elle le dévoile; sans elle il resterait une sorte de monstre inexplicable dans l'histoire des arts. Sa Bible est la Bible iconoclaste de Marnix; ses

apôtres sont des mendiants; son Christ est le
Christ des gueux. Une partie de ses œuvres est
même connue sous ce titre. Le peintre est arrivé le lendemain du sac de la vieille Église par
les briseurs d'images d'Anvers et d'Amsterdam.
Au lieu des magnificences pontificales de la peinture italienne, il ne reste ici que l'offrande d'une
église dépouillée, mise à nu, qui n'a d'autre faste
que son humilité : monde de mendiants, de paralytiques, de paysans déguenillés (*gheusii sylvatici,
gheusii aquatiles*), Lazares qui semblent tous se
lever et porter leurs grabats à l'appel du Christ
renouvelé de la réforme. Quand je me mets à la
suite de ce cortège de misérables, je reconnais le
caractère que je viens de montrer dans la réforme
des Pays-Bas, j'entends un écho de ces mots de
Guillaume d'Orange : « Nous ne sommes pas fournis suffisamment de personnages de qualité. »

C'est ici une cité de refuge. La multitude des
bannis, des *outlaws*, des exilés de toute nation, de
toute origine, qui affluent, dépouillés, ruinés, vers
les Provinces-Unies, donne aux foules, dans Rembrandt, une variété de types, de physionomies, de
races, qu'aucun peintre n'a égalée. Jamais hommes ne furent plus dénués ; mais sous ces haillons
ils gardent une singulière ténacité morale. On dirait qu'ils murmurent entre eux le *Wilhelmus-
Lied* ou les psaumes de Marnix. Ces Samaritains

blessés qui, de tous les coins de l'Europe, sont apportés sur le seuil de la Hollande, sont nus ; ils ont froid. Rembrandt les couvre de ses haillons demi-flamands, demi-orientaux ; il les réchauffe à la flamme inextinguible de ses rayons. C'est la récompense, le couronnement ici-bas de ces petits marchands, de ces manouvriers, de ces gens de trafic, de tous ces *pôvres gueux*, d'une âme si fortement trempée, qu'aucune adversité n'a pu les abattre. Ils faisaient l'admiration de Guillaume de Marnix. Le peintre leur a ouvert son Panthéon populaire.

Rembrandt a rompu avec toute tradition, comme son Église avec toute autorité ; il ne relève que de lui-même et de son inspiration immédiate. Il lit la nature, comme la Bible, sans commentaires étrangers. Aussi donne-t-il l'impression d'un monde nouveau, d'une création spontanée qui vient d'apparaître, sans analogue dans les règnes précédents. Un État surgit tout armé d'une grève déserte ; un art splendide naît de lui-même, sans ébauche, sous le pinceau du peintre. Quand Rembrandt peint les scènes de l'Ancien et du Nouveau Testament, il peint ce que ses yeux ont vu. Il a vu le sermon de la montagne à l'écart, dans les prêches des protestants. Cette foule qui hurle et qui menace dans l'*Ecce Homo*, ne sont-ce pas les hommes qui viennent de demander la mort de Barneveldt ? Ne demanderont-ils pas bientôt celle des de Witt ? L'Évangile s'accomplit sous les yeux du peintre; tout est vie, réalité, histoire immédiate dans cette école nationale.

Quant à la magie du coloris sous un ciel de plomb, une pareille contradiction entre la nature et l'art est unique dans le monde. Pourquoi la pâleur ascétique de Lucas de Leyde et tout à coup l'éclat fulgurant de Rembrandt et de Rubens? Ces contradictions ne peuvent s'expliquer aussi que par le principe même de la vie nationale. La Hollande a une double existence, à la fois européenne et orientale. Elle vit surtout par les Indes, par ses colonies égarées à l'extrémité de l'Asie. Quand tous les yeux étaient tournés vers les flottes lointaines qui chaque jour découvraient une portion de la terre de la lumière, quand naissait à Amsterdam la compagnie des Indes orientales et occidentales, comment les peintres seuls seraient-ils restés indifférents à ce qui tenait alors occupé l'esprit de toute une nation? Les colonies conquises dans un autre hémisphère, ce fut là le foyer éloigné et comme le verre ardent où s'alluma l'art flamand et hollandais. Une flamme jaillit d'un climat inconnu; le Midi éblouissant scintille dans la vapeur et dans l'esprit du Nord ; un coin du ciel des Maldives se réflète dans un taudis des Flandres. De là l'effet fantastique et réellement magique de cette lumière composée qu'aucun œil n'a vue et que la nature n'a pas produite. Ce coloris flamboyant paraît sans cause, parce que la cause est éloignée : — un monde brumeux qui a entrevu sur ses vaisseaux la lumière orientale, et qui y aspire du fond de ses ténèbres natives; l'Asie aperçue et convoitée à travers le nuage ; un Orient flamand, une Espagne batave, un Thabor hollandais, où tout objet se transfigure. D'où vient le rayon brûlant qui traverse ces fonds ténébreux? Peut-être, en rasant les mers nouvelles, a-t-il jailli de Sumatra et de Ceylan, où les flottes viennent d'aborder. Java éblouit Amsterdam.

Les peintures des peuples marins gardent ainsi, à travers l'Océan, un reflet du rivage opposé (1). Venise emprunte quelque chose de son coloris au ciel du Bosphore. A mesure que l'Orient rayonne dans la civilisation moderne par les comptoirs, les émigrations, les voyages, les conquêtes, les découvertes des Hollandais, il resplendit dans leur art. Réverbération de l'Asie sur la Zélande, de la colonie sur la métropole!

Les peintres bataves n'ont pas vu eux-mêmes la terre de la lumière; peu y ont abordé; mais ils voient chaque jour les vaisseaux, les matelots, les indigènes qui en arrivent; ils voient rentrer à Amsterdam les flottes chargées des dépouilles des co-

---

(1) Voyez l'*Art Italien*, par Alfred Dumesnil, p. 275.

lonies portugaises, depuis Ceylan jusqu'au Brésil ; ils touchent les productions, les draperies, les costumes qu'on en rapporte, et qui tous gardent un rayon d'un ciel étranger. La pauvre, froide, triste nature du Nord est amoureuse de ce soleil entrevu. Désir du pays du jour dans le pays de l'ombre, tous ces traits sont au fond de la peinture hollandaise. Je voudrais la définir : une aspiration vers la lumière du fond de l'ombre éternelle.

Il est impossible de ne pas être frappé de la préoccupation constante de Rembrandt pour tout ce qui vient d'Orient ; il s'entoure d'objets exportés d'Asie, turbans, ceintures, robes flottantes, cimeterres ; il fait son portrait armé d'un yatagan ; ses chasses sont des chasses au lion ; il place des personnages orientaux débarqués de la veille sur le seuil des hôtelleries flamandes ; ses batailles sont des batailles de mahométans. Il ombrage ses saints du parasol du Thibet ; il ouvre l'immense Bible de saint Jérôme dans des forêts inextricables qui donnent l'idée d'un *paquis* de Java. Qu'est-ce que ce paysage mystérieux aux trois arbres? Par delà une ombre opaque s'étend au loin un horizon de flammes, une ville fantastique qui est elle-même la création de la lumière première. Rembrandt a précisé une fois sa pensée avec plus d'ingénuité. Un philosophe, enveloppé d'une robe orientale, vient d'apercevoir des lettres cabalistiques écrites dans les rayons du matin, à travers un vitrail de Flandre. Il épèle ces lettres flamboyantes qui ont jailli d'un soleil invisible ; à ses pieds un globe terrestre est éclairé d'une ceinture de flammes, autour de la zone équatoriale.

Les Pays-Bas espagnols, tombés en servitude, respirent encore librement dans les peintures de Rubens. C'est dans ces peintures qu'éclate un reste de vie nationale après que la Belgique est perdue dans l'empire du Midi. Rubens règne bien mieux que Philippe II et les rois d'Espagne sur leur immense héritage ; lui seul tient encore réunies les extrémités opposées de la monstrueuse monarchie espagnole : Parme et Goa, la Lombardie et le Pérou, Anvers et les Maldives, l'Escaut et le Gange. L'horizon de Rubens, c'est l'empire du soleil, c'est l'extrême Orient visité, fouillé, découvert, révélé à l'Europe. Du mélange des grasses Flandres et des colonies espagnoles ou portugaises se forme ce génie tout nouveau qui marque une époque et comme une journée nouvelle dans la peinture. Sous Raphaël, je sens Rome antique et la Grèce ; sous Titien, Constantinople ; sous Rubens, je crois sentir les deux Indes : un catholicisme hindou où la nature immense s'exalte et s'enivre, un panthéisme chrétien où se déchaînent et semblent rugir les forces de la vieille Asie, l'apothéose de la nature aux cent mamelles, le retour de Bacchus indien et sa marche enivrée vers les pâturages d'Anvers. Cependant les rois mages aux manteaux de pourpre se succèdent et se renouvellent sans intervalle : ils apportent aux pieds de la madone flamande l'or, la myrrhe, l'encens, et surtout la lumière intarissable de leurs lointains royaumes.

Ainsi, avec une apparente impartialité, l'art jette son reflet sur les peuples qui s'affaissent comme sur ceux qui s'élèvent. Il couronne avec Rubens, chez les Belges, la liberté tombée, comme chez les Hollandais, avec Rembrandt, la liberté naissante : consolation pour les uns, triomphe pour les autres. C'est que l'inspiration de la vie nationale se prolonge encore chez quelques hommes, même après qu'elle s'est éteinte pour la foule, et comme il y a des héros, il y a aussi des artistes qui survivent d'un jour à la patrie perdue. La réconciliation des deux races, où ont échoué Marnix et Guillaume, s'accomplit dans la peinture nationale des Belges et des Hollandais ; la parenté des artistes marque, en dépit des passions rivales, la parenté des peuples.

PHILOSOPHIE

DE

L'HISTOIRE DE FRANCE

AVERTISSEMENT

Ce petit ouvrage fait partie d'un ouvrage plus étendu qui paraîtra plus tard. Si j'en crois la discussion que ces pages ont suscitée, on a reconnu la justesse de mon point de vue. J'aurais voulu rendre la vérité plus palpable encore, tant je suis persuadé que je touche là à un des plus fâcheux sophismes de notre moderne scolastique qui en renferme un si grand nombre.

Lorsque des hommes pleins de lumière se suivent l'un après l'autre, sans plus examiner la voie, il ne faut souvent qu'un accident fortuit pour les ramener sur le chemin perdu. Puissé-je avoir été cet accident !

Voici, je pense, la première source du sophisme que je combats :

Le tout est bien peut jusqu'à un certain point se comprendre et se maintenir, quand on l'applique, comme Leibnitz, au tout, à l'univers, à l'humanité qui se survit et guérit les blessures qu'elle a faites. Mais si vous appliquez aveuglément, comme Candide, cette même maxime à l'histoire particulière de chaque nation, de chaque homme ; si les fautes des peuples et des individus ne produisent jamais que leur plus grand bien ; si leur servilité fait leur liberté, si leurs vices engendrent leurs vertus, l'ordre moral est aboli. L'histoire n'est plus le grand jugement de l'Éternel. Vous en ôtez la justice avec la conscience ; bien plus, vous en ôtez la réalité.

Car cela suppose qu'il n'y a plus ni décadence ni chute pour les peuples ; quoi qu'ils fassent, ils sont aussi sûrs du lendemain que le genre humain lui-même. Du même coup, c'est le renversement de la philosophie et le renversement de l'histoire.

Pour ôter toute ombre d'amertume à ma critique, j'ai voulu en prendre une partie pour moi. Partout j'ai dit *nous*, comme si j'avais commis les erreurs que je relève. Des écrivains, d'ailleurs bienveillants, en ont conclu que je faisais là ma confession. C'était tout le contraire.

Dès les premières lignes, sorties de ma plume il y a trente-deux ans, je combattais le premier germe du fatalisme qui nous a envahis. Je montrais dans la philosophie de l'histoire le règne de la conscience, de l'âme, de la liberté morale, au-dessus des règnes aveugles de la nature. Le lecteur ne s'y méprendra pas. Il ne tournera pas contre moi le désir que j'ai eu de mettre, par un mot, les personnes hors de cause.

Edgar Quinet.

Bruxelles, 30 janvier 1857.

PHILOSOPHIE

DE

L'HISTOIRE DE FRANCE [1]

I

Depuis bientôt un demi-siècle, tout a servi à l'infatuation de l'esprit humain. Après les immenses guerres de l'Empire, les hommes s'étaient trouvés dans une paix profonde ; comme ils n'avaient point prévu l'issue de la guerre, ils crurent aisément aussi que la paix ne devait pas finir. Chacun fit le dénombrement de ses conquêtes tant morales que politiques, et les vainqueurs et les vaincus vantèrent également leur butin. Soit illusion, soit vérité, soit qu'après une si grande dépense de sang, après tant de travaux surhumains, le repos seul passât pour un progrès, il est certain qu'au sortir de l'effroyable mêlée, il n'y eut personne qui

[1] 1855.

ne crût avoir gagné quelque chose. Ce que l'on appelait le régime parlementaire ayant surgi tout à coup, on jugea volontiers de ce qu'il valait par ce qu'il avait coûté, et l'on conclut que des biens ne pouvaient nous être ôtés qu'on avait payés si cher. Cette confiance dans la victoire inspira aux hommes nouveaux une modération si grande, qu'il fut d'abord difficile de dire s'il y entrait plus d'orgueil ou de générosité; mais ce sage équilibre ne fut pas gardé longtemps.

L'esprit humain, de plus en plus assuré d'être le maître, ne tarda pas à afficher des airs de glorieux. Dès lors il relève, il célèbre, il réhabilite, il patronne ses adversaires ; il les fait monter sur son char ; partout il les traite en prince débonnaire. Les sceptiques se chargent de relever les scolastiques; les protestants, le catholicisme ; les voltairiens, les moines; les libéraux, les despotes. « Il faut tuer l'esprit du dix-huitième siècle, » avait dit M. de Maistre. — Ce n'est pas assez de le tuer, reprennent nos philosophes ; nous comptons bien le déshonorer. — Et sur cela chacun se met à l'œuvre. Dans ce travail, une chose est surprenante: c'est l'ensemble ; car on ne pourrait rejeter la responsabilité sur personne en particulier. Avec quelle conscience, avec quel sérieux fut partagée entre les hommes de l'avenir la tâche de restaurer le passé, c'est ce qu'un jour on aura peine à croire.

Tous semblaient travailler sur un plan convenu par avance, et, quoiqu'ils ne se fussent jamais entendus, rien ne dérangea un moment ce concert de tous les amis de la liberté pour relever, ressusciter ce qu'ils haïssaient le plus.

Si du moins cette magnanimité excessive des hommes nouveaux envers tout ce qu'ils avaient renversé eût été un acte sincère de repentir, s'ils se fussent humiliés comme le barbare, adorant ce qu'ils avaient maudit, maudissant ce qu'ils avaient adoré, on aurait pu regarder comme une conversion à une vérité méconnue tant de concessions extraordinaires aux idées et aux choses mortes. Mais il n'en était point ainsi : le fier Sicambre comptait ne pas courber la tête, même en relevant ce qu'il avait abaissé. L'esprit humain s'imaginait retenir tout ce qu'il avait conquis ou usurpé, et se donner par surcroît les joies de la clémence après la victoire, c'est-à-dire que l'orgueil l'emportait sur la justice. On restaurait le passé pour bien démontrer qu'on ne le craignait pas; on imitait les conquérants qui font gouverner leurs provinces nouvelles par les anciens rois du pays. De même, dans l'ordre moral, les novateurs se plaisaient à ranimer partout les choses mortes, comptant bien qu'il serait plus commode de régner sous leur nom, et que l'on rendrait plus facilement l'avenir tributaire, si on le faisait exploiter par les dominations anciennes. En relevant les ruines qu'il avait amoncelées, l'esprit philosophique croyait s'en faire un escabeau. Du haut de ce trône imaginaire, il sacra de nouveau le moyen âge, comme une sorte de vice-roi qui lui répondait de l'obéissance des temps futurs.

Ce calcul superbe a été trompé. Cette victoire que l'on voulait faire partager même aux vaincus, où est-elle? Je cherche l'esprit humain, ce premier-né de la raison divine, ce fier dominateur qui rehaussait ses victimes, consolait ceux qu'il avait dépossédés, rendait à tous leurs dépouilles, ne se réservant que la gloire désintéressée de briller d'un inaltérable éclat sur les générations nouvelles. Je cherche cet éclat : je trouve à peine quelques petites lampes errantes, la conscience éteinte presque partout, l'intelligence renversée, et la nuit de l'âme s'étendant de proche en proche sur tout le monde moral.

Cette disposition des intelligences n'a eu nulle part des conséquences aussi étranges que dans la manière de comprendre l'histoire ; et s'il est des erreurs funestes aux hommes, ce sont précisément celles qui ont trait à la suite entière de leurs annales, car ces erreurs pénètrent jusqu'à la moelle des os ; elles tiennent à la substance de notre être. Aussi manque-t-il un chapitre à Bacon dans son dénombrement des préjugés. *Spectres, idoles, masques de théâtre*, il les a tous nommés, classés, caractérisés ; il n'a oublié que les plus obstinés, les plus vivaces, les mieux faits pour donner le vertige, les plus semblables à l'hydre, ceux qu'un peuple puise, comme la vie, dans l'abîme enivrant de son passé.

Dans l'ancienne société, aucun grand esprit ne s'était appliqué à suivre le cours entier de l'histoire de France. Montesquieu avouait que ses cheveux avaient blanchi dans l'étude seule du droit barbare ; Voltaire avait cueilli la fleur dans le *Siècle de Louis XIV ;* du reste, nul ne s'était senti le cœur de porter jusqu'au bout le fardeau de l'ancienne France, matière laissée aux érudits. Depuis la Révolution, l'histoire de France a changé de face et séduit les plus nobles esprits, qu'elle lassait ou rebutait auparavant. Le passé national a intéressé davantage à mesure qu'on a cru y voir le germe d'un nouvel état libre. On s'est dit : Prenons patience pendant la lente durée du moyen âge. Dans ce servage d'un peuple, voici l'aurore du grand jour qui luit sur nous. Les tentatives des communes avortent, les états généraux ne forment que des points clair-semés dans un espace trop souvent stérile ; mais ces points épars marquent l'ébauche des constitutions parlementaires dans lesquelles se consomme la destinée de la France. — En un mot, pour traverser ces rudes commencements, on était soutenu par la pensée du but que l'on croyait atteint. La liberté conquise prêtait sa vie même aux temps auxquels elle avait le plus manqué. Sous l'arbre des druides comme sous l'arbre de saint Louis, on faisait remonter un reflet de nos jours.

A cet égard, tous les écrivains étaient dans une situation semblable, d'où il est résulté que leurs diverses théories n'en forment, à véritablement parler, qu'une seule. Ils ont conçu leur système historique sous la royauté constitutionnelle ou pendant les courtes années de la république. A quelque point de vue qu'ils se soient placés, ils ont reflété dans leurs ouvrages l'ordre politique sous lequel ils vivaient. Convaincus que le régime de l'omnipotence parlementaire était la consommation de l'histoire de France, ils ont expliqué les temps antérieurs comme une préparation à cette ère nouvelle. *Croyant*, ainsi qu'ils le déclarent, *avoir sous leurs yeux la fin providentielle du travail des siècles écoulés* (1), tout dans le passé leur a semblé graviter vers ce présent qu'ils jugeaient indéfectible. C'était le fil avec lequel ils traversaient le moyen âge et les temps modernes. Point de difficultés qu'ils n'aient expliquées ou éclairées par cette conclusion! Là est l'originalité,

(1) Augustin Thierry, *Essai sur l'Histoire du tiers état*, préface, page 8, deuxième édition.

la vitalité, la confirmation de leur art historique. Comme ils tenaient dans leurs mains le dénoûment du drame, ils en expliquaient aisément le début et les péripéties. Ils disaient : Nous avons le régime parlementaire, qu'on l'appelle *royauté* ou *république*. Or cet état a été précédé d'une succession de rois absolus dans la vieille France; donc ce qui a précédé est cause de ce qui a suivi; donc les princes absolus servent à préparer l'avènement des institutions libres ; donc la formule générale de notre histoire est celle-ci : « En France, c'est le pouvoir absolu qui engendre la liberté ! »

De cette idée générale on venait aux faits particuliers ; on concluait uniformément sur chaque règne de la manière suivante : — Ce roi anéantit toutes les franchises, soit des villes, soit des individus, et par là il hâta la civilisation et l'avènement des institutions représentatives, qui sont désormais notre patrimoine inaliénable. — Après avoir prouvé que ces despotes, et non pas d'autres, étaient indispensables pour préparer le sol où doivent s'enraciner toutes les garanties et germer tous les droits, on allait jusqu'à dire que s'ils n'avaient pas paru dans cette même succession, la liberté de l'avenir eût été pleinement impossible, — et par là s'achevait la théorie sur l'utilité des rois absolus pour le progrès des peuples constitutionnels.

L'échafaudage sur lequel reposait cette logique

a croulé ; le fil qui conduisait l'historien s'est rompu dans ses mains, le fondement de la méthode s'est englouti. J'interroge autour de moi ; je demande, je cherche ce que sont devenus les savants systèmes qu'il supportait.

Il est superflu d'ajouter que, dans cet examen, je n'ai pas en vue tel ou tel écrivain, mais bien un certain entraînement que tout le monde a partagé, et auquel le public a cédé plus que les écrivains eux-mêmes.

Heureux celui qui, dans un vaste récit toujours serein (1), a suivi jusqu'au bout le cours des temps sans dogmatiser! Heureux aussi ceux qui ont fait devant des auditoires l'épreuve de leurs idées ! La présence d'hommes rassemblés les a sauvés de l'excès des théories; mais cela même s'est quelquefois retourné contre eux. Dans la manie dont on était saisi pour les théories inflexibles, s'il se trouvait un historien (2) qui sortît de la logique convenue, si le cri des choses lui faisait oublier les engagements du système, s'il touchait la plaie intime, s'il écoutait, après les livres, le battement du cœur dans les générations passées, s'il s'adressait aux légendes, aux symboles, aux pierres même, pour avoir le secret de ceux qui ne parlent pas, n'écrivent pas, ne lisent pas, s'il entrait dans

(1) M. Henri Martin.
(2) M. Michelet.

le vif de la nature, s'il montrait le côté invisible de l'histoire, s'il racontait le mystère et l'éclosion de l'âme humaine à travers la passion du moyen âge, nous l'accusions ouvertement de troubler la méthode. Il altérait la ligne droite ; il désobéissait à notre géométrie. Nous nous sentions déroutés par un esprit si mal discipliné à nos formules, assez aventureux pour déranger notre édifice à mesure que nous l'élevions. Ne sachant où le classer, nous prenions le parti de penser que son génie lui avait été donné comme une exception éclatante pour confirmer la règle.

Un point reste assuré : la méthode que nous avons appliquée à notre histoire est tout l'opposé de celle des historiens grecs et romains ; ce n'est pas non plus celle de Machiavel, ni des historiens anglais. C'est bien plutôt la méthode que les pères de l'Église et les scolastiques ont appliquée à l'histoire du peuple hébreu. Les chroniqueurs et les barbares nous ont si bien séduits, que nous leur avons pris jusqu'à leur philosophie. Nous avons quitté Thucydide pour Grégoire de Tours. Si nous n'avions emprunté à celui-ci que son coloris et ses mœurs, le profit eût été sans mélange ; mais, sans avoir ses croyances, nous avons imité ses superstitions, complaisants à ce point de dépouiller notre raison moderne pour embrasser la sienne.

De saint Augustin à Grégoire de Tours, de Grégoire de Tours aux scolastiques, des scolastiques à Bossuet, la méthode est la même. Toute l'histoire des Hébreux est considérée comme une préparation à la venue du Messie. Les événements n'ont leur vrai sens qu'à la condition que cette attente soit remplie. Mais s'il en était autrement, si cette venue n'avait été qu'illusoire, l'explication du passé ne serait qu'un sublime sophisme ! Imitant ce système, nous avons traité l'histoire de France comme une histoire sacrée, qui trouve son interprétation finale dans l'ère politique inaugurée avec le régime constitutionnel du dix-neuvième siècle. Ce dénoûment non seulement explique, mais légitime tout le passé. De la même manière que les violences de l'Ancien Testament sont sanctifiées par l'idée du Messie, dont elles préparent les voies, de même les iniquités, les cruautés, les oppressions du moyen âge sont couvertes et autorisées par l'idée des institutions qui ont apparu sous la royauté tempérée. Ce dernier point est si bien la raison de tout le reste, que nous commençons par y sacrifier la conscience et la morale. L'historien sacré sait que l'Ancien Testament est le chemin nécessaire de la loi de justice, et il ferme impitoyablement les yeux sur les siècles sanglants qu'il traverse. Tout luit à ses regards de ce rayon de justice émané de la loi future. Ainsi, dans nos théories historiques, nous faisons refluer dans le passé l'image qui a brillé un moment à nos yeux. Tout est bien en vue de ce présent que nous croyons posséder à titre inaliénable. Armés d'un fatalisme inexorable, nous foulons aux pieds les souffrances des générations disparues, parce que nous croyons avoir le mot, le secret de ces souffrances dans les droits politiques du citoyen par lesquels notre histoire est couronnée.

A chaque plainte des générations écoulées, nous avons une réponse uniforme : — L'oppression était pesante, sans doute; — la tyrannie était cruelle, nous en convenons; — la conscience et la nature étaient incessamment violées; d'accord; mais cela était absolument nécessaire pour établir la balance des trois pouvoirs, qui est désormais notre système de gouvernement. Les générations brisées par le pouvoir absolu ont eu le plus grand tort de se plaindre. C'était là une puérilité de petits esprits bourgeois, dont la courte vue n'apercevait pas dans le despotisme qu'ils subissaient les prémices des franchises dont nous jouissons. Mieux avisés, ils auraient vu notre triomphe, ils se seraient réjouis de l'avoir préparé au prix de leur servage.

Ce fatalisme implacable m'a causé toujours, je l'avoue, un embarras que j'avais peine à m'avouer, tant l'entraînement était général : j'aurais voulu y échapper, je ne trouvais pas d'issue. Ces quatorze siècles systématiquement rangés par des mains savantes et qui aboutissaient avec l'impulsion de la nécessité au seuil des institutions parlementaires, c'était là un spectacle imposant. En vain la nature protestait contre les immenses concessions morales qu'il fallait faire à cette réhabilitation de tout le passé. Je reconnais que l'argument tiré de la possession des choses nouvelles avait une force presque irrésistible. Les raisonnements du monde les plus solides étaient impuissants en présence des résultats contemporains; et quoi qu'il en coûtât d'accepter tant d'audacieuses apologies de la force, il fallait bien se taire quand on montrait pour conséquence le monde renouvelé dans le présent et dans l'avenir.

Cependant les conditions qui étaient à elles seules la raison d'être de ces constructions historiques n'existant plus, il me semble, si je ne m'abuse extrêmement, que ces vastes échafaudages apparaissent dans tout ce qu'ils ont d'arbitraire et de hasardeux; qu'il reste un grand appareil de logique sans base, que le talent, l'érudition, la sincérité, la gloire demeurent seuls; que cette métaphysique de l'histoire de France marquera toujours sans doute un noble effort de l'intelligence nationale, mais qu'enfin, il faut bien l'avouer, la vérité réelle en a disparu, et que nous voilà forcés, par des contradictions inattendues, de nous replacer au cœur de la nature humaine. La conscience, surprise et accablée sous le fatalisme, réclame; elle se soulève. On faisait de l'histoire de France une histoire exceptionnelle, régie par une loi particulière, en dehors de tout le monde moral. La vérité reparaît en dépit des systèmes. Refuserons-nous de la voir? Nous obstinerons-nous à forger à la nature des lois qu'elle abolit sous nos yeux? Nierons-nous l'évidence? Ayons le courage de la reconnaître. J'ose dire que nous en serons récompensés par des vérités que nous ne possédions pas et que nous avions méconnues. Déjà si quelqu'un, placé à ce point de vue que nous ont imposé les choses, se retourne vers le passé, il sera étonné de découvrir combien tout est nouveau dans ces siècles auxquels nous pensions avoir donné une figure désormais immuable.

Les théoriciens de l'histoire de France ressemblent à un astronome qui, ayant calculé la courbe d'une étoile, verrait cet astre suivre une direction contraire à celle qu'il avait annoncée. Il faudrait bien avoir le cœur de confesser que le calcul est erroné et qu'il est nécessaire de le recommencer.

Savant, sage, illustre Hipparque, vous êtes l'honneur de notre âge. Vous avez mesuré les cieux : non seulement vous avez assigné leur rang à toutes les étoiles visibles, mais vous en avez découvert plusieurs que personne n'avait aperçues. Vous avez fait plus : vous avez donné des lois à ce peuple d'étoiles ; vous les avez disciplinées à vos formules infaillibles, et jusque-là ces mondes vous avaient obéi. Mais ce soir, en relevant la tête, j'ai vu que ces planètes, ces comètes que vous aviez révélées ont pris une route diamétralement opposée à celle que vous leur aviez prescrite. Vous leur aviez tracé leur route vers le midi, elles se précipitent aveuglément vers le nord. Apprenez-moi ce que je dois faire de ma triste découverte. Garderai-je le silence sur une désobéissance si éclatante de la nature? Me ferai-je un devoir de bienséance, de complaisance envers vous, de vous cacher la révolte de ces provinces célestes que vous vous étiez soumises? Répondrai-je à tous ceux qui viendront m'en entretenir : « Hipparque a décidé, il a parlé. Les cieux se repentiront de l'avoir contredit et reviendront sur leurs pas pour lui donner raison ? » Je crois, Hipparque, vous fournir une preuve plus certaine de mon estime pour vos mérites en vous avertissant de cette rébellion de la nature, afin que vous ayez encore le temps de corriger vos équations et de mettre votre sagesse, que personne ne conteste, d'accord avec la sagesse de l'ordonnateur des mondes.

Ces formules implacables, qui étonnent la nature humaine, auraient difficilement fait fortune parmi nous, si, après avoir emprunté aux pères de l'Église et aux scolastiques l'esprit général de leur méthode, nous ne leur eussions emprunté jusqu'à leurs artifices et leurs procédés particuliers. Notre matérialisme déguisé nous a livré tête baissée au mysticisme. Il arrive quelquefois aux pères et à Bossuet d'établir que tel grand homme n'a été qu'un instrument aveugle entre les mains de Dieu. Nous n'avons pas manqué de nous emparer immédiatement de cette idée pour la transformer en une loi générale, si bien que nous n'avons plus rencontré dans notre histoire un personnage dont nous n'ayons fait aussitôt un instrument aveugle qui concourt de loin et malgré lui à réaliser notre système. Et comme dans l'imitation on exagère nécessairement les vices de son modèle, nous avons fait notre règle absolue de ce qui était dans Bossuet une exception, un défi jeté à la sagesse humaine.

Chez nous, les hommes ne sont plus détournés de leur but par quelques rares coups de tonnerre de la Providence, qui s'amuse à déjouer leurs calculs dans une conjoncture éclatante. Non, le coup de tonnerre chez nous ne cesse de retentir. Tous les hommes, selon nous, font le contraire de ce qu'ils croient faire. Plus ils sont grands, plus ils sont aveugles ; d'où cette maxime que nous répétons à satiété : « Ce tyran, au treizième, au quatorzième siècle, croit faire de la tyrannie. Illusion ! Vous-même vous êtes assez dupe pour le croire :

eh bien! ouvrez les yeux. Regardez mieux, élevez votre point de vue, arrivez à ma hauteur : vous découvrirez cachée derrière moi la Providence, par laquelle le mal se change en bien pour préparer la liberté! »

Ce que nous avons dit des individus, à plus forte raison l'avons-nous dit des événements. Il n'en est point auquel nous ayons laissé ses conséquences naturelles. Si chaque homme fait le contraire de ce qu'il croit faire, chaque événement produit le contraire de ce qu'il semble produire. Les peuples vaincus sont toujours les vainqueurs, les plus prévoyants sont toujours les plus trompés. Quand de pareils démentis à la raison, à l'esprit borné de l'homme, étaient donnés de loin à loin par quelque grand éclat d'en haut, on pouvait y sentir la présence de la sagesse souveraine qui se révèle à l'improviste; mais quand la raison humaine se trompe toujours, quand c'est là non l'exception, mais la règle invariable, il est à craindre que l'histoire ne devienne un jeu, au lieu d'être un enseignement de la sagesse immortelle. Je vois bien ce que l'homme perd à ce jeu décevant, je ne vois pas ce que la Providence y gagne. Au lieu des larges assises de la raison, sur lesquelles les anciens avaient établi l'histoire, voulons-nous en faire un caprice mystique de l'Éternel?

Pour corriger les vices de sa méthode, Bossuet

possédait le miracle des miracles, le Christ enfant, qui couronnait l'histoire sacrée. Vous aussi vous avez besoin d'un prodige pour racheter des systèmes aussi opposés à la raison ordinaire. Montrez-moi donc un enfant du miracle et un berceau d'où rayonne l'avenir !

II

Armés de ces deux principes fondamentaux, — que l'absolutisme est le chemin de la liberté, et que les hommes font toujours le contraire de ce qu'ils s'imaginent faire, — nous entrons dans l'histoire; sur le plan de ces deux idées, nous construisons sans peine nos origines, sans qu'un seul accident sérieux vienne nous contrarier. Les Gaulois se montrent d'abord, et presque aussitôt ils disparaissent; à peine entrevus, ils nous échappent. Ce que nous connaissons de nos ancêtres, c'est leur décadence. Avec cette ruine prématurée, une première question surgit : pourquoi cette race qui est la nôtre est-elle tombée si vite? Cette chute, est-ce un progrès, et que faut-il en conclure pour la postérité?

Ce sont, je pense, les Allemands qui les premiers nous ont appris que nos ancêtres les Gaulois étaient incapables d'entrer jamais de leur plein gré dans la civilisation (1), principe d'où l'on a déduit

---

(1) L. Ranke, t. I, p. 2. « Il est difficile de croire qu'avec de telles mœurs ces peuples eussent librement coopéré à la culture de la race humaine. Or ce qui peut être douteux au point de vue ethnographique ne l'est pas historiquement. »

cette conséquence, que le plus grand bien qui pût leur arriver était d'être conquis par un peuple étranger. Les Romains leur rendirent ce service; nos ancêtres, à proprement parler, ne devinrent des hommes qu'en cessant de s'appartenir. Jules César, en leur coupant le poing, fut leur bienfaiteur. Au contraire, ils n'eurent de pires ennemis que les Vercingétorix et tous ceux qui se firent tuer pour l'indépendance nationale. S'ils l'eussent fait triompher, c'eût été la perte de toute leur postérité. Il fallait deux choses pour l'avantage des Gaulois : premièrement, qu'ils fussent accablés par les Romains; secondement, qu'ils fussent anéantis par les Francs. Lorsque la race gauloise est ainsi deux fois ensevelie, c'est alors que commence pour elle le chemin tortueux et souterrain que nous appelons sa renaissance. Appliquant à nos origines je ne sais quel mysticisme scolastique, il nous plaît que nos ancêtres soient d'abord asservis et extirpés pour nous donner ensuite le spectacle de leur lente et incertaine résurrection. Les anciens mettaient leur gloire à se dire *autochtones*, nés de la terre qu'ils habitaient; ils croyaient que cet esprit natif indigène était le trésor inaliénable de chaque race. Nous mettons notre honneur à nous faire dès l'origine serfs d'autrui et à dater notre histoire du premier jour de notre esclavage. Nous comptons pour rien dès ce premier moment la perte de ce qu'il y a de plus intime, de plus sacré dans une famille humaine, langue, religion, tradition des aïeux, noble orgueil de soi-même, et par-dessus tout cela indépendance, source de toute vie publique. Nous nous contentons de dire que si nous n'eussions pas été asservis, nous n'eussions jamais su par nous-mêmes construire des amphithéâtres, des thermes, des aqueducs, sacrifiant ainsi dès le début l'âme même d'un peuple à la possession d'avantages purement matériels que nous confondons dès lors et sans retour avec l'idée de civilisation!

Une race d'hommes s'évanouit, elle perd la conscience de son existence; nous l'en félicitons, parce que son sol se couvre de routes militaires, de grands édifices, et même de chaires de rhétorique. Un monde entier disparaît, celui de nos ancêtres, qui pourtant nous manquera à chaque moment de notre histoire; nous applaudissons à cette chute parce qu'elle nous précipite aussitôt, et dès les langes, dans les liens d'une antiquité déjà dégénérée. Voilà le fil de notre méthode; retenez-le dès l'origine; il nous conduira jusqu'au bout sans dévier un moment. Ce que nous nommons civilisation, nous l'achetons par la perte de la liberté; nous entrons dans l'humanité en rejetant nos aïeux. Celui qui nous conquiert nous affranchit; notre libérateur, c'est notre maître : premier fondement de notre philosophie!

De là cette maxime générale que nous appliquons à l'histoire universelle, à savoir que dans les conquêtes, les invasions, une seule chose est à considérer, l'avantage du mélange des races. Laissant de côté toute observation puisée dans le vif de la nature humaine et matérialisant l'histoire, nous ne voyons plus dans la domination d'un peuple par un autre qu'un procédé pour transfuser le sang et rajeunir les races, comme s'il s'agissait des incursions d'un bétail. A ce point de vue, toute invasion est un progrès pour celui qui la subit; l'esprit d'un peuple disparaît, c'est pur profit pour ce peuple. L'humanité se perd dans l'histoire naturelle, l'histoire dans l'ethnographie. Quel malheur pour nous que Xerxès n'ait pas été vainqueur à Salamine! Nous avons perdu l'occasion de prouver combien il importait aux Athéniens de devenir la proie des Mèdes.

Voyez à quelle extrémité nous nous trouvons déjà entraînés par ce début. La conquête des Romains, voilà le seul droit primordial que nous établissons; le fondement de l'autorité et de la loi se confond à nos yeux avec le fait de la conquête. Le duc est légitime, parce qu'il tient son duché du roi; le roi, parce qu'il tient la place des Romains, ceux-ci sont la légitimité même, parce qu'ils ont écrasé nos ancêtres. Nous ne remontons pas au delà. Sous chaque dignité, sous chaque fonction se trouve le droit de conquête. Il faut que la masse gauloise perde originairement jusqu'à son nom, pour que la postérité gauloise entre progressivement en possession de ses libres destinées. Voilà notre première base ; ce qui revient à dire que nous nous engageons dès l'origine à reconnaître toute force comme sacrée, tant qu'elle n'est pas remplacée par une autre plus puissante. Dès la première page, nous extirpons de notre histoire l'idée même du droit.

Nos ancêtres, avec l'accent de la nature première, criaient : *Malheur aux vaincus!* Raffinés et subtils, nous disons au contraire : *Heureux les vaincus!* Une telle hâte de tout accorder à la force, de tout sanctifier de ce qui vient d'elle, m'étonne, m'inquiète. Je me demande ce que deviendra ce germe de fatalisme scolastique déposé dans le berceau de notre histoire ; mais peut-être ai-je tort. Plus tard sans doute ces maximes seront tempérées et corrigées par d'autres. Voyons donc et n'anticipons pas.

Je franchis les temps barbares, qui laissent place à des découvertes ethnographiques, à des peintures de mœurs, où le génie de notre siècle s'est exercé avec une admirable pénétration. soit que notre excessif raffinement d'esprit touche à une sorte de barbarie et nous donne le secret de la véritable, soit qu'il appartienne aux temps où la conscience s'altère de mieux comprendre ceux où la conscience n'existe pas encore.

Les vraies difficultés morales ne commencent à poindre que lorsqu'il s'est formé déjà une âme de peuple, c'est-à-dire au douzième siècle. Ces difficultés apparaissent avec les Vaudois et les Albigeois; ce sont des avant-coureurs des temps modernes. Que dirons-nous de leurs hardiesses? Ils avaient établi le principe souverain que « chaque homme est prêtre, » et sur cette idée ils avaient fondé des institutions, image ou reflet des constitutions municipales de l'Italie. C'était comme un germe des établissements qui se sont montrés de nos jours. Cette première ébauche d'une société libre est écrasée; elle périt dans le sang : quel enseignement tirent de là nos théoriciens? S'attacheront-ils à ce premier essai inculte de liberté, comme des descendants s'attachent à la pensée de leurs pères? Nullement ; sitôt que nous apercevons l'hérésie, nous prenons, je ne sais pourquoi, l'accent de l'inquisition.

Dans l'intérêt de la démocratie future, il fallait absolument que cette démocratie prématurée fût extirpée du sol. C'eût été le plus grand des malheurs pour la liberté moderne, s'il fût resté un vestige de cette liberté première. Et sans plus marchander, nous acceptons la nécessité des massacres de Béziers, de Toulouse, la disparition de tout un monde dans le sang, de la même manière que l'Église et les scolastiques applaudissaient au massacre des Amalécites et des Moabites pour engraisser la terre promise. « Si la liberté prévalait avant que la foi n'eût donné tous ses fruits, la croissance de l'Europe était incomplète et avortée. Si la tentative municipale et démocratique du Midi réussissait, c'était un coup mortel à la féodalité du Nord, qui avait en soi l'esprit de mouvement. L'hérésie des Albigeois devait donc être détruite (1). » Qui dit cela? Un historien qui pense aimer la liberté, et dont le livre, destiné au peuple, est en effet devenu populaire.

Voilà bien notre fatalisme dans son expression crédule. On y trouve tous les mots importants avec lesquels nous accablerons de notre triomphe d'un jour les vaincus de quatorze siècles. Premier triomphe de la liberté, — anéantissement du premier peuple libre ; — nous sommes vainqueurs, parce que nous sommes vaincus : — cette logique va se dérouler sans interruption. Ces peuples ont été égorgés, il était nécessaire qu'ils le fussent pour assurer l'émancipation des autres. *La liberté eût prévalu trop tôt!* Toujours notre même crainte d'être trop tôt, trop complètement vainqueurs. Ce mot de *prématuré* (2), nous l'appliquerons sans

---

(1) Théophile Lavallée, *Histoire des Français*, t. I, p. 333.
(2) Lavallée, *Histoire des Français*, t. II, p. 42.

nous lasser, pendant un millier d'années, à chacun des progrès politiques qui seront tentés. Chaque génération qui se réveillera, nous l'accuserons de trop d'impatience; nous lui dirons imperturbablement : *Dormez votre sommeil;* c'est à nous de vivre et de veiller à votre place... Mais quoi! si nous aussi nous allions oublier de vivre! Si, après avoir dit aux autres pendant quatorze cents ans : *Il est trop tôt!* quelqu'un s'avisait de nous dire à nous-mêmes : *Il est trop tard!*

Poursuivons. Nous avions d'abord fait honneur à la royauté de l'émancipation des communes; plus tard il s'est trouvé au contraire que la royauté a effacé le caractère politique de cette grande révolution. Les juridictions que les villes et les bourgeois avaient conquises au prix de leur sang sont détruites par le pouvoir central; cette vie politique, cette éducation de l'homme libre à l'abri des immunités des villes sont minées par la couronne. Où naissaient des citoyens, il ne reste que des bourgeois du roi. Cette grande et hardie émulation avec les républiques d'Italie fait place au silence, à l'asservissement. Les caractères s'inclinent, le mouvement de la vie publique s'éteint; à peine conquises, les franchises municipales, qui avaient paru si précieuses, sont étouffées. Quelle conséquence infère de là notre philosophie de l'histoire? Est-ce un regret pour des biens si cruellement achetés, si vite enlevés ? Sera-ce le signal d'un péril au cœur de la société française ? Nullement. Ces libertés ont péri ; donc il est heureux qu'elles aient péri dans l'intérêt des libertés futures ; donc les rois, en détruisant ces franchises, ont rendu à l'avenir un immense service et préparé l'avènement de nos sociétés émancipées. *Si la bourgeoisie l'eût emporté au quatorzième siècle, c'était fait de l'avenir de la France* (1). Vous l'entendez ! c'est là toute l'oraison funèbre de ces révolutions populaires qui partout ailleurs dans le monde ont été les fondements de la vie civile. Quoi, vraiment ! si ces franchises eussent été respectées, c'était fait de celles que nous possédons ! S'il y avait eu des hommes libres au quatorzième siècle, il n'y en aurait plus aujourd'hui ! Il fallait qu'il y eût un grand troupeau sous un maître pour que ce troupeau devînt ce monde digne et élevé que nous connaissons.

Avec cette ferme volonté de prendre chaque fait de l'histoire de France comme un fait sacré, divin, qui enfante le juste, l'*Emmanuel*, ne voit-on pas que l'on tombe dans la plus singulière superstition ? On avait d'abord applaudi à l'émancipation des communes ; dès qu'elles sont écrasées par la force, elles sont condamnées par l'historien. L'horizon moral de ces communes était trop étroit,

---

(1) Lavallée, *Histoire des Français*, t. II, p. 42.

dites-vous; elles ne pouvaient être le berceau des libertés géantes que nous voyons. Autant vaudrait reprocher au germe d'avoir une nature mesquine, aveugle parce qu'il s'ensevelit sous la terre et qu'il ne couvre pas de ses vastes rameaux les générations nouvelles. Eh! que ne l'avez-vous laissé croître? Peut-être aujourd'hui il vous prêterait son ombre.

Les générations anciennes n'ont pas eu la même résignation que les historiens ; elles ont essayé de mille manières de ressaisir l'indépendance perdue : dès que la royauté faiblit, la révolution communale reparaît. Un roi de France est fait prisonnier, un autre devient fou : dans cet interrègne du pouvoir absolu s'accomplissent les grands efforts de 1356, de 1383, pour fonder une tradition de libertés civiles et politiques. Au roi Jean prisonnier répond Étienne Marcel; à la démence de Charles VI, la révolte des cabochiens. On reconnaît la magnanimité de ces efforts, dans lesquels l'héroïsme se joignit à la plus froide raison. Les déclarations des états de 1356 sont des monuments de sagesse ; toutes les garanties que notre siècle a demandées y étaient renfermées : la monarchie tempérée et limitée par une assemblée, les états généraux s'ajournant eux-mêmes à des époques précises, ce qui impliquait l'idée de la souveraineté nationale; des milices urbaines garantissant à la

France que ses forces ne seraient jamais tournées contre elle-même. On avoue que dans ces constitutions l'esprit de liberté n'ôte rien à l'unité nationale, que les bourgeois embrassaient d'un vaste regard l'horizon du royaume. Quant à la déclaration de 1413, le même bon sens éclate avec plus de timidité dans l'ordre politique. Violents dans le combat, circonspects dans la victoire, tout est justice, mesure, dans le plan de gouvernement des cabochiens.

Après cet aveu des historiens, vous croyez que nous nous attacherons à cette œuvre du droit, à ces grands caractères, à cette tradition toute plébéienne, que nous verrons là des foyers de la conscience publique, que nous réclamerons au nom de l'avenir, quand ces foyers seront éteints. Au contraire! La royauté, dès qu'elle aperçoit ce mouvement de libertés politiques, s'unit aux barons pour l'écraser. Charles VI, après avoir abattu la liberté municipale en Flandre, revient l'étouffer à Paris. A ce signe manifeste ouvrirons-nous les yeux sur les dangers de l'exagération du pouvoir central? Point du tout. Étienne Marcel a péri avec son rêve ; la bourgeoisie politique est annulée après la défaite des maillotins, la plèbe après celle des cabochiens. Aussitôt la formule implacable retentit : ces hommes, ces héros plébéiens ont été vaincus; c'était pour l'avantage du plébéianisme.

Comme nous avons vu au treizième siècle la nécessité du massacre des Albigeois pour préparer dans l'avenir la victoire de la philosophie, nous voyons maintenant au quatorzième siècle la nécessité également indispensable de la chute des libertés politiques pour préparer la liberté du nôtre. Le mot déjà entendu, et qui enveloppe tout, est répété : *c'était prématuré!* Le droit est prématuré dans les états généraux de 1356. Il le sera également à toutes les convocations d'états généraux qui suivront : inopportun en 1356, il est hors de saison en 1383, intempestif en 1413, malséant en 1484, compromettant en 1560, impossible, déraisonnable en 1614. La servitude seule, arrivant sagement, toujours à point, est toujours la bienvenue.

Nous voilà déjà loin du pieux respect que les historiens de l'antiquité nourrissent pour les tentatives et les efforts de leurs ancêtres. Nous ne savons adresser aux nôtres que de durs reproches dès qu'ils sont abattus. Car ce n'est pas assez pour nous de raconter sans douleur la défaite du droit; nous nous faisons un point d'honneur de légitimer cette défaite (1), trouvant toujours mille

---

(1) M. Guizot, *Histoire de la Civilisation*, leçon xi, p. 95. « Les patriotes du quinzième siècle ont déploré cette révolution qui de toutes parts faisait surgir ce qu'ils avaient droit d'appeler le despotisme. Il faut admirer leur courage. Mais il faut

excellentes raisons de l'approuver et de la consacrer, ce qui nous entraîne le plus souvent à braver l'évidence. A la place de ces raisons solides que les historiens cherchaient autrefois dans l'observation de la nature vivante, nous nous piquons de trouver nos raisons dans une maxime d'école. En voyant les communes naissantes refoulées, écrasées par le pouvoir royal, qui ne croirait que nous allons en tirer la conclusion naturelle, que ces communes sont tombées parce qu'elles se sont trouvées aux prises avec un pouvoir déjà démesuré, et que le plus faible a été étouffé par le plus fort? Au lieu d'une cause si simple, si manifeste, et qui renferme un si profond enseignement, nous accusons les communes : si elles sont tombées, c'est par leur faute, par leurs excès, parce qu'elles obéissaient à un *parti extrême*, comme si la monarchie n'avait point été extrême, quand on dit à chaque ligne qu'elle était absolue! comme si elle n'avait point commis d'excès, comme si un système ne pouvait vivre qu'à la condition d'être régi par des anges, comme si enfin, pour rendre raison de la chute violente et précipitée d'une institution, il suffisait d'avancer qu'elle n'était pas sans défauts !

Et non seulement nous condamnons ainsi nos

comprendre que cette révolution était non seulement inévitable, mais utile. »

précurseurs, mais nous saluons d'un applaudissement unanime le pouvoir qui les accable. Le régime que nos historiens appellent une *tyrannie protectrice* (1) se forme au quatorzième siècle sans qu'il y ait de notre part une seule réserve contre ce mal nécessaire. Cette œuvre éclate sous Charles V; c'est pour nous le roi sage par excellence. Il établit de sa propre volonté l'impôt permanent, et ôte ainsi aux états généraux leur première raison d'être. Ils n'ont plus de sanction; on les appelle, on les renvoie au gré d'une fantaisie; cette ébauche d'une grande institution n'est plus qu'une ombre. Avec le principe du consentement de l'impôt disparaît en réalité le principe de la souveraineté nationale. A la place de ces premiers rudiments d'institutions populaires apparaît un seul maître *qu'on verra plus tard*, disons-nous, *à contenir ou à jeter par terre* (2). Charles VI, Charles VII, marchent à grands pas dans cette voie; s'il reste par hasard un vestige de garanties politiques, ils achèvent de les anéantir avec les milices des villes. Le dernier coup porté à l'indépendance des communes, c'est l'établissement de l'armée permanente dans la main exclusive de la royauté.

(1) Lavallée, t. II, p. 31.
(2) Louis Blanc, *Histoire de la Révolution française*, t. I, p. 181.

Tout le mécanisme du pouvoir despotique est achevé : et, qui le croirait ? à ce moment de notre histoire c'est un cri enthousiaste, un hymne qui s'échappe de la bouche de l'historien. Le plus extraordinaire, c'est que cet enthousiasme nous est arraché non pas seulement par le respect de la force, ou par le spectacle de la formation d'un vaste empire marchant à l'unité civile, mais bien par la conviction que l'absolutisme fait ici l'ouvrage de la liberté (1). Je cite les paroles de l'un des hommes assurément les plus judicieux de notre temps ; en les transcrivant, j'avoue que chaque mot renouvelle pour moi l'étonnement que me fait éprouver le système : « La forme de la monarchie moderne, de ce gouvernement destiné dans l'avenir à être à la fois un et *libre*, était trouvée ; ses institutions fondamentales existaient, et il ne s'agissait plus que de le maintenir, de l'étendre et de l'enraciner dans les mœurs (2). »

Il faudrait peser ici chaque syllabe. Les institutions fondamentales d'un gouvernement *libre* étaient trouvées, dit-on, car on avait trouvé toutes celles d'un gouvernement absolu. La liberté seule manquait (elle n'est donc pas nécessaire à un gouvernement libre). Pour s'élever à la liberté, il ne

---

(1) Buchez et Roux, *Histoire parlementaire de la Révolution française*, t. XIII, p. xiv et *passim*.

(2) Augustin Thierry, *Essai sur l'Histoire du tiers état*, p. 93.

s'agissait plus que de maintenir, étendre, enraciner dans les mœurs le pouvoir absolu.

Retournez comme vous voudrez ces conclusions de notre philosophie de l'histoire, je défie qu'on en fasse sortir autre chose. Quand de pareils résultats couronnent la pensée d'un grand écrivain, et qu'il traverse ces abîmes sans même s'en apercevoir, ce n'est certes pas faute de science ou de génie. Mais cela prouve deux choses : la première, que le système en grandissant a acquis une force aveugle qui entraîne son auteur lui-même ; la seconde, que ce système est entré dans les habitudes de la conscience publique, et que ces sophismes toujours béants font partie de notre patrimoine.

Un point, ce semble, aurait dû nous arrêter, je veux dire le caractère que nous-mêmes attribuons à la royauté dans toute la race romane et dans la France en particulier. Tout le monde avoue que dès l'origine la monarchie a été modelée en France sur le principe du pouvoir impérial chez les Romains. Même nos rois chevelus vivent du souffle des Césars. Charlemagne et les siens ne font que confirmer cette imitation. La troisième race ne change rien à ses idées classiques ; au contraire elle leur donne une force irrévocable, et le pouvoir central se trouve irrévocablement jeté dans le moule du Bas-Empire. La superstition civile pour l'empire romain qui s'était éveillée en Italie avec les glossateurs éclate bientôt en France ; là aussi elle devient une religion politique.

Ces illusions des jurisconsultes, des poètes toscans du douzième siècle sur les félicités de l'époque des Césars, sont accueillies avidement et répandues chez nous dès le siècle suivant ; légistes, juges, conseillers, officiers royaux, tous propagent la chimère d'un âge d'or impérial ou gibelin, laquelle devient bientôt la science, la tradition et comme la passion du tiers état. Le moindre bourgeois du quatorzième siècle avait sur ce point l'imagination aussi fertile que l'auteur de la *Comédie divine*. Séduit par ce fantôme, qui déjà avait aveuglé Dante, le tiers état cherche le principe de la rénovation sociale dans les cendres du Bas-Empire. On veut tout donner au roi, parce que dans l'époque sacrée on a tout donné à l'empereur. Le monarque féodal doit être le principe de la justice, de la liberté, de la vie publique, comme l'a été le César ; chose singulière, cette passion de s'engloutir dans l'autorité du prince par imitation classique de l'antiquité est si grande, qu'elle survit encore chez nos historiens !

Nous continuons aujourd'hui, dans nos systèmes, à subir le joug des mêmes fictions, avec la seule différence que l'illusion ingénue de nos ancêtres est devenue une illusion volontaire, systématique, et que la science produit chez nous le même résultat que l'ignorance chez eux. Nous savons ce que nos aïeux ignoraient, que leur conception de l'histoire romaine est imaginaire, que le modèle sur lequel ils se sont réglés n'a jamais existé, que cette félicité prétendue est une invention des poètes, que le pouvoir absolu dans Rome impériale n'a enfanté en réalité que servitude, silence, qu'il a abouti à la mort d'un monde ; et malgré cette connaissance assurée, quand nous retrouvons la même forme de pouvoir dans notre histoire, nous nous y confions, je ne dis pas sans crainte, mais avec joie, comme si le flot qui a porté les autres à la mort devait nous porter à la vie ! Je ne sais par quel artifice de notre jugement nous nous bâtissons aussitôt le même songe de félicité publique que les hommes du moyen âge. En dépit de l'évidence, nous nous créons un âge heureux sous nos Dioclétiens et nos Justiniens modernes, les Philippe le Bel et les Louis XI ; tant il est vrai qu'il est certaines idées, certaines traditions qui pèsent comme la nécessité sur le front de certaines races.

Loin d'être effrayés de voir notre société se former sur le principe de l'antiquité dégénérée, c'est de quoi nous nous vantons ; si nous avons hérité de ses vices, nous nous croyons d'assez bonne maison. Nous triomphons de nous éveiller à la vie dans le tombeau du Bas-Empire. Dérivant tout de ce tombeau, sacrifiant tout, franchises locales, municipales, provinciales, noblesse, tiers état, peuple, c'est ainsi que nous entraînons de génération en génération la société française vers un idéal byzantin, comme un corps vivant qu'on lie à un cadavre ; et dans notre idolâtrie pour une antiquité morte et difforme, nous croyons approcher de la liberté moderne à mesure qu'elle s'éloigne davantage.

Une conscience résiste-t-elle ? Cette conscience a tort ; elle est aveugle ou coupable. Mais si tout cela n'était que chimère ; si dans cette marche nous n'embrassions jamais que le même fantôme ; si la conscience était plus sûre que le système ; si Byzance était un triste berceau pour une société nouvelle ; si une science fausse engendrait une vie fausse ! Je vois deux pays de race latine où la même tradition illusoire, le même aveuglement dantesque a produit des erreurs analogues, — l'Italie et la France. La première y a perdu l'indépendance, la seconde la liberté pendant dix siècles.

Cela est si vrai, qu'à notre insu nous cherchons à échapper à notre propre système par les mots dont nous le voilons, dénaturant la langue pour empêcher les choses de crier. Quand nous avons glorifié sans réserve de règne en règne la marche ascendante du pouvoir absolu, quel est le nom que nous lui donnons ? Nos historiens ont un mot consacré pour exprimer la domination illimitée de nos rois : ils l'appellent une *dictature* plébéienne, un *tribunat démocratique*, et par là ils montrent que leur théorie les offense en quelque chose, puisqu'ils se la déguisent à eux-mêmes.

Quelle ressemblance, je vous prie, entre la dictature romaine et la monarchie féodale du moyen âge, l'une temporaire pour un danger déterminé, passager, l'autre perpétuelle, permanente, qui ne doit finir qu'avec la société même ? Où est la moindre analogie entre le dictateur élu dans une société libre par un peuple, un sénat, qu'il représente pour un objet déterminé, et un souverain qui ne puise son droit qu'en lui-même ? N'est-ce pas au contraire tout ce qu'il y a de plus opposé par la nature des choses ? Donner le même nom à la liberté et au pouvoir absolu, n'est-ce pas une volonté arrêtée de se faire illusion à tout prix ? Que peut servir ce faux calque de l'antiquité romaine transporté dans notre moyen âge, sinon à nous aveugler ? Au lieu de reconnaître que notre théorie du pouvoir est celle des plus mauvaises années du Bas-Empire, nous cherchons à l'antidater. Nous la rejetons dans la Rome bâtie de briques avec les titres de dictateurs et de tribuns, tant nous avons besoin de nous tromper. Il n'est pas jusqu'à la servitude universelle que nous n'appelions l'indépendance du pouvoir, trouvant ainsi moyen de glisser le nom de la liberté même en définissant le despotisme.

Avec cette étrange logique, il ne me serait pas difficile de refaire l'histoire de la décadence romaine et de réfuter Tacite, comme le voulait Napoléon. Je réunirais les nombreux édits des empereurs ; je montrerais le divin Tibère fondateur du crédit gratuit (1), Claude, protecteur de l'esclave, Néron soutien de l'affranchi et qui médite l'abolition de l'impôt, Caracalla qui étend le droit de cité à tout l'univers romain : j'établirais ainsi que le prince tenu jusqu'à ce jour pour le plus méchant a été, en réalité, le bienfaiteur du genre humain. Je montrerais le grand monument du droit romain, cette charte éternelle à laquelle travaillent sans interruption tous les princes sortis de l'acclamation du peuple et de l'armée; j'établirais que leur tyrannie fut un bienfait, puisqu'elle leur donna la force d'inscrire dans le code ces lois d'émancipation contre lesquelles eût toujours protesté l'esprit étroit du monde antique. S'ils s'emparèrent de tout, ce ne fut point égoïsme ; ils prétendirent seulement développer le droit et l'étendre à tous les misérables. Il était nécessaire qu'ils foulassent le monde pour le sauver; rien n'est à condamner dans ces temps, sinon la méchanceté des déclama-

---

(1) Tacite, *Ann.*, vi, 17.

teurs qui ont voulu en médire. Tacite, bien considéré, n'est plus qu'un rhéteur ; son esprit, tourné à l'effet, n'aperçoit que la superficie des choses ; quelques mauvaises têtes que l'on châtie lui cachent le sens profond des événements. Que nous importent tant de meurtres salutaires, détails insignifiants en comparaison de ce travail persévérant des Césars pour édifier dans la loi la cité de la justice ? Ce sont leurs édits, leurs rescrits qui font l'histoire, non pas quelques actes sanglants, qui témoignent d'ailleurs de l'énergie avec laquelle les réformateurs du monde embrassaient l'avenir. Ce Claude, que l'on disait imbécile, avait après tout une bien autre tête que Tacite. Le prince touchait au fond des choses dans ses rescrits, l'historien ne touchait qu'aux mots. Qu'est-ce que cette sensibilité maladive de l'auteur des *Annales* qui lui montre tout en noir ? Un degré de plus de raison, et il eût aperçu la marche progressive des choses sous la main savante des despotes. Ce qu'il prenait pour la décadence lui eût paru la consommation et le triomphe de l'antiquité. Au reste, le peuple, plus intelligent que les rhéteurs, ne s'y est pas laissé prendre ; par ses sympathies éclairées, il a vengé les douze Césars des insultes de l'historien ; ceux dont les idéologues ont le plus médit ont été le plus aimés de la foule : cet amour ne trompe pas.

Je ne vois pas aisément en quoi cette manière de

raisonner diffère de celle de nos historiens, si j'en excepte pourtant ce qui concerne l'acclamation et l'amour des peuples. Dans tout le reste, tout est semblable ; et il est certain que cette méthode historique serait infaillible, tant pour l'antiquité que pour notre propre histoire, si l'on pouvait faire abstraction des deux difficultés qui suivent, et qui l'une et l'autre sont inséparables de la nature humaine.

La première tient à l'esprit même du pouvoir absolu. Qui ne sait que sous un gouvernement de ce genre rien ne diffère plus que la loi écrite et la loi appliquée ? Voulez-vous écrire une histoire chimérique, jugez de la situation des choses par les édits, les rescrits, les ordonnances. Où est le méchant prince qui ait jamais affiché la méchanceté dans ses paroles publiques ? Elles ne respirent que mansuétude, charité, justice pour tous, religion. A ce compte-là, nous nous faisons les complices de la ruse, tenant pour rien les sentiments, les affections, les cris étouffés des générations contemporaines, n'estimant pour témoignage valable que les pièces écrites de la main du pouvoir.

Nous voilà, dès l'entrée, dupes de toute écriture scellée; le moindre parchemin a pour nous force d'évangile ; nous y croyons plus qu'à la réalité; l'encre brille plus à nos yeux que le sang et les pleurs des peuples; nous prenons pour la vie nationale l'ordre administratif. Mais qu'est-ce que toute cette chancellerie, quand elle est contredite par les événements ? Assurément la besogne de l'historien est autre, s'il est vrai que son principal devoir est d'empêcher les générations futures d'être abusées par ce grimoire officiel. Nous ne jugeons plus du prince par sa pensée, nous ne lisons plus dans son âme, nous nous arrêtons à la parole, à l'extérieur, à l'écriture, à la robe, à l'habit. La moindre complaisance de si grands personnages nous séduit et nous gagne. Après trois ou quatre cents ans, nous ne pouvons soutenir un moment la familiarité de ces têtes royales sans nous sentir mollir, pauvres serfs que nous sommes de leur grandeur passée ! A peine nous sentons la poignée de main d'un despote, nous l'acclamons pour un des nôtres. Qui d'entre nous a résisté à l'habit de bure de Louis XI ?

La seconde difficulté est la conscience : nous la supposons à peu près abolie ; il est nécessaire qu'elle le soit entièrement. Effacez du cœur humain l'instinct de la dignité, tout s'aplanit pour nous donner raison. Que l'âme humaine ne soit pour rien dans l'histoire des hommes, — Thucydide, Salluste, Tacite et les historiens de leur école ne sont plus que des déclamateurs de collège. Combien les recherches sont facilitées, la méthode simplifiée, la marche assurée ! Nous touchons à la perfection qui nous fait envie dans l'histoire naturelle. Mais cet idéal, nous sommes loin de l'avoir atteint, et jusqu'à ce que nous ayons extirpé l'âme humaine de l'histoire des hommes, nous rencontrons une difficulté devant laquelle il nous faut reculer : comment concilier le progrès vers la liberté, c'est-à-dire le progrès dans le monde moral, avec l'oppression continue de la conscience? Nous blâmons le tiers état toutes les fois qu'il réagit au moyen âge contre l'accroissement du pouvoir absolu. Or cette idée permanente de justice, c'est la substance même de l'histoire : cette résistance, c'est précisément celle de l'âme; cette protestation, c'est le signe de la nature humaine, c'est la preuve qu'il s'agit ici d'êtres raisonnables, non d'automates; c'est le germe de toute liberté future.

Comment donc entendons-nous que la liberté puisse naître, si nous trouvons bien qu'elle soit extirpée dès qu'elle ose se produire au fond des cœurs? D'où viendra-t-elle? De quels cieux inconnus descendra-t-elle? Comment fera-t-elle son apparition dans notre histoire ? Sera-ce donc un miracle? O les plus imprévoyants des hommes! vous répétez à satiété que rien n'est solide, rien n'est durable que ce qui a son fondement dans le passé; et en même temps, pour mieux préparer la liberté, vous commencez par la condamner et la proscrire partout où vous la découvrez dans votre histoire!

D'où cela vient-il? D'une conception fausse et toute matérielle de la vie sociale. Nous nous figurons la liberté comme un accessoire, un luxe. L'unité d'abord, disons-nous, la centralisation, la puissance, la richesse, l'aplanissement du sol, les ordonnances sur les eaux, les forêts, les routes, les canaux; plus tard la liberté viendra, et c'est là qu'est l'erreur profonde.

Comme si la liberté n'était qu'une superfétation étrangère, parasite, qui à un moment donné et par hasard s'ajoute au corps social ! Comme si ce n'était pas l'âme même des peuples destinés à être libres, la sève de l'arbre! Comme si enfin il était aisé de la faire renaître quand on l'a extirpée, même avec les meilleures intentions du monde!

Dans le calcul, nos théoriciens ont négligé une quantité qui se trouve avoir une valeur énorme : c'est la question morale. Ils ont oublié l'effet que produit sur un peuple l'éducation séculaire du pouvoir absolu. Où ils ont vu le progrès dans l'ordre matériel, ils ont vu la révolution consommée; ils n'ont oublié qu'une chose dans l'histoire humaine, c'est l'âme humaine, sans songer que sous la pression d'une monarchie sans limite se formait le tempérament d'une nation à laquelle il deviendrait de plus en plus difficile de pouvoir respirer l'air de la liberté.

Nous nous félicitons à mesure que nous voyons les rois de France agir, penser, vivre à notre place. Il nous plaît que d'autres se chargent du soin de notre dignité, de notre fierté, oubliant que toutes les nations qui ont procédé ainsi se sont trouvées incapables à la fin de sortir de tutelle et d'entrer en possession d'elles-mêmes. Que de peuples formés par le pouvoir absolu sont restés dans une éternelle enfance sans avoir pu jamais prendre la robe virile, fantômes dont on a peine à discerner l'existence sous l'histoire de leurs maîtres! L'education du peuple par ses institutions, c'était le fond des historiens de l'antiquité. Par quelle fatalité nos théoriciens ont-ils renoncé à ces larges bases?

A mesure que les événements nous pressent, que la nature humaine se soulève, nous nous endurcissons davantage dans notre formule uniforme. Nous la répétons bruyamment pour faire taire le cri des choses à l'approche de la renaissance. La tyrannie d'abord, ensuite la liberté! mais la liberté ne vient pas : je suis déjà au quinzième siècle ; rien n'apparaît à l'horizon. Je crains que par ce chemin nous ne soyons entraînés à une irréparable méprise ; arrêtons-nous, de grâce, quittons ce sentier perdu ; prenons la grande route de la conscience universelle. Voyez! il en est peut-être temps encore. — Non pas, certes! Y pensez-vous? Il serait beaucoup trop tôt. Travaillons seulement à réhabiliter ce tout qui a poussé au pouvoir absolu : nous préparons ainsi les esprits à mieux comprendre les franchises politiques. — Mais nul peuple sur la terre n'a suivi ce chemin sans périr. Vous avez contre vous tous ceux qui ont vu grandir ou tomber une nation. — Je l'avoue, et qu'importe? Nous faisons exception; chez nous, le pouvoir absolu a toujours une mission providentielle. Il est vrai que par ce chemin nous n'avons jamais rencontré ce que nous cherchons; mais cela même nous confirme dans l'idée que notre système est irréprochable et qu'il faut nous y tenir.

Ainsi, de siècle en siècle, l'historien se défait de tout sentiment humain comme d'une faiblesse. Plus il s'éloigne de la nature, plus il s'imagine être dans la vérité; et il ira par cette pente jusqu'à reconnaître une intention bienfaisante de la Providence dans chacun des vices particuliers du prince.

Cette superstition chez des esprits si affranchis d'ailleurs éclate avec une étrange naïveté. « Celui-ci, disons-nous, fut bien servi par ses vices, par son égoïsme, par son ingratitude (1). » Il s'agit de Charles VII. Quand nous arrivons à Louis XI, c'est bien autre chose; voilà notre héros. Il nous

---

(1) Lavallée, *Histoire des Français*, t. II, p. 157.

faut sans sourciller tout dévorer de ce roi bourgeois, en qui nous voyons le promoteur, le précurseur de nos révolutions. Tout nous plaît de lui ou doit nous plaire, car il fit tout pour notre bien. « Le despote Louis XI n'est pas de la race des tyrans égoïstes (1), » répétons-nous en saluant la justice de Dieu qui distribue l'égalité par la main d'Olivier le Daim. L'ancien barbier devenu comte de Meulan chatouille en nous notre âme de prolétaire. Son maître et lui, voilà nos bons génies; nous les prenons pour saints et pour patrons. — Cet autre, disons-nous, a refoulé les principes éternels de la morale et de l'humanité; mais qu'importe en comparaison du bien qu'il nous a fait ! Il a mis sous ses pieds le respect des formes et des traditions judiciaires ! D'accord ; qu'est-ce que cela ? « Nous l'admirons avec gratitude (2). » Comment les générations que ces hommes ont étouffées ont-elles bien pu se plaindre ? Comment n'ont-elles pas compris que leur avilissement nécessaire préparait notre dignité morale ?

Eh quoi ! ces hommes n'étaient-ils point trop heureux que l'on versât leur sang pour qu'à la fin des temps ce sang engendrât une hypothèse ?

(1) Augustin Thierry, *Essai sur l'Histoire du tiers état*, p. 94.
(2) Augustin Thierry, *Essai sur l'Histoire du tiers état*. « Il a étouffé en lui-même et refoulé dans de nobles âmes les principes éternels de la morale et de l'humanité. A la vue des grandes choses qu'il a faites, on l'admire avec gratitude. »

Voilà vraiment de bien petits esprits que ces gens du quatorzième, du quinzième, du seizième siècle, de n'avoir pas deviné qu'ils seraient trop payés un jour par l'avènement du pouvoir parlementaire, qui, il est vrai, n'a fait que passer et disparaître, mais qui dans l'hypothèse est censé éternel pour le besoin du système !

Ces prétendues grandes vues, ce machiavélisme posthume font éprouver d'autant plus d'impatience, qu'ils sont l'œuvre des plus honnêtes gens du monde; car en France les honnêtes gens ont tellement peur de paraître dupes, qu'ils commencent par prendre les devants sur toutes les conceptions les plus tortueuses. Quand ils ont légitimé à tort et à travers toutes les oppressions dans le passé, ils se croient parfaitement en règle contre les embûches de l'avenir.

Des chefs d'école, ces systèmes ont passé aux disciples; ceux-ci les ont popularisés dans les livres à l'usage des enfants; aujourd'hui ces idées sont maîtresses de l'éducation, elles sont entrées dans le sang.

Interrogez votre enfant le plus ingénu. Sa leçon est faite. Il vous répondra, comme un Machiavel consommé, que sans doute tant de cages de fer, de potences dressées font mal à voir, mais que tout cela était nécessaire pour que tout le monde fût heureux, et qu'il y eût à la fin un jeu de boule à la place de la Bastille. Si vous continuez l'interrogatoire, l'intrépide logicien ne manquera pas d'ajouter que les bons exemples, la morale en action sont faits pour l'histoire ancienne, mais que dans l'histoire de France on ne saurait qu'en faire ; que les braves gens n'y servent à rien et y sont toujours nuisibles ; qu'il s'agissait de ruiner les nobles ; que le plus sûr moyen était de les pendre ; qu'il suffit de savoir quel est le battu pour savoir quel est le coupable ; que celui qui a le poing le plus fort est toujours l'homme de Dieu, — sans quoi il serait impossible de retenir par cœur le tableau des trois races.

J'ai peur que nos haines de classe nous aient aveuglés. Nous avons vu le pouvoir central humilier la noblesse ; nos pauvres âmes bourgeoises et prolétaires ont tressailli de joie, comme si renverser la noblesse pour y substituer le pouvoir d'un seul, c'eût été appeler la démocratie à la vie. Je crains qu'il n'y ait eu plus de joie jalouse que d'intelligence dans l'applaudissement que nous avons donné à la toute-puissance du prince. Ce qu'il ôtait à nos maîtres, — liberté, dignité, indépendance, — il nous semblait qu'il nous le donnât à nous-mêmes. Personne n'ayant plus de garanties ni de franchises, nous avons compté pour un progrès manifeste de nous voir tous ravalés au même néant. Les roturiers avaient les charges, les places ; il n'en a guère fallu davantage pour apprivoiser notre humeur plébéienne. Nous admettons volontiers que c'est par amour pour nous qu'un Charles V, un Louis XI a daigné tout usurper. Nous aimons à nous dire que nous avons été l'objet permanent de sa pensée, que nous avons rempli de notre importance la vaste capacité de ses prodigieux desseins; et j'admire que les mêmes hommes qui détestent de nos jours de toute la puissance de leur cœur l'idée d'un nivellement social, lequel ôterait tout à tous pour ne laisser subsister que la grandeur de l'État, exaltent cette idée dès qu'ils la rencontrent dans le passé.

Notre histoire est pleine de ces mots triomphants : « La noblesse a été privée de ses droits par la jalousie de nos rois, elle a perdu la vie politique dès le quinzième siècle ; » mais ces droits dont on dépouillait les grands, voit-on que les petits en fussent revêtus? Cette vie publique qu'on ôtait à la noblesse s'étendait-elle au reste de la nation? Ceux qui étaient libres cessaient de l'être; ceux qui ne l'avaient pas été encore l'étaient-ils davantage? Je vois bien qu'il n'y a plus de patriciat, je ne vois pas pour cela une démocratie naissante; ni noblesse, ni peuple ; la noblesse a perdu tous ses droits politiques, le peuple n'en a acquis aucun. Dites-moi si c'est là le but du travail des siècles!

Par ces questions et par les réponses qui y sont faites, on touche bientôt le fond de nos systèmes, et l'on découvre avec étonnement que nous faisons marcher dans un ordre directement opposé la civilisation et la liberté. L'une augmente à mesure que l'autre diminue, et la première n'est complète chez nous, sous Louis XIV, que lorsque la seconde a achevé de disparaître. Ce divorce de la civilisation et de la liberté est le côté honteux de notre histoire. Chez les anciens, une pareille mutilation de la nature humaine n'existait pas. Les temps de liberté sont les temps glorieux ; les époques asservies sont les époques d'opprobre. Nos historiens ont fait des efforts prodigieux pour pallier ce vice. Si, à mesure que la société se perfectionne, les droits politiques s'effacent, il en résulte que le dernier terme de progrès dans l'homme serait le dernier excès de l'asservissement. Une si effroyable conséquence nous a naturellement effarouchés ; c'est pour en sortir que nous nous sommes jetés dans les vagues définitions de la civilisation, à travers lesquelles tout ce qu'on entrevoit, c'est que le mal et le bien sont à peu près pour nous la même chose, puisqu'à nos yeux c'est le mal qui doit enfanter le bien : doctrine qui suppose dans le monde moral la transformation des types à laquelle répugne toute la nature visible ! Il faut, pour nous tirer d'affaire, que le loup enfante l'agneau ; on verra bientôt que nous ne reculons pas devant cette nécessité.

En même temps se confirme une chose que je n'avais fait qu'entrevoir précédemment. De ce que, selon nos théories, la liberté décroît à mesure que la civilisation augmente, il suit avec évidence que nous appelons *civilisation* l'ordre purement matériel ; ce qui revient à dire que le problème de notre société, tel que nous le concevons dans le passé, est celui-ci : — s'asservir pour s'enrichir. Mais sous cette expression nue, qui est la plus vraie, on découvre que le problème est insoluble, puisqu'une loi supérieure, qui est la loi même des choses, empêche que nul esclave ne possède, sinon à titre précaire et illusoire ; d'où il arrive que les sociétés fondées sur le principe dont quelques-uns ont voulu faire la substance même de notre histoire se consument dans la recherche de deux choses absolument inconciliables, la servitude et le bien-être, sans même parvenir jamais à reconnaître leur impuissance.

Quand enfin l'œuvre du pouvoir central est consommé et qu'il ne reste plus un germe de vie publique, un grand historien se résume ainsi : Grâce au pouvoir absolu, la France « ne forme plus qu'une seule masse d'eau contenue entre ses deux rives(1) ».

---

(1) Augustin Thierry, *Essai sur l'Histoire du tiers état*, p. 65

Cela est vrai ; ce n'est pas moi qui ai la prétention d'empêcher par une parole ce Niagara de marcher à sa pente. Je sais trop bien ce que peut une voix isolée qui s'élève sur ces rivages à demi emportés. La vague roule avec orgueil ! elle dit en se précipitant : « Cet homme avait peut-être de bonnes intentions ; par malheur il n'est pas à la hauteur des principes. Passons. »

Moi-même qui combats ces systèmes historiques, j'en admire les auteurs ; je subis malgré moi leur influence, j'aime, je respecte leur science, leur bonne foi. Comment mettrais-je à les combattre la suite, la persévérance que j'apporterais volontiers, si des talents si vrais ne m'imposaient une réserve qui s'allie mal avec l'espérance passionnée de vaincre? Je crois profondément à ce que je dis, je crois même que rien n'est plus évident ; en même temps je suis persuadé qu'il devient chaque jour plus difficile de ramener la vérité dans la masse des esprits.

Il est des idées fausses qui entrent dans la tête des peuples comme dans celle des individus. Tout le génie du monde n'y fait pas obstacle. C'est presque toujours par des idées fausses soutenues avec éclat que les peuples se sont perdus. Les Grecs ne manquaient pas d'esprit ; il fut toutefois impossible de leur faire avouer que l'esclavage pouvait être une injustice en morale et un mal positif dans l'État. Il a été de même impossible de convaincre les Romains d'une chose plus claire que le jour, à savoir que les *latifundia* dépeuplaient l'Italie, et qu'ils périraient par là. La difficulté fut la même de persuader les Byzantins que pour le salut de leurs murailles il valait mieux combattre par l'épée que de disputer sur la consubstantialité. Autre exemple : il fut impossible de faire comprendre aux Italiens modernes que l'empereur d'Allemagne ne descendait pas de Jules César, que les lansquenets d'Autriche n'étaient pas les légions de Trajan ; au contraire, le plus beau génie consacra cette illusion, qui devint à la fois et la gloire et le fléau de l'Italie. De la même manière, il semble impossible d'arracher aux Français le système par lequel ils font des envahissements du régime arbitraire au moyen âge la préparation aux libertés modernes.

III

C'était peu d'avoir cherché dans la caducité byzantine le principe de toute renaissance; nous touchons au moment où la méthode va subir une plus rude épreuve. Le système se heurtera contre l'évidence, il n'en sera point ébranlé. Pour nous braver, éclate la grande révolution religieuse du seizième siècle, qui renferme en germe toutes les révolutions morales et politiques de l'avenir! L'embarras qu'elle nous cause est immense. Les masses de la nation française ont rejeté cette révolution. Plus papiste que le pape, plus royaliste que le roi, le peuple chez nous au seizième siècle a été l'adversaire de la liberté de conscience : il a, par tous les moyens que la passion peut inspirer, repoussé, condamné, maudit, accablé cette liberté naissante. Ici les choses humaines se partagent, il faut que nous fassions notre choix : d'un côté, la France de la ligue, le catholicisme impitoyable du concile de Trente, la papauté, Pie V, Sixte V et cet immense effort vers le passé qui s'appuie sur l'Espagne et sur Philippe II; de l'autre, les nouveautés en matière de foi qui *partout affectent l'état populaire*, la république de Hollande, de Genève, les fondements de tous les États qui sont libres aujourd'hui, et, pour représenter ce mouvement d'émancipation politique, des personnages tels que Guillaume d'Orange.

Remarquez que, dans ce grand conflit, chacun des partis qui divisent le monde a sa pensée écrite sur son drapeau. Pour s'abuser, il faut absolument le vouloir. De plus, les temps qui ont suivi ont admirablement éclairé la question ; on a vu depuis trois siècles les doctrines de la ligue aboutir partout à l'absolutisme, celles de la Réforme aux innovations modernes. Si nous tenons à conserver l'initiative des tempêtes, que ferons-nous ? Quel parti accepterons-nous dans le passé ?

Il faut une certaine intrépidité pour sortir de cette épreuve, et je ne sache pas qu'aucun système en ait subi de pareille. Mais la méthode suivie jusqu'ici parle, juge, décide à notre place. Ramenant notre philosophie à la théorie du duel judiciaire, remontons à notre principe et posons nos questions accoutumées : Dans la France du seizième siècle, quel a été le vainqueur ? — Le pape. — Quel a été le vaincu ? — La Réforme. — En d'autres termes, qui est resté le maître ? Est-ce le passé ou l'innovation ? -- Le passé. — Sur cela, armés de cette grande maxime, que le vainqueur ne peut jamais avoir tort, que tous les faits accomplis dans notre histoire le sont dans l'intérêt de la liberté, nous décidons d'une manière générale qu'au seizième siècle, en France, l'absolutisme religieux c'était l'indépendance; l'esprit d'examen c'était la servitude; l'inquisition c'était la vraie réforme; **la monarchie espagnole** c'était la royauté révolutionnaire.

Une fois notre parti pris, il est incroyable avec quel stoïcisme nous l'avons soutenu, nous distribuant les uns aux autres la tâche d'interpréter l'évidence jusqu'à ce que nous l'ayons changée en ténèbres. Les plus intrépides s'attachèrent à commenter la Saint-Barthélemy. C'était l'événement qui résistait le plus à nos doctrines : on eût regardé comme un prodige que cet événement pût entrer dans les traditions et les origines des libertés nouvelles; mais, si ce prodige était accompli, quelle difficulté pouvait rester ? Évidemment tout le problème était résolu.

Il se trouva des hommes très accrédités pour qui ce miracle fut un jeu; ils prouvèrent doctement et de sang froid, au moyen de la méthode acceptée jusque-là, que la *sanglante exécution* (1) de la Saint-Barthélemy avait été un acte de salut public, lequel avait été indispensable pour abattre l'aristocratie et préparer l'ère de la fraternité moderne. Je ne sais dans quel langage mystique,

---

(1) Buchez et Roux, *Histoire parlementaire de la Révolution française*.

accouplant les siècles les plus opposés, ils forçaient les papistes de la Saint-Barthélemy de communier avec les encyclopédistes de la Convention dans la même coupe sanglante. Jamais l'esprit français n'avait été condamné à dévorer de si effroyables sophismes. Ce qu'il y eut d'étonnant, ce n'est pas qu'il se soit rencontré des auteurs pour inventer de pareilles choses, mais qu'il se soit trouvé beaucoup d'hommes pour y croire. On s'interrogeait, on se demandait si l'étonnement excité par ces théories n'en prouvait pas la profondeur. N'était-ce pas un trait de génie que de donner Pie V et Sixte-Quint pour précurseurs à Robespierre et à Saint-Just? tant on avait besoin de se chercher des ancêtres, tant on était entraîné par l'idée que le peuple de France, étant le peuple de Dieu, n'avait pu se tromper de route un seul jour; tant surtout l'esprit était prêt à tout accepter, par la longue habitude de l'interprétation scolastique!

Ce qui paraîtra, j'imagine, inconcevable à la postérité, c'est qu'après avoir recueilli, dans l'histoire parlementaire, toutes les paroles brûlantes de la révolution française, nous ayons placé ces monuments de l'audace de l'esprit philosophique sous la sauvegarde et la consécration religieuse du fanatisme catholique du moyen âge. Ce qui surprendra plus encore, c'est que la révolution française ainsi tonsurée et cloîtrée soit devenue la règle de foi de presque toute une génération de révolutionnaires. Les décrets du Comité de salut public commentés par Torquemada et par Philippe II, nous en avons fait notre Bible et notre bréviaire (1).

Ceux qui, plus timides, n'osèrent pas revendiquer la Saint-Barthélemy comme un des trophées de la démocratie, se retranchèrent dans la ligue (2). Les sympathies de nos écrivains les plus révolutionnaires ne manquèrent pas de se déclarer pour ce parti. Il fallait montrer que le catholicisme furieux des ligueurs donnait la main aux révolutions de nos jours, toutes accomplies dans un sens opposé. Cela parut facile après la tentative précédente, qui eut l'avantage de faire passer pour modérées les explications les plus extrêmes. On montrait les mouvements populaires de la ligue, les processions en armes, les révoltes, les barricades; n'était-ce pas là autant de signes de ce qu'on appelle une révolution? L'idée qui était au fond de ces mouvements, on l'oubliait; on ne s'arrêtait

---

(1) Voyez les préfaces de l'*Histoire parlementaire de la Révolution française*, par Buchez et Roux.

(2) Buchez et Roux, *Histoire parlementaire de la Révolution française*, t. I, p. 136. « Il suffit de dire que mettant de côté les motifs de la cour, le sentiment qui poussa le peuple à permettre cette terrible action était une colère trop justifiée où il y avait autre chose que du fanatisme religieux. Ce fut la noblesse qu fut frappée, cette noblesse qui depuis si longtemps troubloit les destinées du pays. »

qu'aux apparences, aux choses extérieures, aux soulèvements, au bruit du tocsin.

Une nation se replongeait avec fureur dans un passé fanatique ; mais ces révoltes contre l'avenir avaient été mêlées de menaces contre l'autorité, et il n'en fallait pas davantage pour que cette horreur dont une nation était saisie contre les innovations passât pour le principe de toute innovation. On voyait un peuple s'agiter dans la rue ; sans se demander s'il ne tournait pas le dos à l'avenir, cela suffisait pour que l'on se dît : Là est le chemin des démocraties futures !

Pour achever de dompter l'histoire, qui se révolte ici, il fallait non seulement réhabiliter l'absolutisme de la ligue, mais faire le procès à l'esprit de la révolution religieuse du seizième siècle ; c'est à quoi nous n'avons pas manqué. Si le protestantisme conservait le caractère novateur qu'on y avait vu jusque-là, nos interprétations tombaient d'elles-mêmes. C'était une nécessité pour nous de démontrer qu'au seizième siècle le catholicisme que nous avons gardé était le novateur, et que le protestantisme que nous avons rejeté était le principe rétrograde. Nous aurions pu nous contenter d'apporter en preuve que nous avons conservé la première de ces religions et banni la seconde, puisque nous admettons toujours, comme l'axiome et le fondement de notre science, que tout ce que nous avons fait a été fait dans l'intérêt de la justice sociale et de la liberté éclairée, par cela seul que c'est nous qui l'avons fait.

Ici pourtant nous avons voulu ajouter un motif particulier à cette raison fondamentale, et nous avons jeté un mot qui a le privilège pour nous de trancher toute question sans qu'il soit possible à l'adversaire de répliquer. La raison, disons-nous, par laquelle nous devions, dans l'intérêt de l'esprit humain, abolir le protestantisme et retenir la religion romaine, c'est que le protestantisme n'est que le principe suranné de l'aristocratie; par où **nous montrons qu'en le bannissant nous étions** les niveleurs, et qu'en nous renfermant dans la foi du moyen âge nous entrions dans l'indépendance du monde moderne. La république de Genève, la république de Hollande, la république des États-Unis, sans parler des libertés constitutionnelles de l'Angleterre, fondées sur la réforme du seizième siècle, tout cela n'est plus qu'affaire d'aristocrates. C'eût été pour la Révolution française et pour la déclaration des droits de l'homme une irréparable défaite, si la France se fût engagée dans cette étroite voie.

La liberté, l'égalité étaient avec nous du côté du pape et de Philippe II, qui se faisaient nos garants. Ces petits marchands protestants, qui formaient presque à eux seuls la France industrielle, ces artisans que nous avons bannis par centaines de mille, ceux qu'on appellera ailleurs du nom de *gueux*, nous les transformons en un *parti de nobles;* et, comme il a été nécessaire, au moyen âge, d'extirper les Albigeois pour préparer la liberté philosophique de conscience au temps de la ligue, il est nécessaire, au seizième siècle, d'extirper la réforme pour préparer la liberté suprême du dix-neuvième siècle (1).

C'était déjà un terrible stigmate au front de la révolution religieuse que l'accusation d'aristocratie; pour mieux garder les prémices des révolutions modernes et pour mieux déshonorer la réforme, nous avons su y découvrir le principe même du crime. Comment est-il arrivé que, pour glorifier la Révolution française, nous ayons pris plaisir à dégrader la révolution qui l'a précédée et préparée? Est-ce que nous gardons dans notre incrédulité le tempérament et les injustices de nos anciennes croyances? est-ce que dans nos esprits modernes le vieux ligueur vit encore? est-ce que, par je ne sais quelle jalousie de niveleurs, nous condamnons tous les bouleversements que nous n'avons pas faits?

Qu'on explique comme on voudra notre emportement d'orthodoxie, il est certain que, nous autres

---

(1) Buchez et Roux, *Histoire parlementaire.*

philosophes, nous vons trouvé contre l'hérésie du seizième siècle des malédictions auxquelles les inquisiteurs n'avaient pas songé. Qui croirait que nous sommes allés jusqu'à accuser la réforme religieuse d'être au fond le principe de l'assassinat? Et nous n'avons pas porté cette accusation à la légère, nous en avons fait une théorie savante. « Le principe de Calvin, avons-nous dit, c'était l'individualisme combiné avec des idées d'oppression. Or quel fut le trait distinctif, caractéristique, des guerres de religion chez un peuple aussi loyal, aussi chevaleresque, aussi humain que le peuple de France! Ce fut... l'assassinat, l'assassinat qui est la manifestation la plus odieuse, mais la plus logique et la plus directe, du sentiment individuel exalté outre mesure et perverti (1). » La conséquence à tirer de là, c'est que nous autres catholiques nous avons les mains nettes de tout le sang versé dans les guerres de religion, et par exemple, dans la Saint-Barthélemy, ce sont les huguenots qui ont eu le tort de s'assassiner eux-mêmes!

Ainsi, avant que Luther parût, on ne savait ce que c'était qu'un meurtre ! Le moyen âge n'avait tendu d'embûches à personne ! Les États catholiques d'Italie ne connaissaient ni le poignard ni le poison ! Machiavel n'avait parlé de l'usage du fer

---

(1) Louis Blanc, *Histoire de la Révolution française*, t. I, p. 74.

que sur la foi des huguenots ! Son grand code de l'assassinat en matière politique, c'était l'ouvrage de Calvin. Pour de si extraordinaires accusations, nous n'avons qu'une preuve à apporter, une considération métaphysique sur le principe de l'individualité, et c'est sur cette vapeur que nous livrons la cause de tout le monde moderne !

Pour moi, en lisant ces anathèmes partis d'hommes si sincères, si amis de l'humanité, si avides de l'avenir, je me demande quelle force aveugle nous pousse à accabler dans le passé nos alliés, à réhabiliter nos ennemis. Non contents d'amnistier tous les genres d'oppression, nous faisons, en qualité de révolutionnaires, le procès à toutes les révolutions qui ne sont pas les nôtres. Nous les avilissons toutes ; ce sont des œuvres *d'égoïsme, d'individualisme;* aucune expression de mépris ne nous manque, et nous en inventons de barbares, quand la langue est à bout. La révolution de Hollande n'est qu'un *fédéralisme provincial*, celle d'Angleterre un *fédéralisme communal*, celle des États-Unis un *fédéralisme totalitaire* (1), qui ne mérite pas qu'on y associe l'idée de nation. Ce beau travail achevé, que restera-t-il à faire à nos ennemis, sinon à nous copier ? Dans ce singulier acharne-

---

(1) Les États-Unis. « Qui s'est jamais avisé de donner le nom de nation à ce fédéralisme totalitaire ? » (*Histoire parlementaire de la Révolution française,* par Buchez et Roux.)

ment à maudire toutes les révolutions hors la nôtre, comment avons-nous pu croire que l'exception où nous nous retranchons ne nous serait pas arrachée par des raisons que nous avons données nous-mêmes ?

Je commence à croire que la vérité nous fait peur, et que nous en détournons volontairement les yeux, car il ne me semble guère possible que le hasard ou la subtilité de l'esprit suffise jusqu'au bout pour nous faire prendre sur les événements les plus marqués le contre-pied de l'évidence. L'expérience a parlé ; nous ne réussirons pas à faire de la cause de Pie V, de Philippe II et de la ligue la cause des novateurs et des révolutionnaires. Il faut nous y résigner. Quand nous avons eu la manie, la fureur du *statu quo*, l'horreur des changements, pourquoi ne pas le dire ? Quand nous nous sommes laissé précéder dans la voie des orages, pourquoi ne pas oser le confesser ? Portons-nous envie aux tempêtes ? Nous faisons de la nation française un personnage classique, uniforme, qui ne tient rien de la mobilité qu'on trouve chez toutes les autres. Est-ce la vérité ? Ce peuple ne participe-t-il pas de la nature humaine ? N'a-t-il pas ses égarements, ses incertitudes, ses retraites précipitées, ses peurs, ses épouvantes ? Je voudrais le voir tantôt fidèle, tantôt ingrat, souvent aveugle, marchant au hasard, reculant, fuyant même sa mission. Je reconnaîtrais, je trouverais là le spectacle de la vie ; ses erreurs, ses chutes, ses reniements, m'instruiraient.

Mais il semble que nous portions la doctrine de l'infaillibilité dans chacun des détails du passé. La nature a donné à l'histoire un cours tortueux qui se replie cent fois sur lui-même : nous en faisons une ligne droite, sèche, qui court au but avec l'aveugle précipitation de la géométrie. Est-ce qu'il en coûte à notre amour-propre de reconnaître dans cette voie un seul faux pas? Puisque nous acceptons la méthode mystique des Pères de l'Église et de Bossuet, que ne la suivons-nous jusqu'au bout? Se font-ils faute de reconnaître, de proclamer, de condamner les chutes du *peuple de Dieu*? Ne le montrent-ils pas errant dans son désert de l'égarement? Cachent-ils sa dureté de cœur, sa faiblesse, son ingratitude, ses apostasies ? Tout autel est-il pour eux l'autel du Dieu vivant? Ne voit-on pas des dieux de pierre et de métal rapportés d'Égypte ? Pourquoi donc n'avouons-nous, ne reconnaissons-nous jamais une erreur, une défaillance, une chute dans la progression de notre histoire nationale ? Tout y est trop parfait pour être réel : preuve certaine que la méthode historique des saints Pères s'est corrompue dans nos mains.

Qu'était-ce que cette horreur dont la nation

française fut saisie contre la réforme? Un reste de soumission à la conquête romaine. Dans l'impossibilité de s'affranchir de Rome, je sens une nation rivée encore après seize siècles au dur anneau de Jules César ; elle a pris goût à sa chaîne. L'obéissance, qui n'était d'abord que matérielle, est désormais volontaire ; c'est maintenant le fond de l'homme qui est vaincu ; ce ne sont plus seulement les mains, c'est l'esprit qui est lié. Aussi, dominée par cette tradition de dépendance, la tête courbée sous le Capitole, quand il fut question d'émanciper la France, il se trouva qu'elle regardait le servage de l'âme comme son patrimoine sacré ; elle agit comme une province romaine qui se rattache au tronc ; et tous ceux qui voulurent la délivrer de cette sujétion héréditaire passèrent auprès d'elle pour ses plus grands ennemis. Rompre avec la ville du Tibre, c'était se séparer de soi-même. Dès lors il arriva aux Français du seizième siècle ce qui est arrivé à tous les peuples, lorsqu'on leur a présenté trop brusquement la liberté et qu'on a voulu leur arracher une servitude qui s'était confondue avec leur propre chair : ils entrèrent en fureur.

De là jaillit une certaine lumière sur le fond permanent de notre histoire. La race indigène a été conquise deux fois, d'abord par les Romains, puis par les Francs. On a répété que la Révolution française, c'est le Gaulois émancipé des Francs. Tout le monde peut voir que la conquête romaine dure encore ; la crainte de Rome est restée la religion du Gaulois.

Après avoir été dupes des princes dans le moyen âge, voici que nous le sommes du peuple à la Renaissance. Nous avons jugé le premier sur le costume, nous jugeons le second sur l'insurrection. Toute émeute, fût-elle conduite par Philippe II, nous la croyons faite pour nous. Point de barricades, même des Pères de la Foi, où nous ne croyions voir d'avance notre drapeau, toujours amusés par le dehors, regardant la cocarde et non le cœur.

Les hommes de la ligue et de la Saint-Barthélemy furent au seizième siècle ce que les Vendéens, les *sanfédistes*, les *adorateurs de saint Janvier*, ont été dans le nôtre. Ceux-ci ont été plus royalistes que le roi ; ferons-nous d'eux pour cela les précurseurs des libertés modernes ?

Pour achever notre chaos, nous avons rencontré de nouveau les Allemands, qui ont tant contribué à épaissir la nuit. Nous nous étions contentés de dire : L'absolutisme enfante la liberté ! Détruisant du même coup le bon sens et la conscience, les Allemands ont étendu cette maxime en la généralisant par cette autre : Pour faire prévaloir le *pour*, il faut faire prévaloir le *contre* ; pour donner la victoire au catholicisme, il faut la donner au protestantisme ! — Dès lors l'histoire est devenue cette belle confusion que vous voyez aujourd'hui, où nous avons peine à nous retrouver nous-mêmes.

IV

Après les embarras du seizième siècle, où nous avons failli échouer, les grandes difficultés de la méthode sont dévorées. Une route royale s'ouvre devant nous, rien ne nous y arrête. Le despotisme, en simplifiant tout, nous rend tout plus facile. Rentrés à corps perdu dans l'unité de la monarchie absolue, nous y voilà abandonnés pour deux siècles. C'est notre âge d'or.

Après avoir épuisé nos sympathies sur Louis XI, que dirons-nous de Richelieu ? Si le premier est le précurseur de notre révolution démocratique dans tous ses instincts, — justice, légalité, publicité, liberté, — que sera le second ? Il sera cette révolution même. Ce n'est plus un pressentiment, c'est déjà la réalité. Entre Richelieu et nous, il n'y a plus l'intervalle du temps ; nous le touchons comme s'il était présent, nous nous enveloppons dans sa soutane ; il est notre ministre, notre ambassadeur, qui nous précède dans les temps ; nous lui dictons nos ordres, il obéit. Il va à son but, renversant tout, *fauchant tout, couvrant tout de sa soutane rouge* : il rétablit la royauté dans sa puissance absolue. Mais ce grand homme **a le privilége** que nous avons attaché à toute grandeur : il fait directement le contraire de ce qu'il croit faire. Il croit travailler au pouvoir absolu, et cet aveugle ne travaille en réalité qu'à assurer nos franchises et notre dignité. Nous ne le louons pas seulement, nous l'envions d'avoir fait notre tâche. Dans l'intérêt de la république, il fallait, selon notre formule, extirper absolument tous les germes républicains qu'avaient semés les huguenots ; et qui pouvait mieux y réussir que lui ? Ce fut sa première œuvre. Lui vivant, il se fait un silence de peur général, universel dans l'État. C'est ce silence que nous admirons. Nous y voyons je ne sais quel signe avant-coureur de nos tempêtes civiles.

Il y a surtout un point de foi pour nous dans la politique de Richelieu : ce point est d'avoir accablé le protestantisme au dedans et de l'avoir soutenu au dehors. Empêcher la liberté religieuse chez nous, la proclamer partout ailleurs, c'était, à nous entendre, la position la plus admirable que l'on pût donner à un grand peuple destiné à être libre.

Politique à double tranchant, nous ne souffrons pas que l'on se hasarde à nous dire combien elle était artificielle et chancelante, combien il était impossible que la France subsistât sur une aussi violente contradiction, protégeant chez les autres ce qu'elle extirpait chez elle. Nous voulons bien que Richelieu réprime au dedans une religion *ennemie de la France ;* nous applaudissons encore, quand, après la prise de la Rochelle, il ôte toute garantie sérieuse à la réforme, et nous ne voyons pas que de cette situation devait naturellement s'ensuivre la révocation de l'Édit de Nantes, qui entraînait après elle le changement de politique extérieure où faillit s'abîmer la société française. Après avoir accepté le principe dans Richelieu, nous n'en voulons plus les conséquences dans Louis XIV. Encore ai-je tort de dire que nous reculons devant la conséquence, puisque, selon les termes d'un de nos historiens les plus populaires, nous ne saurions dire après tout si les libertés concédées par l'Édit de Nantes (1) étaient compatibles avec l'existence de l'État, tant il nous est impossible de reconnaître une seule déviation de la ligne droite classique dans une marche continue vers la justice !

Après l'expérience de deux siècles et la voix unanime de la postérité, nous ne savons pas encore ce qu'il faut penser de la révocation de l'Édit de Nantes, qui *semblait être le vœu général de la nation.*

Reposons-nous enfin dans Louis XIV. S'il n'est

---

(1) Lavallée, *Histoire des Français*, t. III, p. 84. « On ne saurait dire si les libertés concédées par l'Édit de Nantes étaient compatibles avec l'existence de l'État. »

pas notre ministre comme Richelieu, il est le roi de notre choix ; il prête à l'avenir de la démocratie la majesté que Louis XI n'a pas su lui donner. Nous portons son joug avec complaisance, nous le sacrons au nom de la démocratie. Ses premiers pas et la poussière qu'il soulève font sur nous l'impression de la bataille de Marengo (1), en sorte que nous étendons à l'ancienne monarchie absolue la popularité de la nouvelle ; et dans ce cercle vicieux, liant les siècles les uns par les autres, nous formons une conjuration éternelle au profit de la prérogative sans limites. Sommes-nous donc de la lignée des rois pour épouser si aisément le bon plaisir ? Est-ce que nous comptons à notre tour porter cette couronne ?

On pourrait croire cependant qu'à mesure que la monarchie de Louis XIV s'appesantit, la patience de nos esprits libéraux commencera à se lasser. Quand la personnalité de Louis XIV aura envahi l'État, quand tout sera effacé devant le pouvoir des intendants, nous permettrons-nous au moins un regret ? Les contemporains eux-mêmes étaient harassés ; ne le serons-nous pas de traîner dans l'histoire nationale depuis tant de siècles ce lourd char de servitude ? Nullement, il semble qu'il y ait une sorte d'émulation entre la persévérance

(1) M. Guizot, *Histoire générale de la Civilisation de l'Europe*, leçon xiv, p. 118.

des rois à tout envahir et la patience de nos historiens à tout livrer, et que l'ambition ne puisse se fatiguer chez les uns, ni l'espérance chez les autres.

Arrivé à ce moment de la domination de Louis XIV, s'il se trouvait quelqu'un d'assez malavisé pour se lasser d'un spectacle aussi monotone, s'il pensait que le temps est venu d'aspirer au moins à un régime plus tempéré que le despotique, je lui fermerais la bouche par l'autorité de celui de nos historiens qui a souffert le moins de contradiction ; je répéterais sa conclusion sur l'époque où nous sommes parvenus : « Qu'un établissement plus régulier que la monarchie sans limite eût valu moins qu'elle pour l'avenir du pays, cela ne peut être aujourd'hui un sujet de doute (1). » Nous voilà au dix-septième siècle, c'est justement le mot qu'on nous disait au treizième.

Ainsi il n'est pas même permis de poser la question ; c'est un point fixé dans la science ; celui-là se perdrait irrévocablement qui montrerait la moindre incertitude. Après cela, il ne reste plus qu'à courir tête baissée jusqu'à ce que nous rencontrions par hasard la liberté. Précédemment nous avons vu les républicains montrer que, pour l'établissement final de la république, il fallait au préalable extirper tous les germes républicains.

---

(1) Augustin Thierry, *Essai*, p. 200.

Maintenant c'est le tour du théoricien de la monarchie tempérée : il montre que, pour préparer cette forme de monarchie, il fallait d'abord qu'il n'en restât pas un vestige ni dans les esprits ni dans les choses. Et nous tous, amis de la liberté, différant sur tant d'autres points, nous nous hâtons de tous les bouts de l'horizon de venir nous rencontrer dans ces mêmes maximes d'État, où nous demeurons, il est vrai, inébranlables. On dit que dans l'enfer la même question rencontre éternellement la même réponse : — L'épreuve est-elle finie ? — Non. — Prenons garde de ne pas faire de notre histoire un enfer social.

Les yeux fermés, nous marchons ainsi, à travers la Régence et le règne de Louis XV, jusqu'au seuil de la Révolution, en 1789. A ce moment, quand cet édifice du pouvoir absolu, que nous avons laborieusement relevé, affermi, consacré de nos mains pendant quinze siècles, vient à nous manquer subitement, ce grand fracas nous réveille. Ce que nous avions soutenu jusque-là, nous le renions, nous le condamnons sitôt que la force s'en détache.

Notre logique et notre esprit de suite, que deviennent-ils ? Nous avons établi, comme loi nécessaire de l'émancipation civile, la progression constante du pouvoir absolu. A peine le terme de cette progression est atteint, il se trouve que ce terme est odieux, que le but est manqué, que la justice ne peut naître, que l'événement a trompé tous nos calculs, que la nation égarée est obligée de creuser un fleuve de sang entre la veille et le lendemain ! Reconnue, confessée par nous, une expérience semblable, dont toute la terre retentit, nous arrache-t-elle au moins l'aveu que notre système est imparfait? Pour entrer dans la liberté, il nous faut un bouleversement de la nature tout entière. Reconnaîtrons-nous que nous nous sommes égarés? Le but est manqué ; en concluronsnous que le chemin indiqué n'était pas le meilleur? Point du tout. La vérité vient trop tard. Le système est bâti, tant pis si la nature le renverse :

> Ce que j'ai fait, seigneur, je suis prêt à le faire.

Voyez l'aveugle entraînement : sacrifiant jusqu'au dernier instant les lumières de la conscience, nous avons rejeté le témoignage de notre raison, changé les mots, altéré le sens de la langue, fait violence à l'instinct des générations passées, tout cela pour ménager la pente des choses, pour nouer le passé et l'avenir, pour que nous soyons transportés sans secousse, par le seul développement de la tradition, dans ce monde renouvelé où doivent éclore d'eux-mêmes *tous les droits légitimes du citoyen* (1), — et il se trouve

(1) Augustin Thierry, *Essai sur l'Histoire du tiers état*, p. 214.

qu'au bout de ce chemin mystique nous aboutissons à un cataclysme !

Quand il ne reste plus, dans les dernières années du dix-huitième siècle, qu'à recueillir les fruits heureux du système, on avoue que l'idée même de *nation formant un corps* (1) en était exclue, que cette égalité à laquelle on a tout sacrifié est illusoire ; et il n'est ni un riche ni un pauvre qui ne se plaigne avec fureur qu'elle lui manque. Au lieu de cette pente continue que l'on avait si artificiellement préparée, on touche au plus terrible bouleversement dont l'histoire fasse mention. Et cela ne vous arrête pas, cela ne vous avertit pas que vous vous êtes trompés, que ce que vous avez pris pour le chemin pourrait bien être l'obstacle.

Vous n'admettez pas, vous ne soupçonnez pas un moment que le despotisme, loin d'avoir préparé, enfanté la liberté, l'a rendue pour ainsi dire impossible, puisqu'il s'agit de changer en un jour le tempérament d'une nation façonné par la main et par l'éducation des siècles : entreprise presque surhumaine, où se révèle, avec le caractère unique de la Révolution française, la cause de ces chocs, de ces tempêtes, de ces fureurs inouïes, de ces découragements plus inouïs encore qui main-

---

(1) Augustin Thierry, *Essai sur l'Histoire du tiers état*, p. 213.

tenant vous étonnent. Vous avez patronné les ténèbres aussi longtemps qu'elles se sont prolongées, et quand Ajax est forcé de combattre en pleine nuit, sa fureur vous surprend, elle vous épouvante. Tout ce que vous concluez du spectacle de ces luttes gigantesques, c'est que si vos systèmes ont reçu de l'expérience un si éclatant démenti, la faute en est, non au système, mais aux choses. Celles-ci ont eu tort, elles auraient dû s'entendre, elles ne l'ont pas voulu. « Au point, dites-vous, où un dernier progrès, garantie et couronnement de tous les autres, devait, par l'établissement d'une constitution nouvelle, compléter la liberté civile et fonder la liberté politique, l'accord nécessaire manque sur les conditions d'un régime à la fois libre et monarchique. »

C'est-à-dire que, pour compléter le pouvoir absolu, il ne manquait rien qu'une chose, la liberté civile et politique. Par malheur, le pouvoir absolu et la liberté ne s'entendirent pas, comme ils auraient pu fort bien le faire. On devait croire que le loup produirait l'agneau, il n'en fut rien : la guerre naquit entre eux, contrairement à toutes les prévisions de la science.

Parvenue au dénoûment, c'est-à-dire à la Révolution française, notre philosophie se déconcerte. Un si grand événement la trouble, elle ne nous sert de rien pour le comprendre ; ou plutôt tout s'y passe, tout s'y consomme au rebours de ce qu'elle a annoncé ; et la seule chose qu'elle puisse dire, c'est que des faits semblables arrivent contrairement à ses lois, que le cataclysme n'entrait pas dans son calcul, que c'est là une sorte de monstre dont les théories ne sont pas tenues de nous rendre compte ; et sur cela toute notre philosophie nous quitte dès que le flot monte et que la tempête arrive.

Ainsi, toujours flottant du mysticisme au matérialisme, quand nous avons épuisé l'un, nous nous rejetons sur l'autre ; et, comme l'évidence nous poursuit sans nous laisser de trêve, nos efforts pour nous y dérober sont aussi sans relâche. Il fallait un complément à notre théorie ; nous le lui avons donné, en nous retranchant dans une dernière idée dont nous sommes tous plus ou moins infatués. Cette nouvelle théorie, qui confirme les précédentes, la voici : elle se réduit à dire que la nation française a dû sciemment, de propos délibéré, organiser d'abord l'égalité avant même de songer à la liberté.

Nous établissons entre les siècles je ne sais quelle division du travail dont l'idée est empruntée à notre matérialisme industriel. Tout nous semble résolu quand nous avons accordé dix-sept siècles au passé pour l'œuvre du nivellement des classes. Transportant dans la science de l'histoire la méthode que nous avons le plus blâmée, le plus condamnée dans les affaires présentes, nous glorifions notre nation de ce qu'elle a si admirablement scindé son œuvre, et distribué des tâches absolument distinctes entre les générations successives : aux dix-sept siècles du moyen âge et des temps modernes la question sociale ; à notre temps seulement la question de dignité, de garanties politiques, de liberté.

Mais encore ici la nature nous résiste et proteste. Les siècles ne sont pas des ouvriers qui, sans lien entre eux, sans alliance, sans se concerter en rien, construisent isolément les diverses parties d'une épingle, l'un la tête, l'autre le corps, l'autre la pointe. L'ouvrage tout entier, avec toutes ses parties, passe successivement dans la main de ces grands artisans. Ils ont l'étreinte assez forte pour l'embrasser dans son ensemble. Ils ne séparent point ce qui est social de ce qui est politique ; ils ne construisent pas de pièces et de morceaux l'âme d'une nation ; ils n'ajoutent pas artificiellement une pièce nouvelle à l'œuvre commencée. Au contraire, ces laborieux cyclopes se transmettent l'un à l'autre dans l'atelier l'œuvre entière ; ils tirent, du fonds commun qui leur est transmis, tout ce que ce fonds renferme ; et ce qui manque absolument à l'un, il est à craindre qu'on ne le retrouve pas chez l'autre.

Égalité sans liberté, en dehors de la liberté, telle est donc la chimère suprême que nos théoriciens nous font poursuivre pendant tout le cours de notre histoire : c'est l'appât qui nous tient en haleine. De règne en règne je les suis, attiré par le fantôme qu'ils ne peuvent embrasser. A chaque jour sa tâche; avec ce mot, je condamne fièrement, de Clovis à Louis XIV, tous les instincts moraux, toutes les révoltes intérieures de la nature humaine. J'ajourne la recherche des garanties politiques au temps où le niveau social aura été atteint. Mais, si ce niveau prétendu, d'où l'on retranche la vie civile, n'était qu'une conception illusoire et fausse! s'il ne se réalisait pas!

Je vais plus loin. Je suppose que la chimère soit atteinte : en sera-t-on plus avancé? Qui jugera qu'elle l'est en effet? qui décidera que le point est trouvé, que l'heure est venue de songer à la dignité, et, comme parle Vico, à la *pudeur civile?* Quand la bourgeoisie aura ce qu'elle appelle l'égalité, si le petit peuple prétend que cette égalité n'est pas la véritable, et, le petit peuple satisfait, si le prolétaire ne l'est pas, que faudra-t-il faire? Voilà la liberté de nouveau ajournée; mieux valait dire dès le début qu'elle l'est éternellement.

Au milieu de ce laborieux échafaudage, quelques-uns ont bien senti ce que le système ôte à la nature humaine; ils ont essayé de soustraire la plus grande partie de la nation à la responsabilité du passé tel qu'ils l'ont expliqué. Comment cela ? Par un moyen qui ne fait qu'augmenter la difficulté à laquelle ils veulent porter remède. Ceux-là affirment que le peuple n'a rien fait, rien dit dans toute la durée de l'ancienne France. Témoin muet, étranger à tout ce qui se passe, comme il n'a pris de part effective à aucun des changements survenus, on n'a le droit de lui demander nul compte de ce qui s'est fait sans lui. C'est un personnage tout nouveau, qui s'est réservé pendant dix-sept siècles, sans faire une seule fois acte de présence dans l'histoire. Comment nos jugements pourraient-ils le saisir? Il nous échappe; c'est l'inconnu. Que la responsabilité de notre histoire retombe sur celui qui l'a faite ! Même dans le tiers état la bourgeoisie paraît seule, agit seule. Le passé la regarde et l'accuse ; qu'elle en réponde !

Je ne sais si ce système est plus en crédit que les précédents ; ce que je vois bien, c'est qu'il va clairement contre la pensée radicale de ceux qui l'ont soutenu. J'admets un moment que les chroniqueurs, les chartes, les historiens, se soient trompés, que dans les états généraux, les parlements, les assemblées du clergé, il n'y ait eu jamais que l'inspiration de la bourgeoisie sans que

l'âme du peuple se soit montrée un seul jour.
Cette concession faite, j'attends que vous me montriez le peuple dans quelque grande occasion qui ne me laisse aucun doute sur sa propre conscience. Car ce qu'il y aurait de pis, après avoir nié qu'il ait été pour quelque chose dans le tiers état, ce serait d'avouer qu'il n'a pas paru davantage en son propre nom. N'y aurait-il pas eu de peuple pendant ces quatorze siècles? C'est la question qui surgit naturellement de ce que je viens de dire. Les personnes individuelles ou collectives ne se révèlent dans le monde civil que par leurs actes, et je ne sais à qui profiterait cette étrange découverte, qu'il n'y a pas de peuple dans l'histoire de France.

V

Je m'arrête ici, car je ne veux pas dépasser 1789 et la première heure de la Révolution française ; mais assurément, si je voulais m'aventurer plus loin, je montrerais sans peine que ce qui surnage par-dessus l'abîme à ce moment même de notre histoire, c'est encore notre ancienne formule. Tout change, tout se renouvelle en pleine tempête, choses, hommes, territoire même, institutions, conditions, partis, idées, préjugés, tout, excepté notre maxime implacable, qui reparaît sitôt qu'une homme reprend la plume. Comme il a fallu l'arbitraire dans l'ancienne France pour organiser l'égalité, il faut désormais l'arbitraire dans la France nouvelle pour organiser la liberté ; — d'où la nécessité providentielle du despotisme de la terreur, lequel engendre la nécessité, plus providentielle, encore, du despotisme qui le renverse et lui succède, et, pour couronner l'un et l'autre, la nécessité non moins absolue de l'invasion, par laquelle s'achève la renaissance sociale et politique, ce qui nous ramène à notre premier point de départ.

En dépit du fracas des événements, la formule continue de les régir ; elle se meut comme l'engrenage d'une machine montée qui n'a plus besoin de l'impulsion d'un être humain. Malheur seulement à qui y engage un pli de sa robe! Le corps entier d'une nation, passé, présent, avenir, peut y entrer et s'y broyer, jusqu'à ce qu'il reste une masse inerte que l'esprit abandonne.

Prenons garde, en corrompant le passé, de corrompre l'avenir. Jusqu'ici, toutes les fois que l'historien a amnistié la veille, il a amnistié le lendemain. Il a évoqué sans le vouloir jusque dans le fond de l'avenir la race des *téméraires*, et insulté par avance aux *débonnaires*. Sur cette pente rapide, le vertige prend les hommes, quand l'instinct, poussé par l'habitude, est aveuglé par la science. Alors la vérité morale, arrachée de la substance de l'histoire, n'a plus de refuge même chez les morts. Il reste pour pâture au monde un rêve d'égalité jalouse dans laquelle rien n'est plus réel qu'une servilité croissante.

Imaginez un simple individu persuadé que dans le cours de sa vie tout ce qu'il fait est bien fait, qu'il est dans chacun de ces actes le ministre infaillible, impeccable de la justice suprême : combien de temps résisterait sa raison à cette apothéose? Au lieu d'un individu, je suppose maintenant une nation : voilà tout un peuple assuré, de génération en génération, qu'il siège sur le trône de l'éternelle justice. A ses pieds sont les autres nations, qu'il régit de son épée flamboyante. Heureux ceux qu'il châtie! S'il frappe, c'est pour guérir; s'il enchaîne, c'est pour affranchir; s'il conquiert, c'est par complaisance; s'il rampe, c'est par excès d'honneur; ses vices sont des vertus dissimulées. Où s'arrêter dans ce chemin, et qui se chargera de réveiller une conscience que nous supposons exténuée depuis des siècles?

On a vu que la plupart des peuples sont tombés irrévocablement, non par la force de leurs ennemis, mais pour s'être infatués d'idées fausses auxquelles les grands écrivains ont mis le sceau de l'immortalité. Quand ceux-ci n'ont pas eu la vertu de reconnaître à temps leurs erreurs, les peuples ont décliné avec toutes les joies de la vanité. J'ai montré qu'il a été impossible de convaincre l'Italie d'une chose qui est l'évidence même; la France embrasse sur son passé des théories non moins illusoires, et le danger est grand, si tous ceux qui tiennent une plume ne ramènent pas la vérité simple, antique, nouvelle, éternelle. Il faudrait que tout homme qui pense eût sa nuit du 4 août, dans laquelle il viendrait loyalement faire à la patrie le sacrifice de ses erreurs reconnues dans l'histoire, la philosophie, la science: ce serait le début de la régénération.

Et pourquoi ne la tenterait-on pas? Pourquoi du moins continuerions-nous cet incroyable défi à la conscience universelle? Quelle gloire attendrait celui qui aurait le courage de dire : « Je me suis trompé ! » Un aveu si généreux serait aussi prévoyant; car il est impossible que la postérité aille jusqu'au bout sans reconnaître ce qu'il y a d'artificiel et de faux dans nos constructions métaphysiques du passé. A mesure que les choses se dérouleront, notre erreur deviendra plus manifeste. Espérons-nous la cacher à l'avenir ? En dépit de nous il la découvrira, il la signalera, et comme nous aurons été sans pitié pour lui, il sera sans justice pour nous.

S'agit-il après tout de rejeter tant de travaux qui ont illustré notre époque? A Dieu ne plaise ! Même en suivant un faux système, on peut rencontrer une foule de vérités de premier ordre. Dans ses recherches, l'homme a besoin de s'appuyer du témoignage d'une idée préconçue, sans laquelle il resterait le plus souvent impuissant et stérile. L'idée peut être fausse, et la découverte très réelle : c'est ce qui est arrivé chez nous.

Grâce aux systèmes historiques, que de faits réels enfouis sont venus à la lumière pour n'en jamais sortir ! Quel jour profond sur l'organisation première de nos sociétés ! que de peintures énergiques, fières, gracieuses, ingénues même ! car tous les tons ont été habilement parcourus. Que de vie les auteurs de ces systèmes ont su donner à des choses qui avant eux étaient un vrai néant ! Ils ont été créateurs, ils ont révélé des mondes oubliés. Ils n'auraient rien pu faire de tout cela s'ils n'eussent été soutenus au moins par une hypothèse. Mais aujourd'hui que les découvertes sont consommées, faut-il garder l'hypothèse, même reconnue pour fausse ? Christophe Colomb croyait aborder en Asie en découvrant l'Amérique ; continuerons-nous pour cela de dire que l'Amérique c'est l'Asie ?

Nous avons toujours fait en France profession éclatante de sens commun, et nous croyons volontiers, comme les Thébains, être le centre ou l'ombilic de la terre. Notre ambition est même de régler le monde à notre image. Par quelle étonnante contradiction, quand nous venons à notre histoire, admettons-nous que ce qui serait faux de tous les autres se trouve vrai seulement pour nous? C'est une chose grave de contredire la nature telle qu'elle a été observée à tous les moments de la durée. Jamais nous ne louons tant la rigueur de notre méthode qu'au moment où nous contredisons toute la terre. Encore une fois, n'est-ce pas la chimère elle-même d'appuyer un semblable édifice sur un présent que nous disons éternel, et qui cesse d'être avant même que le système ait été exposé jusqu'au bout? Si nous sommes dans le vrai, Hérodote, Thucydide, Xénophon, Polybe,

César, Salluste, Tacite, Machiavel, qui ont tenu tant de compte de l'éducation des peuples par leurs institutions, n'ont pas écrit une page sensée ; si nous avons raison, tout le genre humain a tort.

Notre philosophie de l'histoire a fait bien vite le tour de l'Europe. Je ne rencontre plus aujourd'hui autour de moi que des gens qui se résignent magnanimement à la servitude pour que leur postérité soit libre. Les Russes surtout ont profité de nos maximes ; nous voilà forcés d'admirer cette majestueuse succession de tsars qui tous, sans le vouloir, forcent une race entière d'entrer dans l'ère de l'égalité, de la fraternité civile ! A moins d'abolir nous-mêmes nos maximes, nous sommes contraints à cette admiration aveugle ; les Slaves nous l'imposent. Qu'ils rencontrent seulement par hasard un Olivier le Daim et un Tristan moscovites, un tsar révolutionnaire : ils auront bientôt laissé derrière eux tous les essais timides du monde civil dans l'Occident.

J'en connais qui, sur cette assurance, mettent déjà leur espoir et leur âge d'or dans l'idéal des Mongols, sans s'apercevoir qu'une race humaine peut se montrer la dernière dans l'histoire et porter déjà l'empreinte de la caducité : tant les peuples vieillissent vite dans la servitude ! il faut si peu de temps pour les courber et les défigurer ! Hier vous les avez vus pleins de vie ; vous repassez aujourd'hui et ne les reconnaissez plus.

C'est bien pis quand il s'agit de peuples qui n'ont jamais été libres. Chacun de leurs jours compte pour un siècle. Vous les croyez jeunes parce qu'ils n'ont rien fait, comme si la servitude immémoriale n'était pas un dur travail ! De loin vous les prenez pour les messagers ingénus de l'avenir, et déjà sont empreintes sur leurs fronts des rides prématurées que les pesants soleils de l'injustice ont creusées dès leur berceau. Approchez de ces races adolescentes ; qui trouvez-vous ? Des vieillards languissants, usés par le temps avant d'avoir vécu.

Disposez pour eux comme vous le voudrez de la durée tout entière ; choisissez parmi les despotes les plus intelligents et les plus populaires ; joignez les Tibère aux Tibère, les Louis XI aux Louis XI, les tsars aux tsars ; que tous à l'envi dépriment les grands, caressent les serfs, coudoient les bourgeois, nivellent la poussière humaine ; je dis que de cette poussière ne sortira jamais le miracle spontané d'un monde libre.

Ne nous étonnons donc pas si, parmi tant de peuplades qui ont passé sur la terre, un si petit nombre a pu éclore au droit, à la justice. Que de germes puissants et avortés dans l'espèce humaine sans qu'ils aient pu s'épanouir et fleurir ! Vous retrouverez la racine et la tige; vous voulez savoir pourquoi elles ont été flétries avant le jour : demandez-le au souffle du désert.

Il en est tout autrement des peuples qui ont des traditions vitales, s'ils s'y attachent et les respectent. Ces traditions peuvent être suspendues, interrompues : elles peuvent même disparaître sous la conquête, l'invasion, l'usurpation ; mais elles continuent d'agir comme des forces organiques, indomptables. Quelle que soit l'apparence, ne dites jamais de ces nations qu'elles sont usées, ensevelies, que le monde n'a plus rien à en attendre. Fussent-elles enfouies sous terre, elles vous démentiraient en surgissant au jour quand vous vous y attendrez le moins.

Avez-vous vu dans mon pays la *perte du Rhône?* — Le fleuve qui descend du haut des Alpes arrive confiant et à pleins bords. Tout à coup, comme si l'embûche avait été tendue dès l'origine des choses, il disparaît. On le cherche sans le trouver : il s'est perdu dans le puits de l'abîme, il est enseveli dans les entrailles de la terre ; une couche prodigieuse de rochers amoncelés depuis les premiers jours le recouvre, et la pierre a été scellée sur lui, aux deux bords, par des bras de Titans. Maintenant, des rives de Savoie et de France, les troupeaux de chèvres, de vaches, de mulets, le traversent à pied sec et l'insultent ; la sonnerie de leurs clochettes couvre ses mugissements. Cependant, pour avoir disparu, le fleuve n'est pas tari ; son ancien génie vit encore ; il lutte dans les ténèbres, il mugit sous la terre, il travaille dans le sépulcre, il use de sa poussière d'écume la roche éternelle. A la fin, il reparaît à quelques centaines de pas à la lumière, un peu calmé, plus bleu, plus majestueux, mais ni brisé ni dompté par cette épreuve.

FIN.

TABLE

MARNIX DE SAINTE-ALDEGONDE

AVERTISSEMENT	ɪ
I. Marnix de Sainte-Aldegonde et les gueux des Pays-Bas.	1
I.	1
II.	27
III.	37
IV.	45
V.	62
II. Pourquoi la révolution hollandaise a réussi.	87
VI.	87
VII.	99
VIII.	110
IX.	122
X.	130
XI.	133
XII.	145
III. Religion, politique et art des gueux.	165
XIII.	165
XIV.	175
XV.	186
XVI.	208
XVII.	214
XVIII.	220

PHILOSOPHIE DE L'HISTOIRE DE FRANCE

Avertissement..	231
I.	235
II.	252
III.	288
IV.	303
V.	317

FIN DE LA TABLE.

EDGAR QUINET

La démocratie républicaine, tenant à honneur d'élever un monument aux lettres françaises et de populariser l'œuvre du penseur, du citoyen qui a si fidèlement servi la patrie et la liberté, forme un Comité pour la publication des *Œuvres complètes* d'Edgar Quinet. Cette édition comprendra tous ses ouvrages (1825 à 1875), épuisés ou disséminés par vingt ans d'exil, et ses manuscrits inédits. Elle réunira à la fois les cours du professeur de Lyon et du Collège de France, l'œuvre entière de l'historien, du poète, de l'exilé et de l'intrépide adversaire de l'esprit clérical.

Philosophie. — **Cours de Lyon.** — **Collège de France.** Génie des Religions. Origine des dieux. Les Jésuites. L'Ultramontanisme. Introduction à la philosophie de l'histoire. Essai sur Herder. Examen de la vie de Jésus. Le Christianisme et la Révolution française. Philosophie de l'histoire de France. La Création. L'Esprit Nouveau. Vie et mort du génie grec.

Histoire : Les Révolutions d'Italie. Marnix. Fondation de la République des Provinces-Unies. Les Roumains.
La Révolution. Histoire de la campagne de 1815.

Voyages. — **Critique littéraire :** La Grèce moderne. Allemagne et Italie. Mes vacances en Espagne. Histoire de la Poésie. Épopées françaises. Mélanges.

Politique et Religion : Enseignement du peuple. La Révolution religieuse au XIXe siècle. Situation morale et politique. La Croisade romaine. La Sainte-Alliance en Portugal. Pologne et Rome. État de siège. Le Panthéon. Le siège de Paris et la Défense nationale. La République. Le Livre de l'Exilé. Œuvres diverses.

Poèmes : Prométhée. Napoléon. Les Esclaves. Ahasvérus Merlin l'Enchanteur.

Autobiographie : Histoire de mes Idées. Correspondance.

Ont signé :

PARIS : Ed. ADAM, ALLAIN-TARGÉ, BAMBERGER, BARODET, Louis BLANC, BRELAY, Henri BRISSON, CARNOT, CAZOT, CORBON, CRÉMIEUX, CANTAGREL, G. CASSE, CLÉMENCEAU, DENFERT-ROCHEREAU, DESCHANEL, FLOQUET, GAMBETTA, GREPPO, HÉROLD, Laurent PICHAT, LE ROYER, MARMOTTAN, Pascal DUPRAT, PEYRAT, B. RASPAIL, SCHEURER-KESTNER, SCHOELCHER, C. SÉE, SPULLER, TALANDIER, TIRARD, Victor HUGO (députés et sénateurs); ASSELINE, BIXIO, BONNARD, BONNET-DUVERDIER, Dr BOURNEVILLE, BRALERET, BRISSON, CADET, CASTAGNARY, CLAMAGERAN, Dr CLAVEL, COLLIN, Fr. COMBES, L. COMBES, DEBERLE, DELATTRE, DELIGNY, DENIZOT, Dr DUBOIS, DUJARRIER, DUMAS, ENGELHARD, FERRÉ, FOREST, GERMER-BAILLIÈRE, Yves GUYOT, HARANT, DE HÉRÉDIA, HÉRISSON, JACQUES, JOBBÉ-DUVAL, Sigismond LACROIX, LAFONT, LAUTH, Ernest LEFEVRE, LENEVEUX, LÉVEILLÉ, Dr LEVEL, Dr LEVRAUD, Dr Ch. LOISEAU, MALLET, MANET, MARAIS, MARSOULAN, Dr G. MARTIN, MATHÉ, MAUBLANC, Dr METIVIER, MORIN, MURAT, OUTIN, PÉRINELLE, RÉTY, E. RIGAUT, SONGEON, THOREL, Dr TRULIÉ, VAUTIER, VIOLLET-LEDUC (membres du Conseil municipal de Paris),

D'BÉCLARD, HUNEBELLE, JACQUET, MOREAUX, VILLENEUVE (membres du Conseil général de la Seine). — **AIN** : CHALEY, GROS-GURIN, MERCIER, ROBIN, TIERSOT, TONDU. — **AISNE** : MALÉZIEUX, Henri MARTIN, Ed. TURQUET, VILLAIN. — **ALLIER** : CORNIL, CHANTEMILLE, DEFOULENAY, LAUSSEDAT. — **BASSES-ALPES** : ALLEMAND. — **ARDÈCHE** : CHALLAMET, GLEIZAL. — **AUBE** : MASSON DE MORFONTAINE. — **AUDE** : BONNEL, MARCOU, ROUGÉ. — **BOUCHES-DU-RHONE** : BOUCHET, BOUQUET, LABADIE, LOCKROY, PELLETAN, F. RASPAIL, TARDIEU. — **CHARENTE** : DUCLAUD — **CHER** : DEJOUCOUX, GIRAUD, ROLLET. — **CORRÈZE** : Général DE CHANAL, LATRADE, LE CHERDONNIER. — **CORSE** : BARTOLI. — **COTE-D'OR** : Sadi CARNOT, DUBOIS, HUGOT, JOIGNEAUX, LÉVÊQUE, MAGNIN, MAZEAU, (députés et sénateurs), AMIEL, BARBEROT, BELEIME, BOUCHARD, D° BRULET, COQUENGNIOT, COURT, COUSTURIER, D' CUNISSET, ENFERT, (maire de Dijon) ; GARNIER, président de la commission départementale ; GLEIZE, LEROY (secrétaire du Conseil général) ; LOUET, MEUGNIOT, MUTEAU, (secretaire du Conseil général). PERDRIX (vice-président du Conseil général) ; PIOT, ROBELIN, (conseillers généraux). — **CREUSE** : MOREAU, NADAUD. — **DORDOGNE** : GARRIGAT, MONTAGUT. — **DOUBS** : Albert GRÉVY, OUDET, VIETTE. — **DROME** : CHEVANDIER, LOUBEL, MADIER-MONTJAU. — **EURE-ET-LOIR** : DREUX, GATINEAU, LABICHE, MAUNOURY, Noël PARFAIT, TRUELLE. — **FINISTÈRE** : HÉMON, DE POMPÉRY, SWINEY. — **GARD** : BOUSQUET, DUCAMP, LAGET, MARCELLIN PELLET. — **HAUTE-GARONNE** : CONSTANS, DUPORTAL. — **GIRONDE** : DUPOUY, FOURCAND, LALANNE, ROUDIER, SIMIOT. — **HÉRAULT** : DEVÈS, LISBONNE, VERNHES. — **ILLE-ET-VILAINE** : LE POMELLEC. — **INDRE** : LECONTE. — **ISÈRE** : BRAVET, BRILLIER, BUYAT, F. RAYMOND. RIONDEL. — **JURA** : GAGNEUR, LELIÈVRE, TAMISIER, THUREL. — **LANDES** : LOUSTALOT. — **LOIR-ET-CHER** : DUFAY, LESGUILLON, TASSIN. — **LOIRE** : BERTHOLON, CHAVASSIEU, CROZET FOURNEYRON. — **HAUTE-LOIRE** : MAIGNE. — **LOIRE-INFÉRIEURE** : LAISANT (député) ; LAURIOL, LEROUX. NORMAND, ROCH, VEZIN (conseiller généraux). — **LOT-ET-GARONNE** : FALLIÈRES DE LAFITTE — **MAINE-ET-LOIRE** : BENOIST, MAILLÉ. — **MARNE** : LEBLOND. — **HAUTE-MARNE** : MAITRET. — **MEURTHE-ET-MOSELLE** : BERLET, COSSON, DUVAUX. — **MEUSE** : LIOUVILLE. — **MORBIHAN** : RATIER. — **NIÈVRE** : GIRERD, TURIGNY. — **NORD** : Louis LEGRAND, MASURE. SCRÉPEL, TESTELIN, TRYSTRAM. — **PUY-DE-DOME** : BARDOUX, SALNEUVE, TALLON. — **PYRÉNÉES-ORIENTALES** : Em. ARAGO, ESCANYÉ. ESCARGUEL, MASSOT. — **RHONE** : ANDRIEUX, DURAND, Jules FAVRE, GUYOT, MILLAUD, ORDINAIRE, VALENTIN, VARAMBON (députés et sénateurs) ; — D' Alexis CHAVANNES (président du Conseil municipal de Lyon), FALCONNET (président du Conseil général du Rhône), CARLE, GOMAT, MILLION, VALLIER (conseillers généraux). — **HAUTE-SAONE** : NOIROT, VERSIGNY. — **SAONE-ET-LOIRE** : BOYSSET, général GUILLEMAUT, DE LACRETELLE, LOGEROTTE, MARGUE, Ch. ROLLAND, SARRIEN (députés et sénateurs); BAUDU, BESSARD, BOULLAY, BOUILOUD, CARION, DULAC, H. DRUARD, Ph. DRUARD, GILLIOT, L. GOUJON, L. MATHEY, J. MARTIN RAMBAUD, E. REYNEAU, ROPERJOT, FLOCHON, SORLIN, A. THOMAS, TRUCHOT (conseillers généraux). — **SEINE-INFÉRIEURE** : DESSEAUX, LE CESNE. — **SEINE-ET-MARNE**. MENIER, PLESSIER. SALLARD. — **SEINE-ET-OISE** : Albert JOLY, JOURNAULT, LANGLOIS. — **DEUX-SÈVRES** : Antonin PROUST — **SOMME** : BARNI, DOUVILLE-MAILLEFEU, MOLLIEN. — **TARN** : BERNARD LAVERGNE. — **VAR** : ALLÈGRE, COTTE, DAUMAS, DRÉO, FERROUILLAT. — **VAUCLUSE** : GENT, NAQUET, POUJADE. — **VENDEE** : BEAUSSIRE. — **HAUTE-VIENNE** : GODET, Georges PÉRIN. — **VOSGES** : Jules FERRY, GEORGES, JEANMAIRE, MÉLINE, PONLEVOY. — **YONNE** : Paul BERT, DETHOU, GUICHARD, LEPÈRE, RIBIÈRE. — **ALGERIE** : GASTU, JACQUES, Alexis LAMBERT, LELIÈVRE. — **COLONIES** : GODISSART, LACASCADE, LASERVE, DE MAHY (sénateurs et députés).

LA VILLE DE BOURG

P. BATAILLARD, Alfred DUMESNIL, Auguste MARIE, Paul MEURICE, Eugène NOEL, Auguste PRÉAULT (membres du Comité de 1856, pour la publication des Œuvres complètes, édition PAGNERRE).

Paris, 4 août 1876.

SOUSCRIPTION NATIONALE DE 1876

A L'ÉDITION DES ŒUVRES COMPLÈTES

D'EDGAR QUINET

Les admirateurs du grand penseur et du grand écrivain que la France a perdu l'année dernière, ceux qui regrettent dans Lu₀ Quinet le patriote inébranlable comme l'éloquent et profond philosophe, jugent tous, comme nous, que le pays qu'il a tant honoré doit un monument à sa mémoire, et que le monument le plus digne de lui serait la publication intégrale de ses œuvres.

Nous proposons donc à ceux de nos concitoyens qui partagent les sentiments que nous avons voués à ce mort illustre, l'ouverture d'une souscription pour aider à préparer et à commencer cette œuvre vraiment nationale.

Cette souscription serait fixée à 20 francs.

Il nous a paru qu'il conviendrait d'inaugurer la série des œuvres d'Edgar Quinet par la publication de sa correspondance inédite, qui ne saurait manquer d'offrir de précieux documents à l'histoire contemporaine. Les personnes qui enverront une souscription de 20 francs auront droit à recevoir *deux volumes de Lettres inédites, et quatre volumes des Œuvres complètes.*

EDMOND ABOUT, Publiciste; BARDOUX, Député; BATAILLARD, Publiciste; LOUIS BLANC, Député; H. BRISSON, Député; CARNOT, Sénateur; CASTAGNARY, Conseiller municipal; A. CRÉMIEUX, Sénateur; A. DUMESNIL, Publiciste; J. FERRY, Député; GERMER BAILLIÈRE, Conseiller municipal; HARANT, Conseiller municipal; A. MARIE; H. MARTIN, Sénateur; LAURENT-PICHAT, Sénateur; E. LEFÈVRE, Conseiller municipal; P. MEURICE, Publiciste; E. MILLAUD, Député; E. NOEL, Publiciste; E. PELLETAN, Sénateur; A. PREAULT; Dr ROBIN, Sénateur; SPULLER, Député; TIERSOT, Député; VACQUERIE, Publiciste; E. VALENTIN, Sénateur; VICTOR HUGO, Sénateur; VIOLLET-LE-DUC, Conseiller municipal

---

ŒUVRES COMPLÈTES D'EDGAR QUINET
Trente volumes in-18 :
CHAQUE VOLUME SÉPARÉMENT : 3 fr. 50

Philosophie. — Génie des Religions. Origines des dieux. Les Jésuites. L'Ultramontanisme. Introduction à la philosophie de l'histoire. Essai sur Herder. — Examen de la Vie de Jésus. Le Christianisme et la Révolution française. Philosophie de l'histoire de France. La Création. L'Esprit Nouveau. Vie et mort du Génie grec.

Histoire Les Révolutions d'Italie. Marnix, Fondation de la République des Provinces-Unies. Les Roumains.

La Révolution. Histoire de la campagne de 1815.

Voyages. — Critique littéraire. La Grèce moderne. Allemagne et Italie. Mes vacances en Espagne. Histoire de la Poésie. Épopées françaises. Mélanges.

Politique et Religion : Enseignement du peuple. La Révolution religieuse au XIXᵉ siècle. Situation morale et politique. La Croisade romaine. La Sainte-Alliance en Portugal. Pologne et Rome. État de siège. Le Panthéon. Le Siège de Paris et la Défense nationale. La République. Le Livre de l'Exilé. Œuvres diverses.

Poèmes : Prométhée. Napoléon. Les Esclaves. Ahasvérus. Merlin l'Enchanteur.

Autobiographie : Histoire de mes idées. Correspondance.

Paris. — Imp. PAUL DUPONT (Cl.) 436 *bis*.7.95.

www.ingramcontent.com/pod-product-compliance
Lightning Source LLC
Chambersburg PA
CBHW072021150426
43194CB00008B/1200